GRAMMAIRE

PHILOSOPHIQUE.

TOME PREMIER.

GRAMMAIRE PHILOSOPHIQUE,

OU

LA MÉTAPHYSIQUE,

LA LOGIQUE, ET LA GRAMMAIRE,

RÉUNIES EN UN SEUL CORPS DE DOCTRINE.

Par Dieudonné THIEBAULT, *Professeur aux Ecoles centrales, membre de l'Académie royale de Berlin, et de la Société-libre des Sciences, Lettres, et Arts de Paris; Auteur du Traité du Style, et des Principes de Lecture et de Prononciation.*

TOME PREMIER.

A PARIS,

Chez Courcier, Imprimeur-Libraire, rue Poupée-André-des-Arts, n°. 5.

An XI. — 1802.

PRÉFACE.

Dans quelles vues et sur quel plan, l'Ouvrage que je présente au public, a-t-il été entrepris et rédigé ?... Je répondrois mal à cette double question, si je ne reportois pas d'abord l'attention de mes lecteurs sur la disposition générale des esprits relativement à l'instruction publique, à l'époque où on résolut enfin de rétablir cette instruction en France ; à cette époque où depuis cinquante ans, un si grand nombre d'hommes publics, un si grand nombre d'hommes instruits, et sur-tout parmi ceux qui réunissoient l'expérience à l'observation, ou les calculs de la raison aux lumières et aux talents, ne cessoient de blâmer en plusieurs points, nos anciennes routines, d'en dévoiler avec énergie le vide, les mal-adresses, et leurs funestes conséquences, et d'en demander la prompte et sage réformation ; à cette époque ou d'un autre côté le torrent d'une révolution intérieure et générale, continuoit d'emporter, dans sa fougue rapide et irrésistible, les ruines de tout ce qui avoit existé ; où les hommes, déjà fatigués par plusieurs années de tourmentes, épuisés par tant de sacrifices, et n'ayant plus de ressource que dans l'espoir de tout améliorer, aspiroient avec une si vive anxiété, après le mieux qu'on ne cessoit de leur promettre, le recherchoient eux-mêmes comme de concert, dans les lumières précédemment acquises, et dans les vues hardies que tous les jours la fermentation des esprits produisoit avec une confiance toujours nouvelle ; et pour assurer et hâter leur brillante destinée, ne permettoient plus ni l'hésitation aux pusillanimes, ni le doute aux circonspects ; à cette époque enfin où les plus grands efforts étoient devenus un besoin même pour les foibles ; et où tout annonçoit que le zele n'avoit plus de ménagemens à garder, plus de bornes à respecter, plus d'obstacles à reconnoître.

Si l'on n'a pas ces deux tableaux présents à l'esprit, comment juger de tout ce qui fut proposé ou ordonné concernant les écoles nationales? Comment apprécier les motifs, et les intentions de tant d'hommes transportés au-dessus d'eux-mêmes, et qui pressés de produire, parcouroient avec activité et sollicitude, le cercle entier des études dont il pouvoit être à propos d'occuper la jeunesse ? Comment reconnoître l'ardeur avec laquelle de toutes parts, on examinoit, discutoit, approfondissoit chaque partie, en la mesurant sur la capacité des éleves, et sur les besoins de la société? Sans doute, il y eut de l'enthousiasme, il y eut de la précipitation, de l'exagération dans les plans que l'on conçut, et dans les espérances auxquelles on se livra ; mais peut-on en être supris ? Et qui ne sentira pas que le bien l'emporta essentiellement sur ces sortes d'erreurs, que l'on aime, et que l'on n'a jamais lieu de reprocher aux ames froides, méticuleuses, et rappetissées ? Le zele ardent est naturellement hardi ; et trop souvent la confiance l'aveugle ou l'égare.

Ce fut ainsi, et dans ce foyer de conceptions vastes et expansives, que l'on se persuada qu'il étoit important et convenable de consacrer des chaires particulières à la législation, dont *le* génie peut seul concilier la morale privée avec la morale publique ; à l'histoire des hommes, où

le passé devient pour nous un miroir trop fidele
de l'avenir ; à l'histoire naturelle, qui procure à
notre industrie des ressources si fécondes ; à la
physique, qui en puise tant de nouvelles dans
les procédés secrets de la nature ; aux mathéma-
tiques, qui s'appliquent si heureusement presque
à tous les objets de nos besoins et de nos recherches ; et à l'art du dessin, sans lequel tous les
arts sont si bornés et si maladroits. Toutes ces
chaires nouvelles, si propres à illustrer la nation,
et à en accroître la prospérité, furent donc surajoutées à celles des langues, de la littérature,
et de la philosophie ; et formerent par leur réunion, des écoles qui parurent enfin dignes du
peuple françois.

Mais lorsqu'on en vint à s'occuper de l'enseignement de la philosophie, on ne se dissimula
point que cet enseignement, qui nous offre la
principale clef des sciences, nulle autre étude
ne contribuant aussi formellement, à développer,
rectifier, et diriger la raison humaine, avoit
néanmoins besoin d'une réforme très-importante :
on se ressouvint qu'en effet, depuis le renouvel-
lement des lettres en Europe, les écoles de philosophie n'avoient gueres été, jusque vers ces
derniers temps, que des écoles d'ergotage, livrées
à de vaines disputes, à des recherches aussi mi-
nutieuses que subtiles, et sans utilité comme
sans succès ; que des écoles où les formes chi-
cannières étant seules recommandables, on faus-
soit les esprits, bien plus qu'on ne les formoit.
On se rappella les sottises tant répétées, dont
ces écoles avoient retenti pendant des siècles, et
pour lesquelles on avoit changé plus d'une fois
l'asyle de la raison en arene sanglante, sous les
bannières fantasmagoriques d'Aristote, de Tho-

mas d'Aquin, et de Scot; et pour l'attaque ou
la défense de quelques cathégories, des universaux de la part du nom, des universaux de la
part de la chose, des formes ou des figures de
quelques arguments, et de tant de theses aussi
incompréhensibles, aussi peu accessibles à nos
efforts, qu'étrangères à nos intérêts : on n'oublia
pas les arrêts prononcés contre toutes ces absurdités, par Bacon, Descartes, Locke, et en dernier lieu par Condillac, et tant d'autres apôtres
du bon sens et de la droite raison. Mais en
même-temps que l'on convenoit de toutes ces
vérités, on fut obligé d'y en ajouter une plus
triste encore, en observant combien les réclama-
tions de tant de grands hommes avoient été peu
entendues de leur temps ; de sorte que, tout en
gémissant sur l'empire que les préjugés publics
et l'habitude exercent parmi les hommes, on
conclut que l'on seroit toujours entraîné par les
mêmes causes, dans des travers semblables, tant
que l'on s'obstineroit à ne chercher la philosophie
que dans des conceptions purement idéales ; de
même que jamais navigateur qui vogue sans
guide, sans direction, et sans boussole, sur des
mers inconnues et couvertes de brumes épaisses
et trompeuses, ne peut sensément se flatter d'é-
chapper aux écueils.

On posa donc pour premier principe, que
tant qu'on iroit étudier l'esprit de l'homme hors
de l'homme, et dans les vastes régions de l'imagination, on ne courroit qu'après des chimeres,
et qu'on n'aboutiroit qu'à des questions folles,
parce qu'elles sont sans objets, et insolubles
parce que la nature nous a refusé les moyens de
les résoudre. Par une suite nécessaire de ce premier principe, on parvint à se convaincre, et à

reconnoître pour second principe, que l'esprit humain ne se formant que par le langage, ne se développant et ne s'exerçant que par-là, ne pouvant par aucun autre moyen se manifester, ni donner, ou même avoir aucune prise sensible et réelle sur lui-même, se traduisant en un mot tout entier dans les langues, et se refusant à tout autre interprète, il seroit évidemment et toujours impossible d'atteindre le but de la saine et vraie philosophie, tant que l'on ne s'astreindroit pas à n'étudier la raison que dans les procédés des langues.

C'étoit là une grande vérité, que l'on devinoit en quelque sorte, et qu'on cherchoit à saisir depuis assez long-temps en Europe : Hobbes le premier nous avoit dit, il y a environ cent cinquante ans, que c'est « de la parole que naissent » nos idées : *conceptus natus a sermone* ». Il avoit dit que « raisonner n'est autre chose que » lier un dire à un autre dire : *actio ratioci-* » *nandi est unius dicti ad alterum conjunctio :* » que l'usage de la raison n'a lieu que dans des » suites de phrases déduites les unes des autres ; » et que c'est des définitions des noms qui s'of- » frent à nous les premières, qu'on arrive à la » découverte de choses les plus éloignées : *usus* » *rationis est multarum consequentiarum æ* » *primis nominum Definitionibus remotarum* » *inventio* ». L'académie de Berlin avoit demandé aux savants, il y a près d'un demi-siècle, quelle est l'influence du langage sur la raison, et celui de la raison sur le langage : plusieurs littérateurs philosophes avoient encore depuis, traité des questions toutes analogues à cette question si remarquable ; et le comité d'instruction publique en recueillit le fruit, en décidant que dans les écoles nationales, on substitueroit la chaire de Grammaire à celle de l'ancienne philosophie.

Par malheur, en faisant ce pas de géant vers l'amélioration des études, on se trompa sur le mot dont on se servit ; méprise qui semble d'abord peu essentielle en elle-même, et qui cependant a eu les suites les plus funestes : car au lieu d'annoncer une chaire de *Grammaire philosophique* ou *raisonnée*, on annonça une chaire de *Grammaire générale* ; c'est-à-dire, qu'on ne présenta aucune idée juste et précise, aucune idée à laquelle on pût s'arrêter, et sur laquelle on pût s'entendre : en effet, que peut signifier ce mot de *Grammaire générale*, si non une Grammaire qui seroit celle de toutes les langues ; conception absurde, puisqu'il n'est peut-être aucun procédé, aucun usage, sur lequel tous les idiômes soient d'accord ; outre qu'il est bien manifeste que si la *Grammaire générale* n'étoit pas réellement une chimere, elle seroit encore impossible à faire, aucun savant ne pouvant l'être assez, pour connoître et comparer toutes les langues. Nos législateurs, se laissant donc aller à cette méprise, d'après l'exemple de tous ceux qui avoient traité de ces matières avant eux, et consentant ainsi, au moins implicitement, à ne pas s'entendre eux-mêmes, tomberent dans le funeste inconvénient de n'être entendus de personne ; et par là, décréditerent cette chaire nouvelle en l'instituant : si le défaut de précision dans les termes, peut quelquefois se pardonner aux orateurs et aux poëtes, c'est une indulgence qui certes ne peut jamais s'étendre jusqu'aux législateurs, à qui il n'est pas permis d'ignorer que les termes ne sont vagues ou inexacts, que parce que les idées le sont elles-mêmes, et que c'est bien le moins que des législateurs soient tenus de savoir ce qu'ils défendent ou ce qu'ils ordonnent.

La Grammaire dont on prescrivoit l'enseignement, devoit donc nécessairement être *philosophique*, et non *générale :* on devoit s'y proposer, non d'enseigner toutes les langues, ou telles langues en particulier, mais de suivre dans les procédés du langage, et d'éclairer par là, la marche, le caractere, les développements, et le perfectionnement de la raison humaine : la nature de l'esprit de l'homme devoit en être l'objet et le but; en quoi elle s'unissoit de la manière la plus intime avec la métaphysique et la logique, pour ne plus former avec ces deux autres sciences, qu'un seul corps de doctrine. En effet, il n'y a pour toutes les trois, qu'un seul et même sujet à approfondir, les opérations et facultés intellectuelles de l'homme : il n'y a de différence que dans les vues que l'on se propose. Si cette étude n'est que spéculative ; si l'on n'y cherche simplement qu'à connoître l'homme pour le juger et l'apprécier ; si l'on ne veut que savoir ce qu'il est; on s'occupe alors de ce qu'on appelle *métaphysique,* et de cette partie de la métaphysique, qu'on appelle *psychologie,* la seule qui nous touche, nous intéresse, et puisse nous être véritablement utile : si l'on ne cherche qu'à saisir et établir les vrais moyens d'étendre et de rectifier la raison humaine ; cette étude, ainsi devenue pratique et usuelle, ne tendant qu'à découvrir et recommander des regles importantes et trop négligées, porte sur ce qu'on a toujours nommé la *logique :* si l'on a un troisième point de vue, également pratique, quoique tout autre que le précédent; si l'on n'aspire qu'à recueillir, apprécier, et développer les meilleurs moyens par où l'esprit de l'homme se transmette dans le langage, et devienne pour la société un lien et un trésor commun ; si l'on ne se livre à cette étude, que pour parvenir à donner à cette communication réciproque de nos idées et de nos affections, plus de facilité, de justesse, de précision, et même d'agrément ; on. à la partie grammaticale de cette science, qui est toujours une en elle-même, quoiqu'on puisse ainsi la diriger vers des buts différents.

Cette véritable fusion en une seule science, de trois choses qu'on regarde comme très-diverses, ne devoit pourtant pas surprendre, ou paroître étrange : car si on se fût donné la peine de lire avec attention, les ouvrages les plus estimés sur ces mêmes matières, on auroit vu que les auteurs de ces ouvrages ont suivi en grande partie, et sans s'en appercevoir, le plan que nous venons d'indiquer : et quel est en effet celui de ces ouvrages, où l'on ne trouve pas des chapitres tout entiers sur des branches que le titre n'annonce pas, et semble même exclure ? La logique de Port-Royal, pour ne citer ici qu'un seul exemple, n'a-t-elle pas autant de détails sur la métaphysique et sur la Grammaire, que sur la logique elle-même ? Et peut-on ne pas convenir que cela étoit inévitable ? Les anciens eux-mêmes n'avoient-ils pas été frappés de l'étroite liaison de toutes ces sciences, lorsqu'ils avoient compris sous le nom de *Grammaire*, non-seulement l'étude des langues, mais encore la dialectique, la rhétorique, et même l'art poétique, et tout ce qu'on appelle philologie ou littérature, et jusqu'à la musique ? Et que vouloit dire Quintilien, lui qui dans un temps où l'on avoit déjà resserré à quelques égards, le cercle de la Grammaire , nous assuroit encore , que simple et modeste dans ce qu'elle annonce, elle est riche et féconde en ce qu'elle nous donne ? « *Plus habet » in recessu quant in fronte promittit* »?

Toutes ces considérations montrent assez quelle idée j'ai dû me faire de la tâche que l'on m'a imposée, lorsqu'on m'a confié une chaire de *Grammaire générale*, et quel plan j'ai dû me tracer en conséquence. Il est bien évident que je n'ai pu regarder cette chaire que comme une chaire de *Grammaire philosophique*, et que dès-lors, mon cours a dû successivement, établir ou annoncer la liaison et la dépendance mutuelle des parties que j'avois à y faire entrer ; contenir ensuite une notion précise et suffisante des opérations et facultés intellectuelles de l'homme , c'est-à-dire, de la métaphysique ; après cela, un traité philosophique et grammatical des idées et des mots ; un autre traité semblable sur nos jugements et nos propositions ; et un autre encore sur les principes et les regles qui concernent les raisonnements et la méthode.

Je ne m'étendrai pas d'avantage ici sur ce plan : c'est à l'ouvrage même à le développer et à le justifier ; et c'est au public à décider si le succès a répondu à mon zèle. Mais puis-je également me dispenser de repousser les reproches que l'on fait trop souvent, soit à la Grammaire , soit à la philosophie elle-même ? Les objections dont je vais parler , sont injustes et dangeureuses : j'oserai donc les réfuter avec toute la franchise que l'on peut se permettre , quand on défend une bonne cause , et que l'on n'a d'autre motif que de contribuer au triomphe de la vérité.

Ce n'est pas que je me promette de ramener tous les hommes à cet égard, et sur-tout ceux qui se plaçant eux-mêmes à la tête des beaux-esprits, s'imaginent y être élevés sur un trône toujours si flatteur pour leur amour-propre : je sais que si par de bonnes raisons, on peut guérir de leurs préjugés, les hommes de bonne foi qui ne sont qu'ignorants, il n'en est pas de même des demi-savants, à qui il suffit pour l'ordinaire, de s'être prononcés en faveur d'une opinion, quelle qu'elle soit, pour ne plus reculer : je sais que là où tout est voué à la vanité, la vérité n'a plus de droits : mais j'espere que ceux qui ne se sont encore fabriqué aucun système, ou qui ne se sont encore livrés à aucune secte, voudront bien m'entendre ; et je croirai avoir été utile, ainsi que je l'ai toujours ambitionné, si je puis rattacher les bons esprits, sur-tout parmi les jeunes gens, aux principes essentiels de la droite raison et de la véritable philosophie.

Toute la discussion où je me propose d'entrer, se réduit à deux questions : les idées métaphysiques ou abstraites sont-elles nécessaires, et sont-elles si difficiles à comprendre ?... On verra dans plusieurs passages de ce cours, combien elles sont naturelles à tous les hommes, et même aux esprits les plus bornés : et que faisons-nous autre chose, dans toutes nos recherches et dans tous nos raisonnements, que de créer ou d'employer des idées abstraites ? Ne forment-elles pas, tantôt le point d'où nous partons, tantôt le terme où nous voulons aboutir, ou bien les termes moyens auxquels nous avons recours ? Je demande que l'on me cite un raisonnement, un récit, je dirois presque une phrase, où il n'y en ait pas ! Je demande si enseigner une science ou un art, et sur-tout en exposer la théorie, est autre chose que de faire ou de présenter un système d'abs-

tractions ? Je demande s'il y a d'autres idées que
des idées abstraites qui soient susceptibles d'évidence ? Car on *montre*, on ne *démontre* pas ce
qui est individuel ; et pour saisir et entendre ce
qui est trop concret, il faut le diviser, c'est-à-dire,
qu'il faut en abstraire les parties l'une après
l'autre. Et qu'est-ce donc qu'une idée *nette*,
claire, et *précise*, sinon une idée abstraite ? Une
idée *claire* n'est-elle pas une idée bien vue ? Et
voit-on bien les idées confondues les unes avec les
autres ? Une idée *nette* n'est-elle pas celle qui est
dégagée de tout ce qui n'est pas elle ? Et dégager
ainsi une idée de toutes les autres, n'est-ce pas
abstraire ? Une idée est-elle *précise* lorsqu'elle
n'est pas ainsi dégagée quant à ses limites ou
alentours, et de plus complete et entière en elle-
même ? Et peut-on voir ainsi toute une idée, et
ne voir qu'elle, sans l'abstraire de tout ce qui lui
est étranger ? Et quelle étoit la premiere maxime,
quel étoit le secret de l'art de ces fameux sophistes
Grecs, qui nous ont laissé tant d'héritiers, sinon
de ne jamais abstraire et de ne présenter que des
idées complexes, vagues et indéfinies ? Ils n'é-
toient sophistes adroits, que parce qu'ils ne dé-
finissoient jamais, ou que leurs définitions, toujours compliquées, étoient toutes vicieuses, et
devenoient de nouveaux pieges ! Je demande si
même nos sens ne nous font pas concevoir des
idées abstraites dès notre enfance, et celà par une
suite nécessaire de notre organisation, ainsi qu'on
le verra dans le cours de l'Ouvrage ? Je demande
de quoi seroit capable l'esprit lourd et tout matériel, qui ne pourroit ni saisir ces sortes d'idées,
ni en faire usage ? Je demande enfin que l'on
m'indique une idée abstraite, qui prise isolément, et présentée avec simplicité et netteté,

ne soit pas à la portée des esprits les plus ordinaires ! Je suis, non pas seulement persuadé, mais
pleinement convaincu, que nous ne pouvons avoir
de connoissances vraies, réelles, ou solides que
par le secours de ces idées ; et que celui qui ne
voudroit point admettre de celles-ci, se rangeroit
de lui-même dans la classe des automates. L'expérience m'a prouvé, ainsi qu'à tous les insti-
tuteurs intelligents, que s'il y a des idées abstraites que la jeunesse attentive ne conçoive pas
sans peine, c'est qu'on ne sait pas les préparer ;
ou qu'on les énonce d'une manière vague, embarrassée, obscure, ou équivoque ; ou bien qu'on
ne présente un trop grand nombre à la fois ;
ou bien enfin qu'on ne nous y arrête pas assez,
pour nous donner le temps de les examiner et
de les reconnoître, je dirois volontiers, de les
digérer. Une idée abstraite est le résultat de plusieurs autres idées ; d'où il suit qu'il n'en est point
qui ne requière d'abord de l'attention et de la réflexion, pour être comprise, vérifiée, et reconnue
juste. Or si l'attention, qui n'est pour nous qu'un
travail calme de l'esprit, peut nous fatiguer, c'est
principalement lorsqu'on veut, dans cette situation soutenue et réguliere, nous forcer, non à
marcher, mais à courir ; c'est-à-dire, lorsqu'on
veut nous faire concilier des choses inconciliables.
L'inconvénient dont il s'agit, ne provient donc
point des idées abstraites elles-mêmes : il ne doit
être imputé qu'à ceux qui nous guident ; et l'on
peut encore moins y trouver une raison de pros-
crire l'attention et la réflexion, sans lesquelles
nous ne serons jamais capables de rien.

On voit combien sont irréfléchis et dangereux
tous ces prétendus maîtres en l'art de l'enseignement, qui nous recommandent si inconsidéré-

ment d'alléger le travail de nos élèves ; ce qui de
leur part signifie toujours, que nous devons ré-
server tout le travail pour nous seuls, et épargner
à nos éleves jusqu'au besoin de l'application et
du courage !... Plongez vos élèves dans le sommeil le plus profond, et calculez les progrès que
vous leur ferez faire ! Veillez à ce qu'ils n'ayent
à recevoir que des impressions légeres, variées et
toutes superficielles, et parvenez à en faire des
hommes !

Le vrai moyen d'alléger le travail, c'est le succès ! Il est évident d'ailleurs, que rien n'est plus
nécessaire à la jeunesse, que de s'accoutumer de
bonne heure à une sorte de travail que nous avons
besoin de faire avec ordre et constance jusqu'à la
mort. Il seroit donc bien plus convenable qu'on
nous répétât tous les jours, de faire méditer et
penser nos élèves ; parce qu'il n'est rien qu'il nous
importe plus de savoir faire, parce qu'il n'est rien
qu'on fasse plus mal quand on ne l'a pas appris ;
et parce qu'on ne peut l'apprendre qu'à cet âge où
les esprits naturellement très-flexibles, et n'ayant
encore aucune forme, peuvent plus facilement
prendre le pli qu'on veut leur donner.

Que veulent donc ceux qui déclament contre
les idées abstraites en général ? Si le sujet que l'on
est tenu de traiter, est abstrait par lui-même ;
s'il n'y a pas de milieu entre présenter des idées
abstraites, ou n'en offrir que d'insuffisantes, de
vagues, ou de fausses, quel parti veut-on que
prenne un professeur jaloux de remplir ses devoirs, et de se rendre utile ? Lui fera-t-on un crime
de ce qu'il est chargé d'enseigner des choses, qui
pour être rendues avec exactitude et fidélité, et
pour être bien entendues, exigent de la pénétration et de la méditation ? Lui prescrira-t-on de

s'en tenir, comme on nous le redit si souvent, à ce qui est usuel et pratique, c'est-à-dire, à ne donner que des notions incohérentes, sans principes, sans ordre, sans stabilité dans les esprits et dans les opinions ?

Nous conviendrons sans peine que ceux qui ont été élevés, comme on nous dit d'élever la génération qui les suit ; que les petits esprits, les esprits superficiels, qui malheureusement ne sont ni les plus rares ni les plus modestes, même parmi ceux qui se piquent de littérature ; que ces hommes, nécessairement aussi confiants que peu méditatifs, doivent tout naturellement s'ériger en juges et souverains arbitres de ce qui ne tient qu'au langage, au goût et aux arts ; d'où il arrive qu'il faut bien qu'ils condamnent comme inutiles, maladroits, ou même dangéreux ou absurdes, les ouvrages de ces différents genres qui sont au-dessus de leur portée. Nous conviendrons de plus que ce sont là des malades incurables, que l'on seroit insensé de vouloir guérir ! Mais que prouvent leurs clameurs, pour ceux qui ne sont pas atteints de la même maladie ? Leurs folles prétentions sont-elles donc des titres ? Leur nombre peut-il faire autorité ?.... Non ! mais le bon sens a une autorité imprescriptible ; et c'est le bon sens qui nous dit, qu'il faut se résoudre à présenter les objets tels qu'ils sont, ou qu'il n'est pas vrai qu'on nous les fasse connoître.

Il y a pourtant, car il faut rendre justice à qui elle est due ; il y a pourtant quelques circonstances où ces hommes si absolus et si tranchants dans leurs décisions irréfragables, redeviennent véritablement raisonnables et modérés : c'est lorsqu'ils ont à entendre quelque célèbre chimiste, astronome, ou autre savant semblable, sur la science qu'il professe : on les voit alors avouer avec loyauté, qu'ils ne sont point en état d'apprécier ces sortes d'ouvrages, parce qu'il s'y agit de sciences qu'ils n'ont pas étudiées, ou qu'ils n'ont pas approfondies. Cet aveu coûte peut-être encore en secret à leur amour-propre : mais du moins ils le font galamment, et n'attendent même pas qu'on le provoque : ils n'en affoiblissent enfin le mérite par aucun tort apparent : ils ne se permettent point de déprécier les sciences qui en sont l'objet : ces sciences sont toujours à leurs yeux, aussi honorables pour ceux qui les cultivent avec succès, que sublimes en elles-mêmes, et utiles à la société. Et pourquoi donc n'en usent-ils pas de même à l'égard de ces pauvres discussions abstraites, qui constituent la vraie philosophie ? Depuis quand la métaphysique, la logique et la Grammaire raisonnée ont-elles perdu le titre de véritables sciences ? Ou depuis quand ces messieurs, comme autant de bourgeois gentils-hommes, ont-ils obtenu le privilège de savoir ces sciences sans les avoir étudiées, et de faire ainsi depuis quarante ans, de la prose sans le savoir ? Ils nous demanderont peut-être, si nous avons la témérité de les regarder comme incapables d'entendre Dumarsais, Girard, MM. de Port-Royal, Beauzée, Condillac, etc..... Nous leur répondrons que nous sommes loin de les taxer d'une semblable incapacité ; que nous savons bien qu'ils pourroient facilement entendre ces auteurs célebres, et bien d'autres encore ; que nous confessons qu'ils ont sur d'autres objets des connoissances très-étendues ; et de plus qu'ils sont doués de talents distingués, auxquels il est juste de rendre hommage : mais nous ajouterons que ces grammairiens philosophes qu'ils pourroient si bien entendre, ils ne les connoissent pas, ou qu'ils ne les connoissent que sur parole, ou très-superficiellement ; que parmi tant de juges si séveres, il n'y en a peut-être pas quatre sur cent , qui aient lu ces auteurs ; et que ceux qui ont daigné consacrer quelques heures à cette lecture, ne l'ont faite qu'en littérateurs, et non en grammairiens ou en philosophes : nous leur dirons que s'ils ont été assez heureux , ou assez bien avisés pour cultiver d'autres sciences qui leur paroissent plus importantes ou plus agréables , ce n'est pas une raison pour mépriser celle-ci , et s'arroger le droit de la juger sans la connoître. Nous leur dirons enfin qu'il est triste de les voir ternir tout leur mérite, par un travers si peu digne d'eux , et qui nuit essentiellement à la société , puisque le crédit qu'ils ont à d'autres titres , devient un vrai discrédit pour un genre d'études , auquel pourtant leur dédain ne peut rien faire perdre de son importance.

C'est en rejetant ainsi l'étude réfléchie des principes philosophiques du langage , qu'on a rendu la science grammaticale minutieuse , routinière, et presque méprisable aux yeux du public : et qu'est-il résulté de cette disposition des esprits, par rapport aux jeunes gens , à qui il est bien toujours indispensable au bout du compte , de parler de Grammaire ? Il en est résulté , que ces jeunes gens n'ayant été appelés à porter leur attention , que sur le mécanisme des mots , leur esprit n'a connu, n'a suivi qu'une seule allure , dans laquelle on a , pour ainsi dire , concentré le développement de toutes leurs facultés. Si les mots sont le vêtement de nos pensées , il faut convenir qu'on a fait tout ce qu'il falloit, pour que les jeunes gens n'apperçussent que le vêtement, qui de cette sorte a dû offusquer les pensées ,

bien

bien plus qu'il ne les rendoit sensibles. Des disciples ainsi bornés à une étude seche et stérile, peuvent-ils ne pas ressembler, durant le reste de leur vie, au fleuriste de la Bruyere, dont l'esprit n'avoit jamais pénétré au-delà de l'oignon de sa tulippe? Ils n'auront fixé leurs regards que sur l'ordre méchanique des mots; ils n'auront considéré les mots que comme des mots; ils n'y auront apperçu que vaguement une analogie aveugle et confuse; c'est-à-dire, qu'ils n'auront vu que l'écorce : c'est toujours l'oignon de la tulippe, et ce n'est que cela! et c'est à cette science des mots, si éloignée de la science des choses, que l'on voudroit borner l'esprit de ceux à qui l'on apprend les rudiments de tant de langues, et qui ensuite se croiront en état de juger de toutes les autres connoissances humaines! Et que peut-il y avoir de plus contraire au véritable but des écoles? Car il faut ici rétablir la vérité dans tous ses droits!... C'est une grande ineptie, que d'imaginer que nos éleves, semblables aux soldats de Cadmus, doivent sortir tout armés du sein de nos écoles; comme s'il y avoit une science, un art, qui pour être convenablement cultivé, ne demandât pas la vie toute entière de ceux mêmes, qui ont le plus de talents. Le véritable objet des écoles, est de mettre les éleves en état de suivre, sans le secours d'aucun nouveau maître, les études qui peuvent leur convenir; et pour cela de leur donner une idée juste et plus ou moins développée, des sciences qu'il leur importe de connoître, et sur-tout de celles qui sont préparatoires et directrices; de leur faire sentir l'importance et le prix de ces sciences, afin de leur en inspirer le goût; de leur en apprendre les termes techniques les plus essentiels, avec les idées précises qu'on doit y attacher; de leur tracer la méthode la plus convenable à suivre pour chaque objet ; de leur donner le desir de s'élever vers les parties inconnues, avec le courage de les approfondir en les décomposant, et de se les approprier en les enchaînant les unes aux autres ; et sur-tout de les habituer, ainsi que nous l'avons dit, au travail de l'esprit ; de les convaincre de la nécessité de raisonner toujours juste , de leur en indiquer les moyens, et de les y accoutumer. Telle est l'étude qui seule peut préparer vos éleves à devenir un jour également instruits , utiles, et capables de tous les emplois ; étude sans laquelle il ne sortira de . vos écoles, que des météores prétendus merveilleux , et plus trompeurs encore que brillants ; étude enfin sans laquelle vous n'aurez à offrir à la société, que des érudits tronqués , qui n'ayant aucun principe fixe et stable, ne seront toute leur vie que des enfants orgueilleux, errants au gré de tous les sophismes, dupes de tous les préjugés, et victimes de toutes les erreurs. L'instruction publique doit former les esprits, et la méthode routinière les déforme: celle-là doit les éclairer, et en faciliter, en diriger la marche ; et celle-ci les enveloppe de ténebres et les obstrue : celle-ci les façonne aux idées vagues et obscures , dans le cercle desquelles elle les confine pour la vie. Que peut-elle produire , sinon des esprits timides ou téméraires , rétrécis et présomptueux, vains sans mérite, confiants sans capacité, phrasiers sans idées, aussi fiers sous le vent de la prospérité , que bas et rampants sous le fouet d'un maître, et parfaitement préparés à confondre le respect dû aux loix avec l'abrutissement de la plus lâche servilité, à ne placer l'amour de l'ordre que dans l'obéissance aveugle et non réfléchie, et à ne plus chercher les principes sacrés des vertus, et la piété pure, si chérie des anciens, que dans la fange de la superstition? Mais la véritable éducation ne doit-elle donc pas nous apprendre à régler les élans de la liberté de l'esprit, sans cesser d'en jouir? Ne doit-elle pas nous apprendre à scruter nos pensées et notre ame, pour parvenir à régler celles-là, et à nous rendre maîtres de toutes les affections de celles-ci? Ne doit-elle pas nous faire acquérir l'habitude d'être toujours vrais dans nos jugements, mesurés dans nos démarches, justes dans nos décisions, sages dans nos choix, et fermes dans nos déterminations? Et pouvons-nous autrement nous élever aux grandes choses, ou du moins mériter d'y être élevés?

On ne doit pas croire, et je n'imaginerai jamais que, parmi ceux qui prêchent l'enseignement superficiel, on puisse rencontrer quelques professeurs : aucun d'eux sans doute n'est assez léger d'esprit, ou assez versatile de caractere, ou assez dénué de principes, pour croire que le mieux soit dans ce qui n'est qu'apparent, et s'attacher en conséquence à une doctrine mensongere ! Des hommes appellés à former des hommes, ne s'oublient pas jusqu'à caresser l'erreur ou la sottise de quelques parents plus vains qu'instruits, et plus ambitieux que sages : ils n'ignorent pas que s'ils s'oublioient jusqu'à ce point, ils s'exposeroient aux reproches les plus humiliants ; et que l'on ne manqueroit pas de s'écrier.... « Quel défaut de réflexion, si c'est » de bonne foi qu'ils pensent ainsi ! Quel défaut » d'énergie, si c'est condescendance ! Quel dé- » faut de dignité, si c'étoit intérêt personnel » !

Mais vous, peres de famille, vous qu'il est
si juste de consulter ici, trouvez bon que je
vous interpelle, et que je vous somme de manifester vos intentions ! Comment demandez-vous
qu'on éleve vos fils ? Voulez-vous qu'on en fasse
des hommes, ou qu'on les dévoue à la futilité ?
N'aspirez-vous à être entourés dans votre vieil-
lesse, que par la suffisance et la légereté ; ou
desirez-vous d'obtenir pour héritiers et succes-
seurs, la sagesse, la raison, les talents, la pro-
bité, et la vertu ? Voulez-vous que vos fils
acquièrent les connoissances solides, auxquelles
on ne parvient qu'en apprenant à enchaîner ses
idées, et à les éclairer et fortifier les unes par
les autres ? Voulez-vous qu'ils s'accoutument à
cette vie intérieure, qui nous assure tant de
ressources aux époques épineuses, et nous prépare au moins en nous-mêmes, la société la plus
desirable, la plus sûre, et la plus utile ? Voulez-
vous qu'ils apprennent à descendre dans leurs
propres pensées, et à fouiller dans leur tête, le
livre le plus riche et le plus fécond pour tous
les hommes, et le plus important à étudier
pour chacun de nous ? Décidez vous-mêmes, et
prononcez entre la vérité et le mensonge, entre
la capacité et la jactance, entre le mérite réel
et la sottise !

⁓⁓⁓⁓⁓⁓⁓⁓⁓⁓⁓

Je terminerai cette Préface, par une anecdote
qui, j'espere, ne paroîtra pas trop longue, vu
le rapport intime qu'elle a avec le sujet qui
m'occupe, et vu sur-tout le rôle que le grand
Frédéric y joue, et qui ne peut que la rendre
intéressante.

Ce monarque, si différent de la foule des rois,
ayant institué à la fin de 1764, une école civile
et militaire à Berlin, conformément aux prin-

cipes qu'une longue expérience et de mûres
délibérations lui avoient fait adopter, en avoit
confié la surveillance économique et administra-
tive à un lieutenant-général de ses armées, che-
valier de ses ordres, fils et petit-fils de feld-
maréchaux, homme de soixante ans, d'une taille
haute et forte, assez borné d'esprit, mais si heureusement doué de l'instinct de courtisan, qu'attaché à la personne du roi depuis sa première
jeunesse, il n'avoit jamais encouru de disgrace;
du reste, grand partisan des jambons fumés, et
de la palingénésie de Bonnet, et très-disposé à
réduire sa cuisine à l'un, et sa bibliothéque à
l'autre.

Son excellence M. le général, un peu blessé
comme tant d'autres, des bontés que Fréderic
me témoignoit, et cherchant à me trouver quelque tort par où il pût m'humilier au besoin, me
dit un jour, vers 1771, chez mon collegue Borelly,
et en présence de ce dernier et de deux autres
témoins « qu'on ne pouvoit qu'applaudir au zele
» avec lequel je remplissois mes devoirs; mais,
» que mes leçons étoient trop savantes pour mes
» éleves; que je puisois ma doctrine dans une
» métaphysique trop profonde; et qu'il m'enga-
» geoit, pour l'intérêt de ces jeunes gens, et
» pour ma propre satisfaction, à me donner
» moins de peine, et à me rabaisser au niveau
» de ceux que j'avois à instruire ». — « M. le
» général, lui dis-je, si je mets dans mes leçons,
» plus de métaphysique que n'en exigent les
» matières que j'ai à faire connoître, j'ai tort,
» sans doute : mais si je n'ai d'idées abstraites,
» que celles que me présente le sujet que je suis
» tenu de traiter, c'est le sujet qui a tort; ce
» n'est plus moi ». Comme je voulus faire l'ap-

plication de ce principe, en le ramenant à des détails qui tous appartenoient à mes leçons, il m'interrompit, prétendant que ces sortes de discussions ne le regardoient point, et qu'il ne s'agissoit que de recevoir son conseil, et de m'y conformer. Cette conclusion pouvoit d'autant moins me convenir, que si j'y souscrivois, je confessois alors indirectement et par ma condescendance même, que j'avois eu tort jusque là, ou que j'allois trahir mes devoirs par lâcheté. Aussi ne manqué-je pas d'observer, que plus il me reconnoissoit de zele, plus il devoit avoir la patience de m'entendre : je lui déclarai que je ne parlois et n'agissois qu'en homme de bonne foi, ne cherchant que la vérité, et raisonnant selon toute la sévérité de la logique dont la nature et mes études avoient pu me rendre capable. Ce ton blessa la fierté de son excellence, qui se redressant, et étalant son large cordon jaune, et sa croix du mérite, me dit, en me toisant du haut de ses cinq pieds neuf ou dix pouces.... « Monsieur, vous me manquez ! » — « M. le général, lui dis-je à mon tour, d'un ton » de voix calme et modéré, je vous respecte beau- » coup trop, pour que personne au monde puisse » jamais me persuader que ce soit vous manquer, » que de vous parler raison ». A cette réplique, la rougeur éclata sur son visage, et la colere dans ses yeux ; et sur-le-champ il partit sans proférer un mot de plus, manifestant ainsi son indignation, et sauvant sa dignité, par son silence et son départ.

Quelques semaines après cette aventure, Frédéric vint de Potzdam à Berlin, et m'envoya, dès le jour même de son arrivée, l'ordre de me rendre auprès de lui à six heures du soir. Cet ordre ne put me donner ni inquiétude ni soupçon, vu que ce roi me faisoit ordinairement cet honneur, à chacun des voyages qui le ramenoient dans la capitale. Mais arrivé au château, et introduit dans le cabinet de sa majesté, où je me trouvai, comme de coutume, seul avec lui, quelle fut ma surprise de voir ce roi, qui aimoit singulièrement la métaphysique et la philosophie, et qui ne manquoit gueres d'y ramener ses conversations littéraires, me tenir un langage tout différent de son langage habituel, et faire le procès en regle à l'une et à l'autre ! Après avoir commencé la séance dans la forme qui lui étoit ordinaire, » Bon soir, monsieur : comment vous portez-» vous ? » Il débuta par me dire « Eh bien, mon-» sieur, quelles nouvelles de votre pays ? Où en » est la littérature en France, ou plutôt la phi-» losophie ? Car tout est devenu philosophique » chez les François. Mais cette philosophie, » monsieur, nous a-t-elle fait grand bien ? Osons » examiner impartialement cette intéressante » question ». Alors il passa en revue, d'abord, les écoles des philosophes Grecs, et ne manqua pas d'en citer les opinions, les divisions, et les sectes, ayant grand soin de faire sentir que ces philo-sophes n'avoient fait que parcourir un cercle pitoyable d'absurdités et de chimeres, si l'on en excepte quelques maximes de morale, qui te-noient bien plus au bon sens qu'à la philosophie proprement dite. Il ne respecta que Socrate : tous les autres, et Platon lui-même, furent ran-gés dans la classe des hommes que la vanité ou l'orgueil précipite dans le délire et l'extrava-gance. Delà passant légerement sur l'histoire romaine, qui est si pauvre en philosophes, il se hâta d'arriver à nos derniers siècles, où il trouva ample matière à critiquer : il ne me fit grace d'aucune des sottises et des scènes ridicules ou honteuses, qui ont acquis tant de célébrité aux diverses écoles que nos peres ont fréquentées ; et à mesure qu'il se rapprochoit de nous, il chercha à devenir toujours plus sévere dans sa critique : à peine ménagea-t-il Bayle, dont il nous avoit donné peu d'années auparavant un extrait en deux volumes in-8°, ouvrage qu'il avoit mis, conjointement avec le marquis d'Argens, un soin tout particulier à rédiger, et dont nous avions eu à soigner l'édition, Toussaint, auteur des mœurs, et moi. Ce fut pis encore, quand il eut à parler des auteurs vivants, qu'il ne nomma pas, mais qu'il sut assez bien désigner. Après cette longue course, il se résuma ; et profitant de tous les avantages que pouvoit lui donner cette manière de présenter les choses, il observa que les questions qui ont le plus occupé les philosophes, ont en général plutôt servi à égarer les hommes qu'à les éclairer ; et enfin, prenant ce ton poli, aisé, et amical qui lui devenoit si naturel quand il le vouloit, et l'accompagnant de ce regard si agréable et si caressant, qui n'a jamais été plus familier à personne qu'à lui, il me dit en concluant.... « Eh bien, mon- » sieur, que pensez-vous de cet examen ? Faites- » moi le plaisir de me dire quelle est votre » véritable opinion sur la philosophie. N'êtes- » vous pas de mon avis ? » Il avoit parlé durant une bonne demi-heure ; et je l'avois écouté avec toute l'attention que l'on doit accorder à un grand homme, et à un souverain de qui l'on dépend. Je n'avois pas tardé à me convaincre que cette conversation étoit préméditée et préparée de sa part : il ne m'avoit fallu, pour ne me laisser aucun doute à cet égard, que l'ordre

dans lequel tous ses raisonnements s'étoient suivis et enchaînés. Ainsi il étoit évident à mes
yeux, que le général *** lui avoit parlé, et que
tout cet entretien, et sur-tout la conclusion,
n'étoient qu'un piége adroit, où Frédéric cherchoit à me faire tomber. Ce fut d'après toutes
ces pensées, dont j'étois vivement frappé, que
je fis ma réponse.... « Sire, lui dis-je, puisque
» votre majesté veut bien me permettre de lui
» exposer ce que je pense de la métaphysique,
» je le ferai. Je crois, sire, devoir distinguer
» deux sortes de métaphysique, l'une que j'ap-
» pellerai *transcendante*, et l'autre à laquelle je
» donnerai le nom de *métaphysique élémentaire.*
» Peut-être en y réfléchissant davantage, trouve-
» roit-on à les distinguer par des noms mieux
» assortis : mais en ce moment, je suis forcé de
» m'en tenir à ceux qui se présentent les pre-
» miers à mon esprit.

» J'appelle *métaphysique transcendante*, celle
» qui s'attache à des questions dont les objets se
» trouvent placés hors de notre sphere, et dans
» un ordre de choses qui nous sont étrangères ;
» à des questions indifférentes ou nuisibles à nos
» intérêts, et même à notre perfectionnement,
» et évidemment inaccessibles pour nous, puis-
» que la nature nous a refusé les moyens néces-
» saires pour y atteindre. C'est à cette sorte de
» métaphysique, sire, que je rapporterois, non-
» seulement les chimeres et les absurdités que
» votre majesté a justement reprochées aux dif-
» férentes sectes des philosophes, tant anciens
» que modernes, mais encore une infinité d'au-
» tres rêveries merveilleuses, ou prétendues
» sublimes, qu'on seroit autorisé à y ajouter,
» comme tant de theses inintelligibles sur la
» bilocation, sur l'essence des premiers éléments

» des corps, sur leur compatibilité ou leur in-
» compatibilité intrinséque, sur l'origine de nos
» facultés, sur les idées innées, sur la différence
» qu'il y a entre *nature* et *personne*, sur le libre
» arbitre, et sur presque tous les points qui tien-
» nent à la doctrine religieuse ; et c'est de toutes
» ces choses, sire, que je dirois volontiers tout
» le mal que votre majesté vient de dire de la
» métaphysique en général.

» Mais, sire, nous avons une autre métaphy-
» sique, qui ne s'exerce que sur des objets mis à
» notre portée, et qui sont en nous, ou soumis
» directement à nos sens ou à l'action de notre
» esprit ; sur des objets consacrés à nos usages,
» et qu'il nous importe de bien connoître ; sur
» des objets enfin qui sont utiles, nécessaires,
» ou funestes, dont nous avons par conséquent
» à nous servir ou à nous défendre, sur lesquels
» nous avons véritablement prise, que nous ma-
» nions à notre gré, et dont l'étude et la connois-
» sance nous sont également faciles et intéres-
» santes : c'est là ce que j'ai voulu désigner par
» le nom de *métaphysique élémentaire*. En effet,
» elle ne s'attache qu'aux principes et aux bases
» de nos véritables sciences, ou aux regles des
» arts : elle se borne à examiner nos connois-
» sances, à en rechercher les fondements, à en
» développer, fixer, affermir, et assortir les prin-
» cipes et la théorie, et à nous diriger ainsi, en
» nous éclairant de toute la lumière que nous
» pouvons desirer ou nous procurer. Cette mé-
» taphysique, sire, se renferme toute entière dans
» l'étude de l'homme, qu'elle ne cherche qu'en
» lui-même, et dans ses opérations ; de l'homme
» qu'elle suit dans ses sens, dans ses organes, et
» dans l'exercice de ses facultés ; de l'homme
» enfin qu'elle seule peut nous faire connaître,

» qu'elle seule peut perfectionner , et dont elle
» seule peut préparer le bonheur, par le dé-
» veloppement et la plus sage application de ce
» qu'il est et de ce qu'il peut. Si votre majesté veut
» étendre jusque sur cette *métaphysique élémen-*
» *taire* , la proscription à laquelle elle a semblé
» d'abord condamner la métaphysique en gé-
» néral, il faut fermer les écoles , brûler tous les
» livres , et ne plus parler de bon sens et de raison :
» car pouvons-nous avoir ce qu'on appelle le *bon*
» *sens*, si nous nous refusons à examiner ce que
» les choses sont en elles-mêmes , et à en juger
» d'après cet examen ? Où peut-on avoir de la
» raison , quand on ne raisonne pas ; ou rai-
» sonne-t-on , quand on ne s'appuie sur aucun
» principe bien reconnu, bien clair , et bien fixe?
» Comment un professeur pourroit-il enseigner
» une science ou un art, quel qu'il soit, dans une
» hypothese semblable? Daignez, sire , me per-
» mettre de parler ici , non de moi , mais des
» études que votre majesté a bien voulu me charger
» de diriger dans son école civile et militaire !
» Lorsque je suis arrivé dans cette capitale et à
» cette école, où ai-je dû chercher le plan que je
» devois me tracer , et sur lequel je devois pré-
» parer mes leçons? Je n'ai eu que deux bases
» directrices , sire , l'instruction que votre ma-
» jesté nous a remise signée de sa main, et la na-
» ture , l'espece de choses dont j'avois à instruire
» la jeunesse. Ai-je pu me conformer aux ordres
» du fondateur, de l'instituteur, et du souverain ,
» en m'interdisant toute espèce de métaphysique?
» Quels sont les passages de l'instruction de votre
» majesté qui m'indiquent le mieux ce qu'elle a
» le plus à cœur ? Les passages auxquels je dois
» le plus spécialement m'attacher , et que je dois
» toujours avoir devant les yeux ? Tout m'y re-

» trace l'intention bien prononcée de faire ache-
» miner les jeunes gens, non-seulement vers les
» sciences pour connoître, et vers les arts pour
» opérer, mais sur-tout, toujours, par-tout et
» avant tout, vers l'exercice de l'attention, et
» l'habitude de réfléchir, méditer et penser. C'est
» dans ces vues, que votre majesté a réuni sous
» un même maître, des parties qui ailleurs sont
» distinctes, mais qui tiennent aux mêmes prin-
» cipes (1) ; c'est encore pour celà qu'elle nous
» recommande si fortement de *chercher à donner*
» *de l'activité et de la justesse à l'esprit de nos*
» *éleves ; d'être séveres sur les définitions, et ri-*
» *goureux à n'en admettre aucune qui ne soit*
» *exacte ; de ne laisser passer aucun terme, sans*
» *y attacher une idée claire et précise ; de rendre*
» *enfin les esprits attentifs et actifs, et de les*
» *faire accoucher d'idées qui soient neuves pour*
» *eux.* Si de ces sages et belles maximes, je porte
» mes regards sur les développements de la Gram-
» maire et du style dont votre majesté m'a or-
» donné d'instruire nos éleves, qu'est-ce que j'ap-
» perçois devant moi, sinon une nomenclature
» immense, toute inconnue à ces jeunes gens, et
» dont je ne puis faire comprendre un seul mot,
» si je n'ai recours à la métaphysique élémen-
» taire ? Tout est métaphysique dans ces deux
» parties sur-tout ; et si je veux me soustraire, ou
» soustraire mes éleves aux idées abstraites, il
» faudra absolument me borner à dire qu'un *nom*
» est un *nom,* ou un *mot qui se décline,* même
» dans les langues où l'on ne le décline pas ; qu'un
» *verbe* est un *verbe,* ou un *mot qui se conjugue,*
» y eût-il des langues où l'on ne conjugue pas ;

---

(1) La morale et la métaphysique sous un même professeur, la logique et l'éloquence sous un second, le style et la Grammaire raisonnée sous un troisième, etc.

» qu'un *adverbe* est un mot *qui se place près du*
» *verbe* , en dépit de l'usage qui le place si sou-
» vent ailleurs, etc. Mais où cette ridicule, fausse,
» et misérable battologie conduira-t-elle nos
» éleves? De quelles idées ferai-je accoucher leurs
» esprits? Quelle activité leur donnerai-je? Que
» deviendra mon exactitude sur les définitions?
» En ferai-je en un mot des hommes éclairés et
» capables , ou des hommes ineptes et de mépri-
» sables automates? Je ne vois point de milieu ,
» sire , je le confesse à votre majesté , entre em-
» ployer de la métaphysique, ou trahir mes de-
» voirs , me déshonorer , et tromper vos vœux et
» ceux de la société! ... Mais si mes éleves ne
» peuvent pas m'entendre? ... En ce cas, il faut
» m'en donner qui le puissent : celà est encore
» plus aisé que de changer la nature des choses:
» votre majesté d'ailleurs a pourvu à cette diffi-
» culté , lorsqu'elle a ordonné que l'on mit le
» plus grand soin au choix des éleves que l'on
» nous confieroit.... Je viens , sire , d'exposer
» ma façon de voir , avec franchise , et ainsi que
» je le devois : car ce seroit manquer au respect
» dû à un aussi grand roi , que de méconnoître
» ses véritables intentions , et de lui dire autre
» chose que la vérité. Si je me suis trompé en
» quelque point, je la prie de m'éclairer : c'est
» une marque de bonté que je mérite d'obtenir
» par le desir sincere que j'ai de bien remplir
» mes devoirs ».

J'avois parlé lentement , en homme qui réfléchit surtout ce qu'il dit : si peu-à-peu je m'étois
un peu plus animé, je ne l'avois fait cependant
qu'avec une sorte de modération : je ressemblois
plutôt à un homme pénétré de ce qu'il dit , qu'à
un homme échauffé : je connoissois assez Frédéric,
pour savoir que ce moyen étoit le seul qui pût

réussir auprès de lui. Aussi m'écouta-t-il avec la plus grande attention. Je parlai près de trois quarts d'heure, et durant tout ce temps, il fut absolument immobile, les yeux fixés sur les miens, et comme s'il étoit absolument absorbé par tout ce que je lui disois. Quand j'eus fini, il prit le ton et l'air d'un homme satisfait, et me dit de la manière la plus obligeante.... « Je vous ai bien » écouté, monsieur, et je crois vous avoir bien » entendu. Vous m'avez fait grand plaisir ; et je » vous remercie bien de toutes vos observations : » je suis charmé de vous avoir fourni l'occasion » de me les faire ».

Ce fut ainsi qu'il me souhaita le bon soir, et me renvoya. Quelques jours après, je sus par un de ses convives, que le lendemain de cet entretien, il avoit invité le général * * * à dîner, et que dans le cours du repas, il lui avoit dit m'avoir vu, et m'avoir parlé de métaphysique et de philosophie ; qu'ensuite, après quelques témoignages d'approbation très-honorables pour moi, il avoit ajouté : « Que pouvons-nous desirer de » plus, que d'avoir, pour des fonctions aussi in- » téressantes, des hommes qui s'en occupent avec » zèle ? Et lorsque nous avons des hommes sem- » blables, que nous reste-t-il à faire ? Une seule » chose, mon cher général ; c'est de nous reposer » entièrement sur eux, de tout ce qui tient à » leurs devoirs : Notre confiance devient pour eux » un puissant encouragement, et une juste ré- » compense ». Le général a encore vécu près de dix ans, depuis cette anecdote, et n'a jamais plus eu à me parler de métaphysique : et c'est ainsi, que Frédéric savoit gouverner les hommes, être juste envers tous, et toujours grand.

Nota. Je n'ai pas besoin, à ce que je pense, de me justifier au sujet de la lettre que je place à la suite de ma Grammaire, sur l'histoire de la Science Grammaticale, et sur celle des Langues. Si les vues et les observations que cette lettre renferme, sont justes, intéressantes, et utiles, comme je le crois, qui pourroit me blâmer de les avoir publiées à la suite d'un ouvrage avec lequel elles ont un rapport si étroit? On seroit sans doute beaucoup plus fondé à me reprocher de n'y avoir pas joint un morceau à-peu-près semblable, sur l'histoire de la logique et de la métaphysique : mais j'avoue sans peine que cette nouvelle tâche m'a effrayé.

ERRATA.

Page 12, ligne 9, en avoir, *lisez*, d'en avoir.
Page 17, ligne 24, modulités, *lisez*, modalités.
Page 25, ligne 17, une autre, *lisez*, un autre.
Page 32, ligne 12, transposition, *lisez*, transpositions.
Page 45, ligne 14, et cet autre, *lisez*, à cet autre.
Page 47, ligne 7, expension, *lisez*, expansion.
Page *idem*, ligne 12, intestints, *lisez*, intestins.
Page 48, ligne 11, modulité, *lisez*, modalité.
Page 60, ligne 36, les tient, *lisez*, lés lient.
Page 71, ligne 28, égard, *lisez*, égards.
Page 76, ligne 36, les même, *lisez*, les mêmes.
Page 96, ligne 17, celle-là et celle-ci, *lisez*, celles-là et celles-ci.
Page 101, ligne 17, ses offre, *lisez*, les offrent.
Page 105, ligne 37, mèmes nombre, *lisez* mèmes nombres.
Page 115, ligne 33, produissent, *lisez*, produisent.
Page 130, ligne 28, *naturæ, ordine*, lisez, *naturæ ordine*,
Page 136, ligne 8, qui se, *lisez*, qui le.
Page 185, ligne 13, multipliés, *lisez*, multiplié.
Page 185, ligne 11, déterminé, *lisez*, déterminée.
Page 192, ligne 25, il y ait ou, *lisez*, il y ait eu.
Page 200, ligne 34, mon esprit; *lisez*, mon esprit.
Page 203, ligne 19, ou comme réel, *lisez*, comme réel,
Page 213, ligne première, chargé, *lisez*, chargée.
Page 238, ligne 8, discussifs, *lisez*, discursifs.
Page 256, ligne 17. et chez lesquelles, *lisez*, et où.
Page 259, ligne 13, nommées, *lisez*, nommés.
Page 273, ligne 13, qui pense, *lisez*, qui parle.
Page 287, ligne 20, conjugent, *lisez*, conjuguent.
Page 299, ligne 8, ouvrir paître, *lisez*, ouvrir, paître,
Page 300, ligne 12, nous est, *lisez* nous sont.
Page *idem*, ligne 13, inconnue, *lisez*, inconnues.
Page 301, ligne 5, proprement dit, *lisez*, proprement dits,
Page 302, ligne 23, qui forment, *lisez*, qui se forment.
Page *idem*, ligne 33, para-sol, *lisez*, parasol.

GRAMMAIRE

PHILOSOPHIQUE.

INTRODUCTION.

(1º.) Le mot de Grammaire vient du mot grec *gramma*, dérivé de *Grapho*, qui signifie, *je retrace*, *je représente*. L'usage a restreint la valeur de ce mot *Grammaire*, à la recherche et à l'étude des moyens d'exprimer par la parole, tout ce qui se passe dans notre ame ; c'est-à-dire, que la connoissance et le bon emploi de ce qui sert à cette sorte d'expression, ou de représentation, est l'objet direct, véritable, et général de ce qu'on appelle *Grammaire*.

On verra bientôt que la Grammaire, ainsi bornée à ce qui concerne les langues, ne nous en offre pas moins, dans ses développements, des branches aussi étendues que multipliées : on verra de plus et dans tout notre cours, que par-tout elle a des *principes* à poser, et des *regles* à prescrire ; des *principes*, c'est-à-dire, des propositions générales, et sommaires, que l'on regarde comme puisées dans la nature des choses, et desquelles on fait dériver les propositions secondaires ou de détail, qui, réunies aux premières, tendent à nous donner la juste connoissance des objets dont on traite ; des *regles*, c'est-à-dire, des procédés nécessaires ou utiles à suivre, pour faire plus sûrement bien, ce que l'on risqueroit trop de faire mal sans ce secours :

Tome I.   A

mais comme les principes relatifs à une même classe d'objets, constituent une *science*, lorsqu'on les réunit méthodiquement en un corps de doctrine, et qu'on les développe, ou qu'on les prouve autant qu'il convient ; comme aussi les regles relatives à un même genre ou à une même sorte d'opérations, constituent ce qu'on appelle un *art*, lorsqu'on les réunit en un corps méthodique d'enseignement pratique, et qu'on les explique, ou qu'on les justifie autant qu'il peut en être besoin ; il est évident que la *Grammaire* est tout-à-la-fois ou successivement, une *science* et un *art*, *la science des principes du langage*, et *l'art de bien employer les langues*, ou de les parler et de les écrire correctement. Si de plus, il est vrai que l'on n'établit gueres des principes, sans chercher à les rendre plus sensibles par l'application qu'on en fait aux regles qui en découlent ; s'il est également vrai qu'on ne donne gueres des regles, sans remonter aux principes sur lesquels elles se fondent ; il doit être rare, et il est rare en effet que la *Grammaire* ne soit pas *science* et *art* en même-temps.

(2°.) Les auteurs qui ont écrit sur les langues, n'ont pas eu tous le même but en vue, ou n'ont pas pris tous la même route pour y arriver. Les uns n'ont eu pour objet, que quelques branches détachées de l'arbre grammatical, et ne nous ont donné que des notes, des remarques, des mémoires, des dissertations, des opuscules, des essais, des traités particuliers, ou enfin des dictionnaires : les autres, en réunissant toutes les parties, ou du moins les principales parties de cet objet de nos études, nous ont donné des ouvrages qui ont pour titre le nom de *Grammaire*, mais que l'on distingue les uns des autres, tantôt par le nom de leurs auteurs, et tantôt par leur objet spécifique, ou par le point de vue particulier sous lequel ces auteurs l'ont considéré.

C'est ainsi que l'on nous parle, 1°. des Grammaires de Reignier, de Port-Royal, de Girard, de Dumarsais, de Beauzée, de Condillac, et d'une infinité d'autres; 2°. des Grammaires qu'on pourroit appeler *spéciales*, en ce qu'elles n'ont pour but, que d'enseigner les regles propres à telle ou telle langue particulière pour laquelle on les a faites; comme les Rudiments des langues anciennes, et les Grammaires françoises, italiennes, espagnoles, angloises, ou allemandes etc; et 3°. les Grammaires, soit générales soit philosophiques c'est-à-dire, 1°. celles où l'on cherche à recueillir les usages communs à toutes les langues; et 2°. celles où l'on ne recueille les usages des langues, que pour les rapprocher des principes de la raison humaine; et où l'on discute de cette sorte, les diverses méthodes qu'elles suivent le plus ordinairement, et même les méthodes qu'elles devroient ou pourroient suivre; afin de parvenir, en confrontant ces méthodes avec les procédés de la raison humaine, à la connoissance exacte des opérations et facultés intellectuelles de l'homme, et sur-tout aux moyens de développer, diriger, et perfectionner les unes et les autres.

C'est de la Grammaire philosophique, que les autres especes de Grammaires devroient toutes emprunter leurs définitions, leurs divisions, et les plans qu'elles ont à suivre : la saine raison demande que toutes se ressemblent à ces divers égards, et jusques-là : mais ensuite viennent les différences par où il est essentiel qu'elles se distinguent. L'idée de *Grammaire générale* emporte avec elle, outre les recherches relatives à toutes les langues, la nécessité de renfermer beaucoup de discussions approfondies, et au moins de s'en approprier autant qu'il en faut, pour ramener les usages communs ou particuliers qu'elle indique ; à des principes qui les concilient entr'eux ; ou pour en indiquer, développer, ou justifier les conséquences. On ne doit donc pas être étonné que jusqu'ici on ait confondu cette sorte de Grammaire avec la *Grammaire* vraiment *philosophique*, quelque différence qu'il y ait entre l'objet de l'une et l'objet de l'autre : car si celle-là ne doit raisonner que pour mieux faire connoître les langues, tandis que celle-ci ne traite des langues, que pour mieux développer et affermir la raison humaine ; il n'en est pas moins vrai que l'une et l'autre consistent également et presque tout entières en raisonnemens.

Les Grammaires *spéciales* ou *particulières*, celles que l'on veut sur-tout rendre usuelles, et qui ne sont destinées qu'à nous diriger dans l'emploi de telle ou telle langue qui en est l'objet, doivent écarter les discussions longues, fréquentes, et abstraites, ou savantes, et les remplacer par un corps complet d'observations pratiques, de regles, et de détails sur les procédés adoptés par l'usage.

Par-tout, le point le plus important, outre la netteté des idées et la clarté du style, outre la justesse des regles et la vérité des principes, c'est la régularité, la simplicité, et la perfection du plan que l'on adopte : il faut que celui qui a lu une seule fois une Grammaire avec attention, sache toujours en quel chapitre ou paragraphe, et pour ainsi dire, en quelle page, il retrouvera la définition, la regle, l'exception, la remarque qu'il aura besoin de relire : mais ce point que nous exigeons ici, est sans contredit ce qu'il y a de plus difficile dans les ouvrages de ce genre ;

moins encore à cause de la multiplicité effrayante
des objets, qu'à cause de la chaîne si compliquée qui de toutes parts et sous tous les rapports,
les attache les uns aux autres, et appelle également chaque pensée en cent endroits divers.

Nous avons plusieurs Grammaires très-pré-
cieuses par les vues qu'elles présentent, et par
un grand nombre d'articles où brille ce que
la philosophie a de plus exact, de plus profond,
et de plus lumineux : mais avons-nous une
Grammaire vraiment *philosophique*? on peut
assurer que non ; et quant aux Grammaires *géné-*
rales, on peut affirmer que même nous n'en
aurons jamais qui soient parfaitement dignes de
ce nom : car comment tracer un code qui devienne
celui de toutes les langues ? comment rattacher
les usages de toutes les langues aux mêmes principes? Et si la chose n'étoit pas impossible, quel
homme seroit assez savant pour l'entreprendre
et n'y pas échouer? La Grammaire de Port-Royal
est plus *philosophique* que *générale* ; et elle ne
l'est pas assez pour en mériter le titre : nous en
dirons autant de celles de Dumarsais, de Beauzée,
et de Condillac. Nous ne parlerons pas de celles
de Court de Gébelin, et de quelques autres auteurs semblables ; vue que ce ne soit que des
recueils, ou des développements, ou des résumés
plus ou moins fideles ou libres, des ouvrages
de même genre qui les ont précédées.

(3º.) Il est facile de pressentir que l'étude de
la Grammaire, et même de la Grammaire philosophique, doit naturellement opposer des difficultés graves à ceux qui s'y livrent : car cette
étude exige nécessairement beaucoup d'attention,
de persévérance, de mémoire, et de pénétration ;
d'autant plus qu'elle se concentre en grande partie, ainsi que nous le verrons bientôt, dans les

conceptions les plus abstraites, en même-temps qu'elle embrasse les détails les plus étendus que l'esprit humain puisse réunir. En effet, et toute la suite de cet ouvrage en sera la preuve, les recherches les plus profondes et les plus importantes de la métaphysique, et les combinaisons les plus précieuses et les plus belles de la logique, ne sont véritablement que des résultats, ou les bases de la science grammaticale. Mais aussi le génie ne s'honore pas de découvertes plus étonnantes, plus utiles, et plus glorieuses que celles qui appartiennent à la Grammaire, ou qui ont les langues pour objet. Et de quoi l'esprit humain peut-il plus justement se glorifier, que d'avoir inventé les lettres, et de leur avoir donné, malgré leur petit nombre, la propriété de représenter entr'elles, tous les sons et tous les mots des langues? Que peut-il y avoir de plus digne d'exciter notre admiration et notre curiosité, que l'art de transporter dans l'écriture, les mots que nous prononçons, et dans les mots eux-mêmes, les images que notre esprit conçoit ; de même que ces images nous retracent, non-seulement tous les objets de l'univers, mais encore leurs combinaisons infinies? Qu'y a-t-il enfin de plus nécessaire dans l'ordre social, et de plus propre à élever l'homme au-dessus de tous les êtres qui nous sont connus, que la facilité d'entendre les autres, et d'en être entendu à son tour? On voit que nous ne parlons pas même ici de l'avantage inappréciable que les langues ont, de servir autant à nos plaisirs les plus délicats, qu'à nos besoins les plus impérieux. Qui donc pourroit consentir à se priver de ces ressources si importantes et si merveilleuses? Qui pourroit consentir à les négliger, ou à n'en profiter qu'à demi? qui pourroit ne pas sentir que c'est déjà se condamner à vivre dans des ténebres honteuses et funestes, et s'exclure plus ou moins de la société, que de renoncer à la connoissance des principes propres à nous diriger dans le développement, la liaison, et l'expression de nos pensées? (Voyez ci-après nos. 12 et 13) Qui pourroit méconnoître la nécessité de rendre plus facile, et d'abréger, par le secours de la Grammaire philosophique, l'étude des langues qui ont été cultivées avec le plus de succès, afin que nous puissions nous approprier plus sûrement et à moins de frais, les trésors qu'elles renferment? Les hommes les plus savants ont été grammairiens ; et c'est par des recherches et des discussions grammaticales, que plus d'une fois les philosophes les plus célèbres se sont plus particulièrement illustrés.

(4°.) Les *langues* sont, comme on l'a dit, l'objet direct et général de la *Grammaire*. Nos besoins multipliés à l'infini et sans cesse renaissants, nous mettent dans la nécessité absolue et presque continuelle, de communiquer les uns avec les autres : et ne faut-il pas que nous puissions faire connoître ce qui nous manque, ce que nous desirons, ce que nous craignons, ce que nous pouvons, ou ne pouvons pas faire sans un secours étranger? La nature nous impose donc la loi de nous créer un moyen, quel qu'il soit, à l'aide duquel nous puissions reporter en quelque sorte sous les yeux des autres, nos idées, nos pensées, et nos affections. Or ce moyen ne peut consister que dans des signes qui frappent les sens, c'est-à-dire, dans des actions, des mouvements, des gestes, des regards, des cris ; ou dans une attitude, une physionomie, un repos, un silence, une imitation, une présentation de choses particulières ; ou enfin dans des mots ou caracteres qui soient ou deviennent pour les autres, une sorte d'images ou d'indices naturels ou conventionnels de ce qui se passe en nous (1).

Il est facile de concevoir que ces especes de *signes* ne doivent pas avoir toutes les mêmes qualités ou les mêmes avantages : il y a des signes qui sont toujours joints aux choses qu'ils rappellent, comme les symptômes des maladies : ceux de cette classe sont unis aux choses, parce qu'ils en sont les causes, ou les effets, ou quelque partie, ou bien parce qu'ils les accompagnent : il y en a même qui, quoique séparés des objets, n'en sont pas moins des effets naturels, et des images frappantes, comme les représentations que nous offrent les miroirs. Parmi ceux qui n'ont pas la propriété d'être causes, ou effets, ou accompagnements de ce qu'ils représentent, il y en a encore qui sont des imitations assez parfaites pour ne laisser aucune équivoque, comme les cartes géographiques, et les ouvrages des peintres, etc.

Mais les signes naturels, et même ceux qui tiennent aux gestes et au jeu de la physionomie, étant bien éloignés de pouvoir suffire à nos besoins, les hommes ont été forcés d'en établir de conventionnels : sans doute, ces *signes* d'institution, n'ont pas été d'abord entièrement arbitraires : car s'ils l'eussent été, on n'eût pu les comprendre : l'étude longue et pénible qu'il

---

(1) Remarquons en passant que dans la plupart de ces signes ou manières de montrer notre ame aux autres, on ne fait aucun usage de la langue ; et que cependant, comme c'est à cet organe, que nous sommes redevables de l'espèce de signes la plus riche, la plus usuelle, et la plus parfaite que nous ayons ; on leur a également donné à tous le nom de LANGAGE ; comme on le voit par les expressions,.. le *langage des yeux*, le *langage des gestes*, un *langage muet*, un *langage par signes*, etc.

auroit fallu en faire, auroit évidemment été au-dessus des forces ou de la capacité d'hommes encore dépourvus de langage, et cherchant à s'en procurer un. On aura donc débuté par des *signes* qui auront eu une liaison quelconque, mais étroite, ou quelques traits de ressemblance bien sensibles avec leurs objets. De-là, on aura passé à d'autres signes plus foibles, plus éloignés, ou moins directs, mais analogues à ceux qui auront déjà été reçus, ou y appartenants de quelque manière que ce soit ; et c'est ainsi que de dégrés en dégrés, on sera arrivé aux *signes* qui, considérés en eux-mêmes, ne sont plus aujourd'hui pour nous, que des *signes* purement *conventionnels*, tels que les mots dans les langues, et les *lettres* dans l'écriture. « Les mots, dit Bacon, » sont des marques et des signes de nos idées ; » (1) sur quoi les logiciens observent qu'il faut distinguer deux choses dans chaque signe, l'idée du signe lui-même, et l'idée de la chose qu'il désigne. (2)

Les signes de convention deviennent certains et clairs, lorsque les rapports en sont prochains et manifestes ; ou lorsqu'ils sont généralement admis ; ou lorsqu'on y est suffisamment préparé : alors ils peuvent être pris même pour leurs objets. Les mots en particulier seroient parmi nous, des *signes* certains et très-expressifs, tout conventionnels qu'ils sont, si on ne les employoit jamais qu'à un seul usage, et qu'à un usage bien déterminé ; si les éléments qui les composent, n'étoient pas devenus insignifiants, à force d'être

---

(1) *Verba notionum tesseræ et signa sunt.*

(2) *Signum duplicem ideam excitat, aliam sui, aliam rei significatæ.*

chargés de significations trop diverses ; et si chacun d'eux tenoit sensiblement à une famille nombreuse, toujours distincte par des traits qui lui fussent propres. Mais, ainsi que nous le détaillerons plus amplement ailleurs, nous employons trop souvent nos mots pour exprimer des choses que nous ne connoissons pas assez, ou des choses qui ne sont pas assez rapprochées les unes des autres ; leurs éléments, par une semblable diversité d'emplois, sont devenus trop vagues ; nous avons trop de mots dont l'origine est inconnue, et qui n'appartiennent point assez à d'autres ; pour que nous puissions échapper aux notions confuses, obscures, douteuses, et foiblement conçues. Ce sont-là des inconvénients très-graves, où nous conduisent inévitablement l'ignorance, les homonymes, les allusions, beaucoup de termes figurés, et plusieurs autres causes dont nous parlerons dans la suite.

(5°.) Quoiqu'il en soit des reproches que l'on est plus ou moins fondé à faire aux *signes* conventionnels ; ce sont ces mêmes *signes* qui, lorsqu'ils consistent dans l'invention et l'emploi des mots, constituent le fonds des langues ! « Une » langue, selon Beauzée, est la totalité des usages » propres d'une nation, pour exprimer les pensées (et les affections) par la parole. » Ici, l'on entend par *mots*, les sons de la voix, en tant que nous les employons comme signes de nos idées, de nos pensées, et de nos affections. Si l'on veut une définition des langues, qui nous conduise plus naturellement aux divisions et aux détails qui sont l'objet de la *Grammaire*, nous dirons « qu'une langue est, 1°. la totalité des » mots qu'une nation s'est appropriés pour l'ex- » pression des idées et des affections ; et 2°. la » totalité des procédés qu'elle a adoptés pour

» lier ces mots entr'eux, et les faire concourir
» à l'expression des pensées ».

Les langues s'appellent *idiómes*, lorsqu'on les considere sous le rapport des vues particulières et des tours singuliers qui les distinguent, et qui font le caractere propre de chacune d'elles.

Tant qu'une *langue* conserve en général et sensiblement, les mêmes mots et les mêmes procédés, elle est toujours réputée une seule et même *langue* : mais si elle est commune à plusieurs peuples qui soient indépendants les uns des autres, et que ces différents peuples y aient établi quelques diversités ou variations sensibles, sur-tout en ce qui concerne les formes particulières des mots, l'indication de leurs rapports dans le discours, ou quelques autres traits remarquables ; ces manières distinctes et généralement reçues chez les peuples qui les ont privativement adoptées, constituent ce que l'on nomme *dialectes* dans les langues.

Lorsque ces usages particuliers n'appartiennent qu'aux habitans les moins instruits de quelques cantons ou provinces, ils forment des *patois* ; espece de langage où l'on découvre souvent des expressions qui viennent des langues plus anciennes, et qui peuvent fournir aux grammairiens des connoissances précieuses.

Si ces mêmes usages particuliers, plus ou moins multipliés, n'appartiennent qu'à des individus assez ordinairement mésestimés, tels que sont les petits-maîtres, les coquettes, les filous, ou ceux qui joignent une profonde ignorance à une grande ineptie ; c'est par le mot *jargon*, que l'on désigne le langage qui en résulte.

Si enfin les usages semblables forment un système complet, et ont pour but d'envelopper d'une sorte de mystere, ce que l'on veut dire, et de le dérober à tous ceux qui ne sont pas initiés dans les secrets de ce système; on a alors, ce qu'on appelle *chiffres;* sorte de langage, ou mieux, d'écriture, assez fréquemment usitée dans la correspondance diplomatique.

L'étude réfléchie des langues ramene souvent l'esprit sur des questions générales et philosophiques, qui sont assez curieuses et assez intéressantes, pour que l'on desire en avoir la solution. Parmi celles dont nous n'aurons point à nous occuper dans le cours de cet ouvrage, et qui tiennent néanmoins à des principes importants à connoître, on doit distinguer sur-tout celles qui concernent l'origine des langues, leur première formation, leur filiation, le titre de langues-meres, les caracteres particuliers de chaque idiôme, l'idée d'une langue universelle, et l'autorité à laquelle toutes peuvent être soumises. On nous pardonnera, sans doute, de nous arrêter ici à ces diverses questions, autant qu'il le faut pour indiquer à la jeunesse, ce qu'elles peuvent nous offrir de plus instructif : notre introduction en sera plus longue : mais le sera-t-elle trop, si elle ne contient rien qui ne soit utile, ou qui y soit déplacé ?

(6º.) Il est impossible à l'homme, (on l'a déjà vu, nº. 4,) de vivre sans les services si nombreux et si fréquemment renouvelés qu'il reçoit de la société; comme il lui est impossible de provoquer ces services, d'indiquer assez parfaitement le besoin qu'il en a, en un mot de vivre en société, sans le secours en quelque sorte préliminaire d'une langue. Les autres langages par signes, sont en général des moyens de communication trop imparfaits et trop incomplets, pour satisfaire à tous ces besoins ; vérité sensible et frappante, qui nous autorise à douter que J. J. Rousseau ait été de bonne - foi, ou se soit entendu lui-même, lorsqu'il a dit que c'étoient nos passions et non pas nos besoins, qui nous avoient rendu les langues nécessaires : en effet, à quelle passion pourroit arriver celui qui n'auroit aucun besoin? ou quelle passion est plus active, plus impérieuse, et plus puissante que les vrais besoins, lorsqu'ils sont fréquents et absolus, ou extrêmes? Rousseau a donc été plus paradoxal que philosophe, lorsqu'il a traité de l'origine des langues, et des moyens de les former. Eh, la nature ne nous a-t-elle pas pourvus de tous les organes nécessaires à l'acte de la parole? Et nos besoins ne provoquent-ils pas l'emploi et le développement de ces organes? Et à quel propos irions-nous chercher ailleurs les véritables causes des langues! l'homme parlera indubitablement dès qu'il aura un compagnon : l'homme seul est déjà forcé de parler ; la vivacité et la force des impressions qu'il reçoit, des besoins qu'il éprouve, et des passions qui l'agitent en conséquence, lui en font une loi irrésistible! l'enfant pleure et ébauche des sons, avant de savoir si d'autres personnes entourent son berceau, ou s'il peut en être entendu ! le Sauvage ému, irrité, blessé, ou effrayé, crie dans les déserts ! Eh comment ne produirions-nous pas la parole au dehors? Nous l'avons au-dedans de nous, dès que nous entendons ! car il y a entre la langue et l'oreille, une correspondance naturelle, une influence certaine, quoique peu observée ou inconnue, qui nécessite l'action de l'une en conséquence de l'action de l'autre. La serinette, dit Changeux, porte des oreilles au gosier de l'oiseau, l'air que l'on joue. Le son *bé* que le mouton nous fait entendre, reste en dépôt dans notre mémoire, et devient pour nous, le véritable nom de cet animal, si nous ne lui en avons pas déjà donné un autre. Ainsi l'homme seul a déjà quelque chose à dire ; et dès-lors il parle : ainsi voilà une langue déjà naissante, indépendamment même de l'état de société ; une langue qui pour s'ébaucher, ou du moins s'annoncer, n'attend ni la détermination de la volonté, ni l'acte formel de la réflexion. En un mot, l'homme apprend à parler tout aussi naturellement qu'il apprend à marcher, ayant pour l'un aussi bien que pour l'autre, les organes nécessaires, les occasions ou motifs de les exercer et de les développer ; et même y étant amené par la loi impérieuse du besoin. Mais comment se formeroit-on ainsi une langue primitive ? Par quels échelons, sur quel plan, par quels procédés particuliers, y parviendroit-on ? Pouvons-nous déchiffrer au moins quelques traits de l'histoire de toute formation semblable ?

(7°.) Nous avons dit que la nature nous avoit pourvus des organes nécessaires à l'acte de la parole : or ces organes, sans lesquels nous ne pourrions parvenir à parler, sont le gosier, le conduit nasal, le palais, les dents, la langue, et les levres ; toutes parties qui contribuent à modifier l'air de la respiration, au moment de son passage ; c'est-à-dire, au moment de son renvoi des poumons, et après qu'il a été rendu sonore dans la suite et à l'extrémité du larynx. Ce n'est qu'en présupposant cet air expulsé des poumons et devenu sonore, qu'il nous est possible de former des mots, au moyen des positions que nous donnons à ces mêmes organes, et des mouvements que nous leur imprimons. Il faut donc encore présupposer la faculté de mouvoir à volonté tous ces organes ; ce qui dépend de leur développement ou fréquent exercice. Il est donc évident que les organes qui s'offrent le plus sensiblement à nous comme très-mobiles, sont naturellement ceux que nous emploierons les premiers et le plus souvent ; d'où l'on doit conclure que les premiers mots d'une langue primitive, (en ce qui tient aux consonnes ou articulations), doivent en général provenir de l'emploi ou de l'action des levres : car les voyelles offrant peu de difficultés, puisqu'elles n'exigent qu'une simple position en état de repos, se formeront d'abord et sans peine, au moins dans leurs nuances les plus distinctes et les plus sensibles : ces voyelles ne sont en effet et en quelque sorte, que des cris, lorsqu'on les prononce seules : en les considérant ainsi isolément, on n'y apperçoit que la première explosion de la voix sur l'un des points de l'instrument vocal : elles ne demandent aucun effort, aucun art, aucun développement antérieur ; et par conséquent ne doivent point entrer ici en considération.

La branche linguale ayant encore plus de mobilité que la labiale, l'aura suivie de près ; et même elle l'auroit précédée, si elle n'étoit pas plus intérieure, et si par conséquent elle n'avoit pas dû nous offrir plus tard, les nombreuses ressources que nous pouvons y trouver.

Après ces deux premières branches, seront venues la branche dentale, la branche palatale, la branche gutturale, et la branche nasale. Tel est l'ordre que nous indiquent en général les différents dégrés de mobilité, au moins plus apparente de tous ces organes ; et telle est l'échelle que l'on aura sans doute suivie dans la formation des langues primitives ; sauf néanmoins les exceptions qui peuvent résulter de quelques circonstances particulières : car, par exemple, une plus grande énergie, une force plus vivement déployée dans l'action intérieure de l'ame, doit principalement ou d'abord agir sur le gosier, comme nous l'éprouvons nous-mêmes dans les passions subites, violentes, et douloureuses, qui nous suffoquent; et c'est ainsi que les langues des sauvages, dans les climats âpres sur-tout, renferment un si grand nombre d'articulations gutturales, accumulées les unes sur les autres. C'est donc bien à tort que, dans un fragment anonyme sur les langues, que l'on a inséré dans l'Encyclopédie, on conclut de ce phénomene, que les articulations de la gorge sont les plus naturelles et les plus faciles. C'est comme si l'on se fondoit sur la difficulté que les Hottentots éprouvent à prononcer la consonne *b*, pour prouver que les levres sont chez nous l'organe de la bouche le moins mobile. Il nous arrive par malheur trop souvent, de convertir ainsi en principe, ce qui n'est qu'une exception particulière, occasionnée par quelque cause locale.

Lorsqu'un peuple nouveau sera parvenu à pouvoir mettre en action, les diverses parties de l'organe vocal; ou plutôt, à mesure qu'il y parviendra; il ne pourra, dans la formation et l'adoption des mots de sa langue, que suivre les indications données par ses besoins, et par les circonstances où il se trouvera; c'est-à-dire, que les objets les plus nécessaires et les plus usuels seront nommés les premiers, si toutefois ils donnent une prise sensible, facile à saisir, et suffisamment caractéristique, au génie d'imitation, qui est une des premières causes de l'industrie humaine.

En réunissant toutes les observations qui précedent, on voit donc que c'est la nature plus que l'art, qui doit nous guider dans la formation des langues : on voit que c'est dans l'action même des organes de la voix devenus plus sensiblement mobiles, qu'elle nous fait chercher les mots dont

nous

nous avons besoin ; que c'est à la suite de ces premières dispositions, et en s'y conformant autant qu'il en est besoin, que 1°. puisant la désignation des choses dans les choses elles-mêmes, la nature nous fait prendre dans chacun de ces organes, les expressions propres à peindre les idées dont ils sont eux-mêmes les objets : 2°. que c'est également elle qui nous fournit les mots destinés à nous retracer des êtres bruyants, en nous portant à imiter le bruit particulier à ces mêmes êtres ; et 3°. que c'est elle encore qui, par une autre sorte d'imitation moins sensible, mais cependant très-réelle, nous porte à faire prendre aux organes de la voix, autant que cela est praticable, la figure des choses que l'on veut désigner ; ce qui nous donne des sons creux pour les objets creux, des sons rudes pour les objets qui ont une rudesse remarquable, des sons doux pour ceux dont la douceur nous flatte, des sons lents et lourds, ou coulants et légers, pour ceux où nous découvrons ces dernières qualités, etc. Ce sont ces derniers procédés de la nature, qui ont fait dire au président de Brosses, qu'il y a dans les objets, des modalités qui frappent nos sens intérieurs, et en conséquence desquelles nous consacrons en quelque sorte, certains sons à l'expression de certaines classes d'objets, comme le son *st* pour tout ce qui est immobile ou stable ; le son *sq* pour tout ce qui nous présente une excavation sensible, le son *n* pour tout ce qui agit sur les fluides, le son *fl* pour les fluides eux-mêmes, le son *r* pour tout ce qui est âpre, le son *g* (guttural) pour les choses entr'ouvertes, le son *s* pour tout ce qui produit une sorte de sifflement, etc.

A la suite de ces trois premières sources de mots, on peut placer 4°. l'*analogie*, qui nous fait ramener à une même racine, les noms des choses entre lesquelles nous appercevons, ou croyons appercevoir certains rapports par où l'une nous conduit à l'autre ; comme lorsque nous attribuons, par exemple, aux fibres qui tiennent à la mémoire, la flexibilité et la mobilité que l'exercice et l'habitude donnent visiblement à la main du musicien ou de tout autre artiste ; parce que nous supposons dans les fibres que nous ne pouvons observer, ce que l'observation nous découvre dans les parties des mêmes corps qui nous semblent devoir y être semblables, et que nous voyons ; l'*analogie*, qui sans établir de ressemblances entre les objets, y supplée par les ressemblances qu'elle place autour d'eux, soit dans leurs causes ou dans leur origine, soit dans leur destination ou leurs effets, soit enfin dans leur manière d'être, ou leurs moyens d'agir ; et qui enchaîne ainsi ces objets entr'eux, en les attachant à des principes communs ; l'*analogie* en un mot, qui nous offre tant de dénominations faciles à créer ou à comprendre, pour tous les objets que nous ne pouvons atteindre autrement, tels que sur-tout ceux qui ne faisant d'impression que sur les yeux, ne donnent directement aucune prise à la voix. Et n'est-ce pas d'après ce principe d'analogie, que l'aveugle né, que cite le président de Brosses, et qui a été mon condisciple à Dijon, interrogé par ses camarades et notre professeur, sur les idées qu'il se faisoit des qualités visuelles des corps, nous compara les diverses couleurs à différents bruits, et nous dit que la couleur du feu, par exemple, étoit comme le son éclatant de la trompette ? C'est donc du nom de ce bruit particulier, que cet aveugle né auroit tiré le nom de cette couleur, s'il avoit eu à créer une langue.

Les autres sources des mots de la langue nouvelle dont nous cherchons à deviner l'histoire, sont 5°. les dérivations, les compositions de mots déjà établis, l'emploi des accents, et les formules grammaticales ; d'où il est bien constaté que viennent dans toutes les langues, la plupart des mots qui y sont reçus : car l'étude et l'examen de toutes les langues nous démontrent que, dès qu'on a consacré quelques syllabes comme racines, à certaines idées particulières, on ne manque pas de réunir en un même mot, celles de ces racines qui sont ainsi chargées d'exprimer les idées que l'on apperçoit dans l'objet nouveau qu'il s'agit ensuite de faire connoître ; et telle est la marche selon laquelle les mots se chargent de sons nouveaux, s'allongent, et se composent, à mesure que l'esprit concentre plus d'idées dans une même idée totale et complexe : 6°. le hazard des circonstances, l'autorité de certaines personnes, et plus encore l'influence des événements, qui se diversifiant d'une infinité de manières, ne manquent gueres de jeter dans les langues, et d'y accréditer un nombre considérable de mots nouveaux ; et 7°. enfin, les emprunts qu'une langue fait des autres langues, pour tout ce qui n'est pas encore dénommé, à mesure que les nations ont entr'elles des communications plus étroites.

C'est du développement de toutes ces causes, tantôt plus, et tantôt moins actives, et toujours variables, que les langues obtiennent leur formation, leurs accroissements, et toutes les bizarreries qui leur sont particulières. Il seroit sans doute à desirer que les langues parvinsent toutes et toujours à différencier les mots, autant que les idées sont différentes entr'elles ; et à rapprocher ceux-là, selon que celles-ci sont plus proches voisines. Mais nous sommes loin de cette perfection : non-seulement nos langues ont des mots sans force, parce qu'ils ne tiennent à aucune famille, où qu'ils y sont déplacés ; mais nous avons des mots absolument divers, qui signifient à-peu-près la même chose, et que l'on nomme *synonymes* ; comme nous en avons d'autres qu'on appelle *homonymes*, et qui restant matériellement les mêmes, servent à nommer des choses toutes diverses. Ainsi les mêmes causes qui enrichissent les langues, les chargent également de vices et d'abus, ou d'imperfections.

Ce qu'il importe le plus de remarquer à cet égard, c'est le point qui, dans le choix et la détermination des éléments d'une langue primitive, et par conséquent ensuite de toutes les langues en général, sépare l'action de la nature, d'avec ce que ces mêmes éléments peuvent avoir de fortuit, d'artificiel, ou d'arbitraire. C'est des mots puisés dans les trois ou quatre premières sources indiquées ci-dessus, que l'étymologiste dira avec Aulu-Gelle, et d'après le grammairien Nigidius... (*) « que ce n'est point » le hazard qui nous a donné les noms et les » verbes ; mais que c'est à l'impulsion et aux in- » dications de la nature, que nous les devons. » C'est sur les mots qui nous viennent des autres sources, que l'on peut rejeter tous les reproches d'écarts, d'erreurs, de mensonges, et de contresens, que les philosophes font si souvent aux langues.

Ce n'est aussi que des quatre premières sources, (entre lesquelles il faut supposer d'abord l'analogie bornée à ce qu'elle a de plus naturel

------

(1) *Nomina verbaque non posita fortuitò, sed quâdam vi et ratione naturæ facta esse.*

et de plus sensible,) qu'une langue primitive
peut recevoir ses premiers éléments : car d'ailleurs, lorsqu'elle aura un peu dépassé ces premières limites, elle ne tardera pas d'étendre plus
ou moins le cercle de sēs analogies, et de former
usuellement ses regles de syntaxe. En général,
on peut croire qu'après l'admission des interjections, qui auront toujours le premier pas ,
les mots qui seront inventés et admis avant tous
les autres, seront des substantifs et des verbes ,
mais d'abord sans aucun changement de formes ;
que les adjectifs physiques, dans cet ordre de
création, occuperont le second rang ; que la nécessité d'établir un accord sensible entre l'adjectif et le substantif , se faisant alors sentir,
conduira les hommes aux formes qui constituent
les nombres , les genres , et les cas , et de plus
fournira les prépositions les plus importantes ; de
même que le besoin de rapporter les verbes à tant
de circonstances diverses , amenera les adverbes ,
les modes, les temps , les personnes , et les pronoms ; que l'attention qu'on aura appris à donner à tant de vues fines , attention que le sentiment du besoin soutiendra , et dirigera toujours,
pourra de même faire découvrir les articles , et
dans toutes les classes de mots , les sous-especes
les plus abstraites ; et qu'enfin l'on aura des conjonctions, quand on sera assez avancé pour lier
ses pensées dans un même raisonnement.

(8°.) Si l'on éprouve de grandes difficultés à se
rendre compte de la marche que la nature a dû
nous faire suivre, dans la formation d'une langue
primitive ; on n'est pas moins embarrassé à
découvrir comment les langues dérivent les unes
des autres. Mille causes semblent avoir dû se
réunir pour qu'il n'y eût qu'une seule langue
parmi les hommes ; et mille autres causes plus

puissantes encore , ont continuellement jeté dans nos langues, des variations si nombreuses et si diverses , et en dernier résultat des différences si essentielles, qu'il a naturellement été impossible que tous les peuples se fissent une même langue , ou qu'ils pussent conserver celle qui leur auroit été commune à l'époque de leur origine. Il ne s'agit pas seulement ici de calculer combien le langage doit varier, selon les sciences et les arts que l'on cultive , selon le gouvernement que l'on a, selon les relations qui existent entre les peuples , et selon les mœurs , le goût, l'esprit national , la religion , et la fortune de l'état ; il faut de plus compter pour beaucoup , l'influence du climat, la densité de la population, si je puis m'exprimer ainsi , et surtout la nature et la bonne ou mauvaise fortune des langues antérieures.

Dans les recherches instructives qui concernent l'histoire d'une langue nouvelle , soit primitive , soit dérivée, la chose qui mérite le plus d'attention , c'est moins encore l'origine des mots , que la forme particulière qu'on leur donne , ou la manière adoptée pour y attacher les idées accessoires dont ils sont susceptibles. Cette manière , cette forme embrasse les déclinaisons , les conjugaisons, les dérivations , et les compositions des mots, outre plusieurs autres *accidents* dont nous aurons à nous occuper ailleurs. Nous dirons seulement ici que , relativement à la composition et à la dérivation , on distingue l'*espece* et la *figure* ; c'est-à-dire, que l'on observe si un mot est de l'espece *primitive* ou *dérivée* ; et si la figure en est *simple* ou *composée ;* que l'on appelle *racines*, les syllabes ou mots qui servent à la formation d'autres mots ; que l'on peut nommer *racines génératrices*, les mots primitifs de la langue , quand on les compare aux mots qui en dérivent ; et *racines élémentaires*, les mots simples que l'on compare à ceux qui en sont composés ; qu'il y a en général deux sortes de *dérivations* , l'une *philosophique* , qui n'a pour but que de présenter plus spécifiquement et en elle-même , la chose dont on veut parler , et qui n'en concerne que la nature et l'espece ; et l'autre *grammaticale* , qui ne tombe que sur le point de vue sous lequel on présente actuellement cette même chose, conséquemment aux besoins de l'énonciation ; que la premiere ajoute au mot, des idées accessoires , étrangeres aux loix purement grammaticales, comme on le voit entre *ami , amant , amitié, amour*, etc. ; ou entre *canere , cantare , cantitare*, etc. ; dérivés de *am* et de *can* ; ou dans *judex*, venant de *jus* et *dex (dicis,) œternitas* venant de *œvi trini unitas*, (union des trois temps , le passé , le présent , et l'avenir ;) etc. ; et que la seconde ajoute des idées accessoires , qui ne sont relatives qu'à l'ordre ou aux moyens usités de l'énonciation, comme dans *cano , canis , canit,* etc. *ami , amie*, etc.

(9°.) On demande à quels traits on peut reconnoître qu'une langue n'est plus la même ? La langue de François premier , disent quelques auteurs , n'étoit plus la langue de Louis IX ; et la nôtre n'est plus aujourd'hui celle de François premier. D'autres écrivains , plus severes ou plus exacts logiciens , nous disent en général , qu'une langue ne doit être réputée nouvelle, que quand ceux qui la parlent, n'entendent plus la langue nationale sous son ancienne forme. Une langue reste la même, (disoit en 1757, M. de Grandval, académicien d'Arras,) tant que malgré ses autres variations , on peut toujours suivre ses traces, et trouver dans son origine, outre une grande partie de ses mots actuels, les principaux points de sa Grammaire. Que je lise, ajoutoit-il, les loix des douze tables, ou Ennius, ou Cicéron, n'est-ce pas toujours du latin que je lis? Souvent ce ne sont plus les mêmes mots ; mais ce sont en général les mêmes formes, le même génie, les mêmes analogies, en un mot, le même caractere individuel.

(10°.) On demande ce que l'on doit entendre par *langue - mere*, et si nous en avons de semblables?... On entend pour l'ordinaire par *langue-mere*, une langue qui ne provient d'aucune autre langue connue, et de laquelle une ou plusieurs autres langues proviennent. La langue grecque et la langue latine sont celles que·l'on qualifie le plus communément de ce titre ; souvent on y ajoute la langue allemande : beaucoup de savans mettent la langue hébraïque à la tête de toutes les langues-meres : quelques-uns placent la langue celtique à côté de celle des juifs, etc. : tout le monde aime à répéter que la langue italienne, l'espagnole, et la françoise sont filles de la langue latine : mais, dit l'abbé Girard, quand on songe au prodigieux éloignement qu'il y a du génie de ces langues à celui du latin ; quand on fait attention que l'étymologie des mots peut prouver les emprunts faits à une autre langue, sans prouver la véritable origine de celle qui aura emprunté ; quand on sait que les peuples subjugués par les Romains en Italie, en Espagne, et dans les Gaules, avoient leurs langues aux époques où ils furent conquis ; que les langues aujourd'hui vivantes dans les mêmes pays, sont armées d'articles qu'elles n'ont pu prendre de la latine, où il n'y en eut jamais, au moins de simples et généraux, ou purement indicatifs ; et

qu'elles suivent une construction diamétralement
opposée aux constructions libres qu'autorisent
les déclinaisons qu'elles n'ont pas ; on ne sauroit, pour un plus grand ou plus petit nombre
de mots empruntés, et pour l'ordinaire singulièrement défigurés ou tronqués, dire qu'elles
sont les filles de la langue latine ; ou bien il faudra
leur donner plusieurs meres. Pour connoître la
vraie parenté et l'origine des langues, c'est à leur
génie qu'il faut particulièrement faire attention ;
à ce génie toujours moins susceptible d'altérations
que les mots ; à ce génie qui le plus souvent se
maintient au milieu de toutes les autres variations ; à ce génie enfin que jamais on n'imagineroit, que jamais on n'iroit chercher au loin ,
si la langue où l'on puiseroit la sienne , et que
l'on connoîtroit le mieux, en avoit une autre.
C'est donc moins dans les mots, que dans la manière de les employer , que consiste l'identité ou
l'affinité des langues, qui different encore moins
essentiellement par leurs tons de couleurs , que
par leur manière de dessiner les objets : on peut
donc , avec bien plus de raison, dire des trois
langues modernes dont il s'agit, et de plus de la
langue angloise , ce que M. de Grandval disoit
de la langue françoise, dont il plaçoit le berceau
dans la langue celtique : en effet , M. Bultet , dans
son grand ouvrage sur la langue hébraïque , et
plusieurs autres savants, prouvent que la langue
de nos ayeux avoit, ainsi que l'hébreu , notre
construction grammaticale actuelle ; construction
que nous ne pouvons avoir prise ou reçue que
d'elle : combien de termes celtiques d'ailleurs ,
n'avons-nous pas conservés ? Si tant d'autres mots
nous sont venus d'autres langues , c'est que le
celtique, déjà divisé en *dialectes* sous César , né-
gligé sous les Romains , dégradé sous les deux

premières races de nos rois, n'avoit pu se maintenir contre tant d'attaques, et nous apporter dans sa pureté, le vrai langage de Brennus ou de Vercingétorix. La langue celtique, peu digne sans doute d'exciter nos regrets, a été le fonds sur lequel les Romains et les Barbares ont travaillé, durant tant de siècles, pour nous amener nos langues actuelles : aussi n'y a-t-il gueres eu que la syntaxe de nos ayeux, qui ait pu traverser tant de révolutions ; encore ne l'a-t-elle fait qu'en subissant des altérations plus ou moins considérables : car nous voyons que la langue italienne y a mêlé tout ce qu'elle pouvoit y amalgamer de tournures latines ; que l'espagnole s'est également permis des écarts plus hardis que consonants ; que la langue angloise a usé d'une liberté encore plus grande, ou au moins plus générale ; et que la langue françoise est la seule qui, plus réservée, se soit peu écartée de la langue originelle. Ce sont toutes ces considérations et plusieurs autres semblables, qui ont déterminé quelques auteurs à penser que, si l'on examinoit les choses avec une sévere impartialité, on auroit peine à se convaincre qu'il nous restât bien certainement quelque langue-mere vivante : car nous avons eu des savants Suédois, et même des Hollandois ou Flamands, qui ont prétendu que la langue allemande descendoit de la leur ; et la langue basque, celle que l'on pourroit, à ce qu'il semble, citer avec plus de raison, ne réclame aucune autre langue, comme dérivée d'elle, et manque par conséquent, de l'un des deux caracteres que nous avons dit être nécessaires pour mériter ce titre.

(110.) Les diverses qualités propres à caractériser les langues, en ce qu'elles en constituent les traits distinctifs, les beautés ou les défauts, proviennent de la nature des éléments dont elles se composent, et des moyens qu'elles emploient pour en tirer avantage, et parvenir aux buts qu'elles ont à remplir. Ces buts se réduisent à trois points principaux, flatter l'oreille, toucher le cœur, et éclairer l'esprit. Les moyens que les langues emploient, consistent dans les regles de leur syntaxe; regles fixes ou incertaines, consonantes ou disparates, complettes ou insuffisantes, et heureuses ou maladroites : leurs éléments sont le syllabaire qu'elles s'approprient, la combinaison qu'elles aiment à faire des sons que nous pouvons produire, et les mots qu'elles adoptent, ainsi que la manière de les composer, de les dériver les uns des autres, de les réunir par familles, et d'y annexer un plus grand ou plus petit nombre d'idées accessoires. C'est pour et par toutes ces causes, prises isolément ou combinées ensemble, que les langues sont douces ou dures, sonores ou sourdes, molles ou rudes, suaves ou âpres, monotones ou variées, mélodieuses ou pénibles à entendre, nombreuses ou sans prosodie, harmonieuses ou discordantes : c'est de-là qu'elles parviennent avec plus ou moins de facilité, à rendre la chaleur du sentiment, la violence des passions fortes, toutes les délicatesses des passions douces, les convenances les plus fines ; ou bien qu'elles restent habituellement foibles, timides, froides ou seches, sans élans et sans ame : c'est de-là encore qu'elles se prêtent plus ou moins naturellement à l'ordre, à cette clarté ou perspicacité, que Quintilien dit être la première qualité d'une langue, à la correction, à la propriété des termes, à la noblesse et à l'élévation, à la force et à l'énergie, à toutes les nuances de la gaîté, à la véhémence des mouvements oratoires, et à l'élégance qui, selon

Voltaire, vient des choix que l'on fait, suppose l'exactitude et la pureté du langage, réunit la justesse et l'agrément, et consiste sur-tout dans une liberté noble, dans un air facile et naturel, et dans la réunion des graces : c'est de-là enfin que les langues tirent leur dégré de richesse et d'abondance, de naïveté, de vivacité, de concision, de variété et de dignité ; ou qu'elles sont pauvres, stériles, guindées, lentes, monotones, et sans valeur.

(12°.) Toutes les qualités que nous venons d'indiquer, et dont il seroit difficile et superflu de donner une liste complette et méthodique, servent à diviser les langues en un grand nombre de classes différentes, auxquelles nous ne nous arrêterons que pour caractériser en peu de mots, la langue grecque, la latine, et ensuite la langue françoise.

On convient unanimement que la première est plus qu'aucune autre, harmonieuse et musicale, éloquente et poétique, riche, noble, et flexible ; à quoi elle ajoute 1°. l'avantage si précieux de tirer presque tous ses mots de racines qui lui sont propres, et qui ne s'élevant gueres qu'au nombre de trois cents, rendent ces mêmes mots, aussi faciles à entendre qu'à former ; et 2°. l'avantage de posséder de cette sorte, une infinité de termes abstraits toujours clairs et précis, que la langue latine n'a pu se procurer que tardivement et par emprunt.

Cette dernière langue, bien moins agréable et bien moins parfaite, l'emporte néanmoins encore sur beaucoup d'autres, par la liberté de ses constructions, par la force et l'énergie, et par la noblesse et la fierté. Ce sont là les principaux traits qui la caractérisent, et qu'on ne peut se lasser d'admirer dans tant d'ouvrages immortels qui prouvent également la dignité et la grandeur du peuple romain, et le génie ou les talents des auteurs qui l'ont autant illustré que ses conquêtes.

Quant à la langue françoise qui, selon Diderot, est la plus châtiée, la plus exacte, et la plus estimable; comme elle n'a que des inversions peu hardies et assez rares, elle brille moins par l'éloquence, la force, et la chaleur; mais elle gagne infiniment du côté de la précision, de la clarté, et de la netteté : sa marche didactique et réglée, la rend également et spécialement propre au commerce ordinaire de la vie et aux sciences : il faut, dit cet auteur, parler françois dans la société et dans les écoles de philosophie ; parce que cette langue est singulièrement la langue propre aux délassements de l'esprit, aux agréments de la conversation, et à la conduite des affaires ; et qu'elle est de plus et en même-temps, la langue des amis de la vérité, ou des sages ; tandis que la plupart des autres langues deviennent trop facilement des langues de mensonges, favorables aux prestiges des passions, et faites pour émouvoir et égarer les peuples. Il ne faut point rechercher la langue françoise plus haut que le dixième siècle, dit Voltaire : elle n'a pu se préparer à exister, qu'après le partage de l'empire de Charlemagne fait en 843 ; partage qui relégua le tudesque en Allemagne, et fit prévaloir le Roman rustique en France. Ce fut au dixième siècle, que parut le premier ouvrage qui ait été écrit en cette langue, le Roman de *Philoména*, dont le langage diffère encore si peu de celui des loix normandes. Au douzième siècle, la doctrine d'Aristote pénétrant dans nos écoles, y introduisit beaucoup de termes grecs qui se naturaliserent peu à peu chez nous : quelque temps après, les médecins y ajoutèrent un grand nombre d'autres mots, tirés de la même langue, sur les maladies, l'anatomie, et les médicaments. Le regne de Charles VIII, et nos longues guerres en Italie nous procurerent de nouveaux emprunts, aussi bien que nos rivalités avec l'Espagne. Sous François Iᵉʳ., la justice fut enfin rendue en françois, et la langue fut plus spécialement cultivée: cependant notre syntaxe resta encore livrée aux caprices des auteurs; nous conservâmes encore bien des expressions naïves, mais burlesques; nous ne connûmes encore ni harmonie, ni noblesse : Amyot ne fut que naïf : Montaigne nous offrit une vigueur toute particuliere, mais personnelle : enfin Malherbes écrivit, l'Académie françoise fut instituée, le siècle de Louis XIV vint; et la langue françoise fut formée. Le génie de cette langue consiste dans l'ordre et la clarté : la liberté et les charmes de la société lui ont donné une délicatesse d'expression, et une finesse d'esprit qui ne se retrouvent point ailleurs ; ce qui ne l'a point empêchée de devenir plus philosophique qu'aucune autre. Mais un gouvernement gothique avoit tout fait pour la maintenir dans un véritable état de barbarie, en étouffant toute lumière parmi nous, durant près de douze cents ans ; période cruellement longue, durant laquelle des maîtres d'erreurs étoient payés, pour abrutir le genre-humain, en épaississant toujours plus les ténebres.

(13°.) De toutes les divisions que l'on peut faire des langues en diverses classes, il en est peu qui intéressent essentiellement la Grammaire : sans doute, on doit distinguer les langues savantes de celles qui ne sont point encore rangées dans ce nombre, où l'on place principalement le latin, le grec, l'hébreu, le syriac, et l'arabe: on doit de même établir des différences convenables entre les langues mortes et les langues vivantes, entre les langues formées et les langues encore informes, entre les langues cultivées et les langues encore agrestes, et livrées en quelque sorte à elles-mêmes : mais ce qu'il importe le plus de ne pas confondre, ce sont les langues *analogues* et les langues *transpositives*. Cette distinction que nous devons à l'abbé Girard, est dans la science grammaticale, une des bases les plus essentielles ; en ce qu'elle tient moins aux mots considérés en eux-mêmes, qu'aux moyens d'en exprimer les rapports dans l'ordre de la pensée. Toutes les langues où ces rapports sont comme entés ou greffés dans les mots, à l'aide des changements que ces mots peuvent subir, sont *transpositives*, c'est-à-dire, qu'alors les mots ne sont plus assujétis dans leur construction relative, à d'autre ordre qu'à celui que l'oreille, l'habitude, ou la passion peuvent faire desirer. Toutes les langues où les mots ayant moins de formes variables, sont astreints à occuper telle ou telle place dans la phrase, selon le rôle qu'ils ont à y faire, et selon les rapports qu'ils y ont les uns avec les autres, sont des langues *analogues*. Pour sentir combien ces deux dénominations sont justes et convenables, il suffit de considérer, que dans ces dernières langues, l'ordre et l'arrangement des mots est nécessairement analogue ou conforme à l'ordre, à l'arrangement des idées que l'on rassemble dans une même pensée. La nature ne produit l'effet qu'après avoir posé la cause, et l'avoir fait agir : nous n'atteindrons point le jour de demain, que nous n'ayons dépassé le jour d'aujourd'hui.... C'est ainsi qu'il y a en tout, un ordre invariable d'antériorité et de postériorité, qui est le type de toutes nos conceptions ! si notre esprit intervertissoit cet ordre, ou s'en écartoit réellement dans la chaîne de ses idées, sans nous y rappeller par quelque autre moyen, penser ne seroit plus pour nous que déraisonner; l'intelligence humaine ne seroit que démence ou délire. Si donc dans le discours, nous établissons le même ordre qui existe dans la réalité, et par conséquent dans les opérations de notre entendement; il est clair que notre langue est conforme ou *analogue* à l'ordre naturel : si au contraire, nous suppléons à cet ordre par d'autres moyens, de manière que nous puissions également indiquer les rapports que les mots ont entr'eux, mais en nous écartant à volonté de l'ordre des phénomenes et de nos idées; alors nous transposons nos mots sous ce point de vue essentiel, et notre langue devient *transpositive*. C'est d'après ces définitions si simples et si frappantes, que l'hébreu, le celtique, le françois, l'italien, l'espagnol, l'anglois, etc. sont appelés langues *analogues;* et que le grec, le latin, le basque, etc. sont *transpositives :* l'allemand participe de l'un et de l'autre de ces deux caractères, ayant plus de transposition que celles-là, et moins que celles-ci, parce que les moyens de supplément y existent, mais n'y sont que partiels et imparfaits.

On peut long-temps disputer pour savoir lesquelles sont préférables, des langues *analogues*, ou des langues *transpositives :* celles-ci, plus libres dans leur marche, en ce qui tient au placement respectif des mots, sont, dit-on, naturellement embarrassées d'un grand nombre de regles, toutes nécessaires à suivre, difficiles à retenir, et escortées d'exceptions aussi nombreuses que fatiguantes. Celles-là semblent promettre plus de clarté, de simplicité, et de facilité : mais elles sont plus lentes, plus gênées, et comme

assujetties

assujetties à une allure uniforme et contrainte, qui les prive de plusieurs avantages très-précieux. Cependant si le premier et véritable objet des langues est de présenter ce que l'on pense, avec clarté et fidélité, les langues *analogues*, essentiellement plus fideles, et plus claires, du moins au premier aspect, ne sont-elles pas plus près de la perfection que leurs rivales ?

(14°.) Le nombre des langues cultivées s'accroissant de siècle en siècle ; les relations entre les peuples s'étendant de même, soit par le commerce, soit par quelqu'autre cause ; nous avons d'âge en âge, toujours plus de langues qu'il est intéressant ou nécessaire d'apprendre : mais cette étude est longue, pénible, et stérile par elle-même : on prévoit même le temps où l'homme, qui sera doué des plus heureuses dispositions, n'y suffira pas. Ce sont ces considérations qui ont fait demander, s'il ne seroit pas possible d'établir parmi les nations, une langue générale ou universelle ; de manière que cette langue, devenant un moyen suffisant de communication entre tous les peuples, chacun n'eût plus à apprendre, outre sa langue nationale, que cette seule langue universelle ou générale et commune. De grands génies, entre lesquels il est juste de citer Leibnitz, se sont occupés de cette idée, et se sont livrés à des recherches sérieuses à ce sujet. Mais tous jusqu'ici ont mal posé la question, ou l'ont mal entendue. Les uns ont cru que ce seroit arriver à une langue universelle, que de découvrir la langue primitive, ou la véritable langue-mere d'où sont dérivées plus ou moins directement toutes les autres : il y a eu d'autres auteurs qui se sont persuadés qu'ils pourroient former la langue dont nous parlons, s'ils parvenoient à extraire de toutes les langues connues, et à réunir tous les

mots ou toutes les racines qui y sont communes.
D'autres encore se sont bornés à nous tracer des
plans d'écriture universelle , ou propre à s'a-
dapter à toutes les langues. Mais une écriture
semblable, quelque perfection qu'elle eût , ne
seroit point une langue ; et la langue primitive,
en supposant qu'on pût la reconnoître ou la
ressusciter , n'en seroit pas pour celà plus universelle. Si donc on veut donner quelque attention à cet objet , qui pour être le plus intéressant qu'il y ait, n'a besoin que d'être reconnu
possible ; il faut commencer par rectifier l'idée
qu'on s'en est faite jusqu'à présent. Une langue
n'est telle qu'autant que par la parole, elle nous
offre le moyen d'exprimer nos pensées et nos affections : il faut donc supposer ici une langue
parlée ; d'autant plus que si on peut l'obtenir, on
sera ensuite peu embarrassé de l'écrire. Une langue,
quelle qu'elle soit, ne sera point universelle, si
l'on ne détermine en général, tous les hommes ou
tous les peuples à s'en servir dans l'occasion , et
par conséquent à l'apprendre. On n'obtiendra pas
ces deux points de tous les hommes en général, si
cette langue ne réunit à une très-grande perfection , l'avantage de pouvoir s'apprendre facilement et en très-peu de temps. Ainsi, que l'on
imagine une langue également agréable, riche,
variée , propre à bien rendre toutes les vues de
l'esprit, et toutes les nuances des sentiments
moraux ; que cette langue n'ait pas un mot qui
ne soit formé de racines qui lui soient propres,
et par conséquent bien connues ; que par-là
tous les mots se rangent d'eux-mêmes chacun
dans une famille très-nombreuse ; que jamais
une même syllabe n'y ait deux fonctions à remplir,
ni un même mot deux idées à exprimer ; que
tous les mots admettent facilement toutes les

idées accessoires qu'on peut avoir à y annexer, et que cette annexe s'y fasse encore d'une manière uniforme; que les regles de syntaxe y soient générales, simples, suffissantes, et sans exception; quatre cent racines bien définies, trois cent formes consacrées à l'expression ou adjonction des idées accessoires, emploieront sept cent syllabes dont les diverses combinaisons, en n'admettant qu'une seule racine dans chaque mot, produiront cent vingt mille mots, c'est-à-dire, quatre fois autant qu'en ait la langue la plus riche, aux yeux mêmes de ses partisans. Mais comme on pourra réunir à volonté et selon le besoin, deux, trois, ou quatre racines semblables dans un même terme, on voit que dans cette langue, le nombre des mots s'élévera facilement à six, sept, ou huit cent mille mots, toujours aussi aisés à entendre qu'à former; ainsi que nous l'avons déjà observé ci-devant.

Les organes de la voix peuvent nous fournir plus de douze cent syllabes bien distinctes : ainsi on aura encore de reste, quelques centaines de syllabes, qui étant sans objets déterminés, pourront être intercalées dans les mots, pour y corriger quelque défaut euphonique, ou y placer quelque perfection de même genre. Sept cent syllabes à définir, peu de pages pour énoncer des regles sans exception; tout celà ne formera qu'une petite brochure, que l'on pourra apprendre par cœur en peu de jours, et qui donnera en même temps, la grammaire et le dictionaire complet de cette nouvelle langue. Qu'en donnant cette brochure au public, on répande également quelques ouvrages curieux, agréables, intéressants, ou très-importants, écrits ou traduits en ce nouvel idiôme; que les gouvernements, après avoir acquis la certitude que cette nouvelle langue a les qualités que nous demandons, en favorisent l'étude ; le succès ne sera plus douteux. Mais s'il est impossible de composer une langue semblable, et d'y réunir tant de perfections ; ou si l'on néglige les autres précautions nécessaires pour inspirer le desir de l'apprendre ; les hommes seront en vain pressés du besoin de l'avoir ; les progrès de l'esprit humain, en rendant également précieuses presque toutes les langues existantes, nous rapprocheront de l'ignorance par le découragement : car les différentes manières de prononcer les langues mortes, que le françois et l'anglois parleront sans pouvoir s'entendre l'un l'autre, suffissent pour que jamais aucune langue morte ne puisse obtenir l'universalité nécessaire ; et d'un autre côté, l'amour-propre des peuples, et les imperfections de nos langues modernes, sont des causes plus que suffisantes, pour que ces dernières langues ne soient pas plus fortunées à cet égard que les langues mortes. C'est ainsi que vers la fin du dernier siècle, on a vu des souverains, égarés par une odieuse jalousie nationale, et toujours petits dans leurs vues, défendre de parler françois à leur cour.

(15°). Les observations que nous venons de faire, et toutes celles qu'on peut faire encore sur les mêmes objets, ne peuvent pas produire tout l'effet que l'on pourroit desirer quant à la pratique, parce qu'il faudroit convaincre et persuader une nation toute entière, pour amener quelques changemens utiles dans une langue. Nul homme au monde, quels que soient son génie, son activité et sa puissance, n'aura jamais une autorité suffisante et légitime sur ce qui concerne les langues. Ces langues appartiennent aux nations qui les parlent : les individus n'ont que la faculté de les employer telles qu'elles sont : s'ils veulent les changer, même sous prétexte de les perfectionner, ce n'est de leur part, qu'une entreprise téméraire : vous pouvez placer à côté ou au-dessus de la langue nationale, une autre langue plus régulière et plus belle : mais cette nouvelle langue ne sera que la vôtre ; elle ne sera point celle de la nation, à moins que la nation n'abandonne ses habitudes pour s'astreindre à suivre vos leçons ; et il faut bien peu réfléchir, pour espérer un tel succès. Les langues ne sont soumises qu'à une seule autorité, à l'autorité de l'usage général et commun : cette autorité n'est et ne peut jamais être que démocratique, ou aristocratique ; c'est-à-dire, qu'elle ne peut résider en général que chez ceux à qui les connaissances acquises donnent naturellement le droit de voter. Le particulier qui voudra s'arroger cette autorité à lui seul, ne réussira qu'à se rendre odieux ou ridicule. L'usage général bien constaté est le seul maître ou arbitre des langues : il n'en est pas le tyran ; car ses droits sont légitimes et sacrés : les langues vivantes ne dépendent donc que de l'usage des peuples auxquels elles appartiennent et qui les parlent ; et les langues mortes ne dépendent que des usages avoués et comme déposés dans les ouvrages et les monuments qu'elles nous ont laissés. Ainsi, la langue latine n'existe plus que dans Térence, Phèdre, Salluste, Cicéron, Horace, Virgile et quelques autres : Montaigne, Malherbe, Bossuet, Fénelon, Boileau, la Bruyère, Racine, Sévigné, Montesquieu, Buffon, Voltaire, et Rousseau, formeront peut-être dans la suite le vrai dépôt de la langue françoise : en attendant, nous observerons qu'ils n'ont rien donné à notre langue ; qu'ils n'ont fait qu'y découvrir des beautés qu'on n'y voyoit pas avant eux, mais qui n'y étoient pas moins. Ce que nous concluerons de ces vérités, c'est que les grammairiens ne sont et ne peuvent être, en ce qui concerne les usages des langues, que des témoins plus ou moins instruits, attentifs, et fideles : s'il en est qui regardant la langue qui les occupe, comme un patrimoine ou comme un fonds acquis, paroissent vouloir en disposer selon leurs idées et leurs vues, le public ne manque pas de réprimer leurs prétentions, et de faire descendre ces petits usurpateurs ou despotes, du siège de juges suprêmes, sur le banc de simples témoins : c'est une leçon que l'on a donnée même quelquefois à l'Académie française, qui en effet n'a jamais pu être qu'un corps plus respectable de témoins.

(16°). Mais lorsqu'après avoir recueilli avec une scrupuleuse fidélité, les regles et les usages d'une langue, on cherche à les ranger dans un ordre méthodique et plus utile ; lorsqu'on les confronte avec les principes de la raison humaine, pour en mieux faire sentir l'importance, ou pour les rendre plus faciles à saisir et à retenir ; lorsque sur-tout on discute philosophiquement la science grammaticale, plutôt qu'on n'en développe l'art ; alors le grammairien exerce des droits beaucoup plus étendus : s'il ne devient pas juge, il est au moins vrai qu'il n'est plus simple témoin, et qu'il joint à son propre témoignage et à celui des autres, toutes les prérogatives d'un avocat. Ce dernier rôle convient particulièrement à celui qui s'occupe de Grammaire philosophique : origine et filiation des langues, étymologie des mots et leurs divisions en plusieurs classes, leurs valeurs, tant fondamentales qu'accidentelles, les formes qu'ils prennent ou rejettent, le caractere, le génie, les beautés, les imperfections des langues, les loix de leurs syntaxes ; tout alors demande à être rapproché du flambeau de la philosophie, et lié à nos facultés ou opérations intellectuelles.

Ici s'ouvre, comme on le voit, une carrière toute différente de celle du grammairien ordinaire : l'objet semble encore être le même ; mais il est vu et traité tout autrement : c'est encore la Grammaire avec ses différentes branches ; ce sont encore les langues, leurs éléments, et leurs usages ; mais uniquement ou principalement portés au creuset du raisonnement, pour être mieux observés et mieux suivis, tant dans leurs causes que dans leurs effets. Ce n'est plus enfin qu'un cours de philosophie appliqué à la Grammaire, ou des traités de métaphysique et de logique rendus plus faciles à entendre, plus usuels, et plus sagement circonscrits par l'application qu'on en fait aux langues.

C'est en nous conformant à ces vues, que nous divisons cet ouvrage en quatre parties ; l'une toute consacrée aux vrais principes d'une sage métaphysique ; une seconde destinée à exposer la doctrine grammaticale concernant les mots, leurs classes, et leurs diverses valeurs ; la troisième à suivre les regles de la logique et de la syntaxe dans nos jugements et nos propositions ; et la dernière à recueillir également les regles qui concernent le raisonnement et la méthode.

PREMIÈRE PARTIE.

Principes de Métaphysique.

(17°). Lorsque nous avons annoncé que l'objet direct, ou le but général des langues étoit de nous fournir des moyens plus faciles et plus heureux de faire connoître aux autres ce qui se passe en nous ; c'est-à-dire, d'exprimer nos idées et sur-tout leurs rapports, avec vérité, fidélité et clarté, et de les présenter de manière à établir dans nos communications mutuelles, une certitude suffisante, et la sorte de confiance dont nous avons besoin ; n'étoit-ce pas dès-lors, annoncer la nécessité de connoître ces idées et ces rapports, afin de mieux apprécier et de pouvoir mieux employer, les moyens par où les langues produisent les unes et les autres dans le commerce de la société ? Pour découvrir avec certitude, développer d'une manière claire et précise, et présenter dans un ordre convenable, ces moyens à l'aide desquels nous transportons au-dehors nos idées, nos affections, et toutes les relations que nous appercevons entr'elles ; pour pouvoir ainsi lire et faire lire dans notre ame, et nous rendre compte à nous, et rendre compte aux autres, des différents actes qui s'y font ; pour étudier en un mot, d'une manière vraiment utile, les loix établies dans les langues, et leurs motifs, et leurs effets ; ne sommes-nous pas forcés de réunir dans un même corps de doctrine, tout ce qui tient aux diverses branches de la métaphysique et de la grammaire ; les mots et les idées que nous y attachons, ou leurs valeurs, tant fondamentales qu'accidentelles ; les mots et les combinaisons infinies que nous parvenons à en faire ? Mais comment juger des formes si variables de ces mots, si on ignore les causes de leur admission ? Comment distribuer ces mots en diverses classes, si l'on.ne sait pas distribuer de même les idées qu'ils nous retracent ? Que dire des mots enfin, si on ne connoît pas suffisamment les idées qu'on veut en revêtir ? Que dire des phrases, si l'on n'a pas approfondi la nature, et toutes les especes de pensées qu'elles sont chargées de nous transmettre ? Et que dire des langues, si l'on ignore quelles sont les facultés de l'homme, et les opérations de son esprit ; facultés, opérations dont les langues ne sont que l'explosion extérieure, le résultat, le tableau, et la transmission au-dehors ? Toutes ces études ne rentrent-elles pas nécessairement l'une dans l'autre ?

La triste expérience du passé nous apprend ce que peut être une Grammaire que l'on renferme étroitement dans le cercle des usages d'une langue, sans jamais lui permettre d'en sortir, et de rapprocher ces usages de leurs véritables causes. Qui peut ignorer combien cette manière étranglante et barbare de tronquer cette science, en la privant de ses appuis les plus essentiels, et de la rappetisser en la dépouillant de tout ce qui n'est pas routine, en avoit rendu l'étude seche, stérile, fastidieuse, et rebutante ? N'est-ce pas pour l'avoir ainsi rabaissée, et assimilée en quelque sorte aux professions les plus mécaniques et les plus routinières, qu'on étoit parvenu à en rendre l'étude odieuse et méprisée, et à la transformer elle-même en un symbole de l'ennui, en un objet de ridicules et de sarcasmes ? Et quelle est la science vraiment grande, utile, admirable, et précieuse, qu'on n'aviliroit pas ainsi, qu'on ne réduiroit pas à cet état d'abaissement, d'ignominie, et de rebut, si l'on s'obstinoit à la traiter de même? Mais aujourd'hui que les esprits ont acquis plus de lumières, et que la raison plus formée, plus étendue, s'accoutume à enchaîner tous les jours plus d'objets les uns aux autres; aujourd'hui que nous voyons depuis un demi-siècle au moins, les philosophes les plus respectés, et les littérateurs les plus illustres, chercher, comme de concert, à rattacher l'étude des langues à des principes généraux et puisés dans la nature; qui voudroit encore croupir dans le même asservissement ? Qui oseroit se proposer de nous y retenir ou de nous y ramener ? Travaillons, au contraire, à rendre entièrement la Grammaire à elle-même ! Et pour achever de la dégager des liens honteux qui la dégradoient, et l'empêchoient d'être aussi utile, aussi noble, qu'elle peut et doit le devenir; osons entreprendre de créer enfin une véritable Grammaire philosophique, qui puisse nous diriger dans toutes nos Grammaires particulières : essayons de restituer à cette science tous les droits qu'elle n'auroit jamais dû perdre ; et pour cela, renouons la chaîne qui lie les causes à leurs effets, et la nature des êtres aux phénomenes qui en dépendent! C'est conformément à ces vues, et en suivant ce plan, que notre Grammaire philosophique sera un passage continuel de l'examen des langues à la philosophie, ou un retour de la philosophie vers les usages reçus dans les langues : à chaque pas, on remontera de la Grammaire aux principes philosophiques, pour éclaircir ou justifier les procédés ou les regles des langues ; ou

l'on descendra de la philosophie à la Grammaire,.
pour appliquer les principes de celle-là à des
choses usuelles, qui en rendent les décisions
plus sensibles, et les circonscrivent dans leurs
justes limites. La connoissance de nos idées et
de leurs rapports, qui sont l'objet immédiat des
langues, sera donc toujours rapprochée de la
connoissance au moins pratique de nos opérations et facultés intellectuelles, qui, considérées
spéculativement et en elles-mêmes, sont l'objet
de la métaphysique ; comme elles deviennent
l'objet de la logique, lorsqu'on en reporte
l'étude sur les regles qu'il faut suivre, ou sur les
mesures qu'il faut prendre, pour en développer
et perfectionner l'exercice et l'emploi. L'étude
de tout ce qui concerne l'esprit humain, et principalement de ce qui en caractérise les actes ou
opérations, et les propriétés ou facultés, forme
donc le seul et véritable objet de la métaphysique,
de la logique, et de la Grammaire. Cet objet est
ici toujours le même ; et ces trois sciences ne different de l'une à l'autre, que par les différents
buts qu'elles se proposent, et par les moyens ou
procédés qu'elles adoptent en conséquence. Cette
étude, purement spéculative, et n'ayant d'autre
but que de connoître l'homme, devient *la méta-*
physique : la même étude dirigée vers les mesures,
regles, ou précautions les plus propres à affermir, accroître, et rectifier nos opérations intellectuelles, s'appelle *logique* : et enfin la même
étude encore, suivie dans l'unique vue d'assurer
et de faciliter entre nous et dans la société, la
communication réciproque, fidele, et sûre de
nos pensées et de nos affections, se nomme
Grammaire. La logique, la métaphysique, et la
Grammaire ainsi fondues ensemble, et concentrées
dans le cercle de leur dépendance réciproque,

ne pourront plus s'attacher qu'à des recherches utiles et, pour ainsi-dire, usuelles : ceux qui auront à s'occuper de Grammaire, n'auront plus à redouter les dégoûts, ou à rougir des inepties de la routine et de la battologie ; et ceux qui auront à suivre les leçons de la philosophie, ne seront plus comme transportés dans des discussions frivoles ou transcendantes , qui produites par une imagination creuse ou exaltée, ne peuvent aboutir qu'à des questions insolubles, qu'à de vaines subtilités, et qu'à des fantômes souvent funestes , et toujours parfaitement inutiles. On délivrera donc de cette sorte, la raison humaine du joug de l'erreur et des prestiges : on ne se persuadera plus que ce soit faire preuve de beaucoup d'esprit, que de montrer tant d'habileté dans l'art des sophismes : être philosophe ne sera plus autre chose qu'être raisonnable, instruit, et observateur réfléchi : en un mot, la philosophie, compagne inséparable de la bonne-foi, et uniquement adonnée aux vérités utiles, cessera d'être décréditée et méconnue, au milieu des écueils où l'on cherchoit à l'égarer, et auxquels elle ne sera plus exposée.

(18º.) Pour s'occuper ainsi de recherches philosophiques et métaphysiques surtout, sans risquer de tomber dans les erreurs qu'on a eu trop souvent à reprocher à la philosophie, le point le plus essentiel est de bien observer ce qui se passe en nous, lorsque nous formons des actes d'entendement ou de volonté, et de se borner à constater les faits, à les bien distinguer les uns des autres, et à démêler avec précision comment ils s'attirent, se suivent, ou s'unissent ensemble.

Il suffit de consulter l'expérience de ceux qui nous ont précédés, pour s'assurer que si l'on veut remonter aux sources de nos facultés intellectuelles ou morales ; si l'on entreprend d'expliquer le mécanisme secret de leur action , ou les ressorts intérieurs que la nature emploie pour les faire agir , on ne tarde pas à s'égarer dans un dédale de suppositions toujours précaires , et de systèmes insuffisans , ou même inintelligibles. Et qui peut, par exemple, sonder ou combler l'abyme qui s'ouvre devant nous , entre le simple mouvement imprimé à nos organes par un objet extérieur , et l'acte par lequel nous nous formons l'idée de cet objet, et y trouvons matière à quelque jugement? Et y a-t-il un intervalle moins effrayant, de ces premiers actes par lesquels nous pensons, et cet autre acte par lequel se manifeste en nous , la *conscience* ou le *sens intime* , ou si l'on veut, cette voix intérieure par laquelle nous nous disons à nous-mêmes.

. . . « *Je sais , je vois , je sens que je pense , et* » *que je pense telle chose?* »

Toutes les recherches ou discussions de cette espece paroissent donc devoir être inutiles ou dangereuses, et sur-tout absolument étrangeres à la Grammaire. Ce sont là des vérités importantes et fondamentales , que nous allons faire sentir par un petit nombre d'observations , qui nous semblent propres à convaincre à cet égard, les esprits judicieux et de bonne-foi.

Au surplus , nous n'entreprenons pas ici de suivre dans les développements de sa composition, cet être admirable que l'on appelle *homme*, et dont la nature particulière nous offre tant de merveilles : nous ne voulons que rappeler quelques points physiologiques, d'autant plus dignes d'attention, que d'une part, ils semblent être les plus plausibles de tous ceux qu'on nous a présentés jusqu'ici , et les plus propres à répandre quelque jour sur les bases essentielles de la métaphysique; et que néanmoins leur insuffisance et leur incertitude nous feront sentir d'autre part, combien il seroit dangereux et même absurde de vouloir tout expliquer, en des choses où nous ne pouvons encore que constater les faits, et nous convaincre de notre profonde ignorance sur leurs premières causes.

Première observation. Il y a nécessairement dans tous les êtres existants, un principe qui, plus ou moins caché, en constitue ou forme et maintient l'individualité, la nature, et la composition physique ou non-physique, selon l'espece et l'ordre des parties réelles ou supposées telles que ces êtres renferment. Ce principe se manifeste particulièrement dans les corps bruts, par les divers phénomenes de l'adhésion, de la gravité, de l'attraction, de l électricité, de la force magnétique, de la cristallisation, etc. Dans les végétaux, on le reconnoît de plus au mouvement tonique, à l'irritabilité obscure, à la force vitale qui en détermine et fixe l'organisation, et qui la conserve, la met en activité, la développe, la perfectionne, et en assure les effets. Dans les animaux, toutes ces admirables qualités sont comme remplacées en partie, ou comme éclipsées, par la faculté infiniment plus précieuse de la sensibilité; et dans l'homme enfin, la sensibilité elle-même semble changer de nature, et s'ennoblir encore davantage, en s'unissant à l'intelligence, qui s'empare de nos sensations, les travaille à sa manière, et les transforme en idées et en sentiments.

Deuxième observation. Le principe dont nous venons de parler, n'opere en général dans les corps organisés, qu'à l aide des parties organiques et des fluides qui y circulent : dans les animaux en particulier, il n'opere qu'à l'aide des fibres, et de leur *gluten*, c'est-à-dire, de l'humeur gluante ou visqueuse dont elles sont pourvues ; sur quoi il faut remarquer que dans les animaux, ces fibres sont plus molles, plus élastiques, et plus flexibles que dans les autres corps organisés. Le ton qui rend ces fibres irritables, soit par mouvements d'expension, soit par mouvement de contraction ; le ton qui par-là même indique la vie, et qui selon le dégré de son action, devient force, spasme, ou convulsion ; ce ton semble plus spécialement réservé aux fibres musculaires, à l'estomach, aux intestints, au cœur, aux vaisseaux-lactées, et à quelques autres parties de l'animal ; si bien qu'il a paru à quelques savants, que la nature l'avoit refusé à la peau, aux vaisseaux sanguins, aux membranes, au tissu-cellulaire, etc. ; toutes parties qui néanmoins ont aussi leurs mouvements, et sont si susceptibles de sensibilité. Cette dernière faculté, la sensibilité, est si intimement annexée aux fibres animales, que la sensation semble être leur action propre, et que la puissance de sentir y est, à certains égards et jusqu'à un certain point, une faculté libre et indépendante : elle parcourt tous nos organes, sans pourtant être la même dans tous : chacun d'eux au contraire a son objet, et son aiguillon ou stimulant particulier, au moins pour les fonctions qui lui sont propres : quelquefois elle abandonne plus ou moins ces organes, sans qu'on puisse en assigner la cause : elle échappe ainsi aux théories des philosophes ; et elle a des caprices qui en font alors une force incalculable. Ces divers phénomenes qu'on ne peut contester, et qu'on n'a pu encore expliquer, ont fait imaginer à quelques physiciens, les affinités spécifiques, et la vitalité des humeurs, celle du sang sur-tout.

Troisième observation. Le principe de la sensibilité a conduit à différents systèmes, ceux qui ont voulu en déterminer la nature et le siège. Pithagore n'a vu dans ce principe, que l'harmonie de chaque corps vivant, se rapportant à l'ame, émanée elle-même de l'harmonie de l'univers. Aristoxene qui admet la même harmonie, la représente comme semblable à celle qui naît de l'accord parfait des sons. Platon la fait consister dans les proportions des éléments. Aristote la considere comme une modulité particulière, à laquelle il donne le nom d'*Entéléchie*, sans nous l'expliquer plus clairement : tous y ajoûtent la substance intelligente et active, qu'ils considerent comme ne pouvant être détruite, c'est-à-dire, l'ame immortelle. Dans ces derniers temps, Sthaal a prétendu que le principe de sensibilité étoit chez nous, un levier individuel, un être réel, une ame sensitive, physique, animale, et distincte de l'ame intelligente, à laquelle il dit qu'elle est unie. Plusieurs auteurs modernes ont adopté cette dernière opinion, et même ont cherché à la simplifier encore davantage. Quant au siège de ce principe, de cette ame sensitive, et même de l'ame intelligente et immortelle, les uns l'ont placé dans la partie du cerveau qu'ils appellent le *sensorium commune* ou le *cervelet;* les autres dans le cœur, ou dans le diaphragme; quelques-uns même ont regardé notre ame ou nos ames, comme disséminées dans toutes les parties sensibles du corps; oubliant les uns et les autres, pour ce qui concerne l'ame intelligente, que presque tous soutiennent ne pouvoir pas être matérielle, qu'on ne peut lui assigner un lieu physique, sans une contradiction palpable.

Quatrième observation. Si nous nous bornons

à

à considérer la sensibilité comme simple faculté de la fibre animale, nous n'y verrons plus que la puissance ou propriété de recevoir les impressions des corps stimulants, et de se mouvoir de certaine manière en conséquence. Cette puissance suppose la mobilité et l'irritabilité des fibres, ainsi que la présence et l'action des corps propres à les aiguillonner. La perception qui résulte de ce concours, est la sensation purement physique, que l'ame reçoit immédiatement ensuite, non des fibres qui la lui procurent, mais du principe qui les anime ; comme on le prouve par tant d'exemples d'animaux, qui ont encore paru sensibles et animés après leur mort. Chacun de nos organes a donc son centre particulier d'affection ou de sensation physique ; sur quoi on remarque que les sens ne sont que des manières diverses d'exercer le tact, chacun selon son organisation particulière, et selon les sortes de stymulants qui lui conviennent ; aussi ne sont-ils spécifiquement sensibles, que chacun à une seule classe d'objets, savoir, les yeux aux rayons de la lumière, les oreilles aux vibrations de l'air sonore, l'odorat aux émanations des corps odoriférants, le goût à l'action des parties salines, et le tact à la pression des corps contigus.

Cinquième observation. Toutes nos sensations se reportent au cerveau, et s'y réunissent comme en un foyer commun. Le cerveau est, dit-on, le sanctuaire de l'ame : c'est l'organe où se fabriquent les idées, et où se produisent tous les actes qui tendent à combiner, comparer, et juger nos diverses sensations. Les sens ne sont que des ramifications de sa substance : s'ils ont les mêmes facultés, ce n'est que partiellement et à un dégré bien moins étendu : leur action, leurs ébranlements sont peu durables, et finissent presque aussitôt que la cause cesse d'agir : ils ne peuvent reproduire d'eux-mêmes, que bien rarement, les impressions qui leur sont propres. Le cerveau au contraire, est un sens universel, qui n'est étranger à aucune impression, et qui non-seulement les recueille toutes, mais en est même plus vivement affecté que les sens destinés à les lui transmettre. Aussi les traces creusées dans sa substance sont-elles quelquefois si profondes, qu'elles ne s'effacent jamais, comme on peut le voir par les deux facultés de la mémoire et de l'imagination : enfin les autres sens n'ont en quelque sorte qu'une action empruntée de lui, et semblent n'en être que les instruments subsidiaires et méchaniques. Les communications intérieures et réciproques entre ces autres sens et le cerveau, se font par le canal des nerfs, que quelques auteurs ont comparés à des cordes plus ou moins tendues, destinées en général à effectuer toutes les correspondances convenables entre les diverses parties du corps ; de même que les muscles, sorte de masses fibreuses, susceptibles d'une force extraordinaire, sont les organes préparés pour exécuter entre les mêmes parties, les mouvements qui peuvent y devenir utiles ou nécessaires.

Sixième observation. Les fibres du cerveau, les seules d'où nous puissions faire jaillir l'éclair de la pensée, forment un tissu dont la finesse échappe à nos sens, et nous abandonne à des conjectures peu satisfaisantes. Ce tissu, selon Malpighy, est un composé de petites glandes ; et selon Ruisch, c'est une masse d'arteres dont les extrémités, dépourvues de sang, et remplies d'une liqueur invisible, forment des cordons nerveux, qui vont se perdre dans tout le corps : selon Fouquet et Bordeu, cette masse est la portion la plus fine du tissu muqueux, et a pour noyau, une fibrille nerveuse, revêtue d'une couche légere de substance poreuse et cellulaire. Dans toutes ces hypotheses, la moëlle du cerveau est reconnue pour être l'origine des nerfs cérébraux et de la moëlle épiniére : tous les auteurs en proclament la mollesse, la ténuité, et la vive sensibilité, qu'il seroit d'ailleurs difficile de nier, puisqu'on ne peut l'irriter même légerement, sans risquer de donner des convulsions ; tandis que le cœur et le poumon, qui sont beaucoup plus mobiles, sont bien moins sensibles.

Septième observation. La quantité de matière cérébrale paroit avoir une influence marquée sur l'étendüe de l'esprit de l'homme : car on a observé qu'il est rare que les personnes qui ont moins de cette matière, joignent à la facilité d'être vivement émues, celle de refléchir profondément sur leurs émotions. Mr. de Voltaire, selon le témoignage des médecins qui ont assisté à l'ouverture de son corps, s'est trouvé avoir eu une cervelle plus pesante que n'a coutume de l'être celle des hommes en général. L'action de l'esprit de l'homme tient plus de l'état de son cerveau, que d'aucune autre partie de son corps : aussi n'est-ce pas sur le dégré de finesse des sens, que l'on peut mesurer le dégré d'intelligence d'une personne : souvent au contraire, cette finesse ne s'acquiert qu'aux dépens du sens intérieur, dont l'activité est alors distraite et partagée. Nous aurons d'ailleurs occasion d'observer dans la suite, que ce n'est pas la quantité seule des sensations transmises au cerveau, qui distingue l'homme d'esprit de l'homme borné ; cette dernière distinction provenant sur-tout des combinaisons plus ou moins rapides, justes, et profondes que l'on fait des sensations que l'on a.

D 2

Huitième observation. Lorsque la sensibilité du cerveau jouit d'une énergie constante, et que le centre phrénique, ou le diaphragme, et tout ce qu'on peut regarder comme source d'irritation, est promptement et fortement ému ; l'homme dans cet équilibre si précieux, joint la force de la pensée à la flamme du sentiment : mais ce même équilibre peut trop facilement se rompre, par excès de force, par défaut d'énergie, ou par dépravation, ou dérangement de la moëlle cérébrale, etc. L'excès de force est une disposition prochaine à l'enthousiasme ; car l'action organique s'augmente pour l'ordinaire à mesure que l'on fait des choses plus admirables. Dans l'extase, qui semble dériver du même principe, la masse cérébrale concentre en elle-même, presque toute l'action nerveuse ; ce qui donne lieu aux visions, aux révélations, et à toutes les merveilles de mêmes genres. Le défaut d'énergie, au contraire, nous rapproche toujours plus de l'imitation irréfléchie, de la lenteur, de la foiblesse d'esprit, en un mot des dispositions routinières, et même de l'imbécillité. Enfin dans la dépravation ou le dérangement du cerveau, l'instrument est désaccordé : les fibres ne formant plus aucune consonnance, ne peuvent conduire qu'à des combinaisons absurdes : de-là le délire mélancolique, qui devient manie, quand en même temps la force tonique des fibres musculaires vient à s'accroître ; état où l'action du cerveau lutte contre les sens, et semble se rapprocher de celui du sommeil, quoiqu'il en soit très-différent : en effet, dans le sommeil, le cerveau correspond peu avec les sens ; et c'est pour cela que les sensations qu'il lui arrive d'en recevoir quelquefois, sont naturellement irrégulières : si donc les rêves que le sommeil produit, paroissent avoir quelque analogie avec le délire, c'est qu'il y a désordre de part et d'autre ; mais désordre qui, chez l'homme en délire, consiste dans la correspondance elle-même, laquelle peut toujours être très-grande quoique désordonnée ; au lieu que dans les rêves, ce désordre vient de ce que la correspondance est rare, foible, ou interrompue. Cependant il n'est pas certain que le sommeil soit, ainsi qu'on le croît communément, une cessation qui résulte uniquement de la fatigue : car si la fatigue étoit la vraie cause du sommeil, comment une plus grande fatigue produiroit-elle l'insomnie ? Aussi quelques auteurs ont-ils prétendu que le sommeil est au contraire, une fonction active du principe sensitif, qui se soustrait aux stimulants extérieurs, et durant laquelle par conséquent, l'action du cerveau et sa correspondance avec les sens, doivent être nulles ou très-foibles, au moins dans l'état de santé.

Neuvième observation. Aux yeux de bien de philosophes, les animaux ne paroissent sentir que par les causes physiques : de l'aveu de tous ceux qui sont instruits, l'homme sent également par les causes morales. Ces dernières causes deviennent chez l'homme, un principe d'action même physique, auquel les organes obéissent à leur tour. Il faut donc dire que, comme en vertu de notre nature, c'est-à-dire, de nos facultés déterminées par nos besoins, conformément et conséquemment à notre organisation, il y a action et réaction entre nos sens et notre cerveau ; de même l'ame et le corps agissent mutuellement l'un sur l'autre. Et n'est-ce pas pous cela, que nous connoissons en autrui les actions de l'ame que nous ne voyons pas, d'après celles du corps que nous voyons ? au surplus, partout où il y a mouvement, ou quelque autre principe analogue au mouvement, et que de ces causes il résulte quelque effet, nous disons qu'il y a *action*. Or les actions réciproques dont il s'agit ici, et qui ont lieu entre l'ame et le corps, ont pour effets seulement quand elles partent du corps pour aboutir à l'ame, et pour causes et effets tout-à-la-fois quand elles passent de l'ame au corps, le plaisir et la douleur, qui sont les deux modes élémentaires de la sensibilité, ou les deux classes générales entre lesquelles on divise toutes nos sensations. La première de ces deux classes, celle que le plaisir caractérise, comprend les sensations qu'on voudroit retenir : le plaisir résulte donc d'une perception flatteuse, dans laquelle les fibres se dilatent en quelque sorte d'elles-mêmes, comme si elles vouloient l'absorber. La seconde classe, celle qui tient à la douleur, embrasse les sensations qu'on voudroit écarter : elle consiste dans des perceptions importunes où les fibres se resserrent, comme pour s'y soustraire.

Les sentiments, ou sensations déjà éprouvées, et suffissamment connues pour être déterminément appréciées, meuvent et reglent notre volonté, et amenent nos habitudes, lesquelles fondent notre moralité, c'est-à-dire, la conformité ou opposition de nos actions avec les loix, dont le type ne peut être découvert et saisi que par ceux qui connoissent nos facultés et nos besoins. Les mêmes sensations qui appellent et fixent notre volonté, produisent nos passions quand elles sont vives, et que nous croyons les connoître assez pour les apprécier : la passion naît tout-à-la-fois de la sensation, et de l'idée de l'effet dont elle a été précédemment, ou dont elle nous semble devoir être suivie. C'est cette dernière idée qui produit la crainte ou le desir ; et c'est ainsi, disent les philosophes qui admettent une ame sensitive, que se fait l'union intime de cette ame avec l'ame intelligente.

C'est à ces notions, que nous croyons devoir borner ici l'exposé des opinions ou systêmes philosophiques, où de longues études, méditations, ou recherches aient conduit les savants, sur les rapports ou moyens de communication qu'il y a chez nous, entre l'action des corps extérieurs sur nos sens, et les pensées ou affections de notre ame. On voit combien ces notions sont incertaines et insuffissantes ; à quoi il faut ajouter, qu'il y en a peu dont la vérité, l'exposition, et la certitude ne soient contredites ou contestées. Peut-être l'avenir, grâces aux progrès des sciences, nous donnera-t-il des lumières plus sûres et plus étendues : mais en attendant, le parti le plus sage pour nous est sans doute, dans l'examen des opérations et facultés intellectuelles de l'homme, de nous en tenir aux faits qu'il nous est possible de constater ; et c'est ainsi que dans les quatre chapitres qui suivent, nous allons traiter 1°. en général de ces facultés ou opérations ; 2°. de nos idées ; 3°. de ce qu'on appelle rapports ; et enfin 4°. de la vérité, fidélité, clarté, et certitude. Puissions-nous, à force de retenue, ne rien dire que de vrai et d'utile !

CHAPITRE PREMIER.

Des opérations et facultés intellectuelles de l'homme.

Les opérations intellectuelles de l'homme, sont de nature représentative ou de nature affective. Celles-là appartiennent à l'idéologie, à l'entendement, à l'esprit; et celles-ci aux affections, à la volonté, à la morale. Souvent on comprend les unes et les autres sous le nom de sensation ;

parce qu'alors on regarde la sensation comme la source d'où elles découlent toutes également : souvent aussi on les rapporte toutes à la pensée, que l'on regarde comme le dernier résultat auquel toutes viennent aboutir. Les facultés d'où émanent ces diverses opérations, subissent les mêmes chances à-peu-près : elles ont les mêmes dénominations et les mêmes divisions. Ce que l'on dit des unes, doit donc naturellement, et en grande partie, s'appliquer aux autres. Cependant nous aurons soin de les distinguer autant qu'il nous sera possible de le faire : du reste, notre tâche dans ce chapitre, sera 1°. de reconnoître les opérations dont nous parlons et d'en dresser la liste, ainsi que celle des facultés d'où elles dépendent ; et 2°. d'examiner quelle est la marche de la nature dans l'exercice et le développement de ces facultés.

PREMIER PARAGRAPHE.

(19°.) *Quelles sont nos opérations et facultés intellectuelles.*

En nous occupant d'abord de la recherche de nos opérations, nous observons principalement celles qui suivent.

Première opération. Les objets extérieurs frappent nos sens, et y produisent des mouvements qui se propagent jusqu'au cerveau, à l'aide des nerfs, ou si l'on veut, à l'aide du fluide invisible que ces nerfs contiennent. C'est à la suite de ces mouvements, que les images ou idées des objets naissent dans notre esprit. L'action des sens, et leur communication avec le cerveau, sont de cette sorte, l'occasion immédiate et nécessaire de nos premières idées ; et nos idées en général, sont le produit de notre première opération intellectuelle.

Deuxième opération. Chaque impression semblable, devant naturellement être la source d'une
idée qui y corresponde ; il paroît inévitable que
nous ayons en même temps plusieurs idées présentes à l'esprit, s'il se fait simultanément plusieurs de ces mêmes impressions dans nos organes ; et dès-lors la simultanéité de ces mêmes
idées, ainsi rapprochées, nous donnant lieu de
les confronter entr'elles, nous découvrons les
rapports immédiats qu'elles ont les unes avec
les autres, et nous jugeons ou prononçons ces
mêmes rapports, comme existants entre les idées,
et nous représentant ceux qui existent entre les
objets. Cet acte de confrontation et le jugement
par où il se termine, forment donc notre seconde
opération intellectuelle.

Troisième opération. Comme ces rapports nous
indiquent en quoi et jusqu'où, les objets de nos
idées peuvent nous intéresser ; nous éprouvons,
en les découvrant, les sentiments que ces mêmes
objets semblent devoir inspirer ; sentiments
qui font la partie morale de l'homme, et notre
troisième opération ; mais auxquels nous revien-
drons plus bas.

Quatrième opération. La continuité et le pro-
longement des mêmes actes nous invitent à une
sorte de retour sur nous-mêmes, et à un état
d'attention et de réflexion, dans lequel voyant
et considérant ce qui se passe en nous, nous
parvenons à nous en rendre compte, et à savoir
ce que nous éprouvons dans notre ame ; quatrième
opération infiniment importante, que les philosophes désignent sous les noms de *conscience*, ou
de *sens intime*.

Cinquième opération. Comme notre organisation, nos relations, et nos besoins nous ramenent
sans cesse ou aux mêmes actes, ou à des actes
semblables ; nous ne tardons pas à acquérir, par

l'exercice même, plus de facilité, plus de célérité, et plus de perfection dans tout ce qui peut y appartenir ou en dépendre. On voit donc que par-là, nos facultés s'accroissent et s'étendent nécessairement, jusqu'à nous en fournir bientôt de nouvelles : car d'abord, nous ne tardons pas à n'avoir plus besoin de la présence des objets, pour nous en retracer l'idée : en effet, les mouvements intérieurs du cerveau, qui en font naître l'image ou la vision dans notre esprit, se renouvellent alors chez nous à volonté, ou même par hazard, et y produisent les nouvelles opérations que l'on appelle *souvenirs* ou *actes de la mémoire*; en quoi il faut remarquer une circonstance caractéristique et bien essentielle, qui est que les idées qui nous viennent de la mémoire, n'attestent point la présence des objets, comme nos autres idées; et qu'au contraire elles attestent que ces objets sont absents ; circonstance sans laquelle la mémoire ne seroit plus qu'une source malheureuse d'illusions très-funestes.

Sixième opération. Bientôt la masse de nos idées, qui nous deviennent toujours plus familières, s'aggrandissant ainsi, et les confrontations que nous pouvons en faire, se multipliant dans la même proportion, nous en devenons assez les maîtres pour les diviser en quelque sorte, selon la diversité des points de vue partiels et élémentaires qu'elles nous offrent, et pour confondre les parties semblables en une idée séparée et distincte, qui a dans notre esprit, son existence isolée, fixe, précise, et stable, de même que les idées des objets réellement et physiquement existants ; mais avec cette circonstance importante, que nous savons bien que la vérité de toutes ces idées, qu'on appelle abstraites ou générales, ne consistent que dans la justesse des ressemblancês, et n'indique nullement que leurs objets aient une existence réelle et physique ; circonstance sans laquelle toutes ces idées seroient chez nous autant de traits de démence. Telle est la sixième opération qui seule nous donne les idées dont se compose le magasin des sciences ; opération sans laquelle nous serions absolument bornés aux perceptions individuelles, qui par leur nombre incalculable, nous offusqueroient l'esprit, et par leur nature toujours indépendante, nous mettroient dans l'impossibilité de nous élever jamais à aucune sorte d'aggrégation, de notion d'ordre, de principes, de théorie, et de raisonnements ; opération enfin sans laquelle nous ne pourrions nous créer aucune langue, ni sortir de la condition des animaux les plus stupides.

Au reste, la faculté d'abstraire certaines idées ne doit pas nous surprendre : nos sens concourent tous à nous annoncer dans chaque être, diverses qualités que nous y distinguons nécessairement l'une de l'autre, quoique par la suite nous parvenions à les fondre en apparence ou réellement toutes ensemble dans une idée complexe, qui forme la nature de tel ou tel être particulier. Que, par exemple, on nous présente un corps qui soit tout-à la-fois solide, coloré, sonore, odoriférant, et savoureux : n'est-il pas manifeste qu'il ne sera point tout celà à chacun de nos sens ; qu'il ne sera solide qu'au tact, coloré qu'à la vue, sonore qu'à l'ouïe, odoriférant qu'à l'odorat, et savoureux qu'au goût ? (Voyez n°. 24.) Sans doute la nature d'un être, quel qu'il soit, n'est qu'à lui : si elle appartenoit à deux, l'un seroit l'autre : mais si l'on examine les qualités qui la composent, on verra qu'il n'y en a point qui prise séparément, ne se retrouve en beaucoup d'autres êtres. Si donc nous considérons successivement, par exemple, dix objets blancs, il arrivera que l'idée de *blanc* nous deviendra dix fois plus familière, que celle de chacun des dix objets en question. Il ne faut donc pas être étonné qu'elle s'offre à nous plus promptement, et avant celle de tout autre objet : il ne faut pas être étonné que nous parvenions à l'isoler, toutes les fois que nous en avons le desir ou le besoin. Or c'est cet isolement que l'on appelle *abstraction*.

Septième opération. Bientôt encore, par un nouvel accroissement de facilité, les mêmes causes produisant les mêmes effets avec plus de vivacité, de liberté, et de variation, nous voyons moins les idées des objets présents ou absents, que ces objets eux-mêmes ; et nous combinons ces idées entr'elles de tant de manières différentes, que nous parvenons à nous créer des images et des combinaisons de choses qui n'ont jamais existé pour nous hors de notre esprit ; ce qui nous procure deux opérations bien précieuses et très-distinctes, que l'on comprend toutes deux sous le nom *d'imagination*, et qui consistent, l'une à rendre nos idées plus sensibles, et l'autre à en étendre le domaine au-delà de ce que nous avons vu ; mais avec cette heureuse circonstance, pour cette dernière opération sur-tout, que nous savons bien et voyons clairement, que les objets nouveaux créés par nous, n'ont qu'une simple existence de supposition ; circonstance sans laquelle l'imagination ne seroit plus qu'un véritable délire.

Huitième opération. Bientôt enfin nous rapprochons, nous accumulons ainsi, non-seulement les idées des choses, mais encore les rapports qui les tient entr'elles, et les jugements que la découverte de ces rapports nous donne lieu de prononcer ; ce qui produit en nous les opérations qui constituent le raisonnement, et qui consistent, tantôt à extraire d'un premier jugement, un second jugement qui y étoit renfermé et caché ; et tantôt à combiner plusieurs jugements entr'eux, comme nous avons d'abord combiné nos idées : c'est ainsi et de là, que se forme en chacun de nous, la raison humaine, que la méditation peut conduire aux développements les plus admirables, pourvu que néanmoins nous sachions distinguer les raisonnements fondés et vrais, d'avec ceux qui ne sont que faux et imaginaires ; distinction sans laquelle l'homme ne connoîtroit et ne suivroit, au lieu de la vérité, que l'erreur et le mensonge.

Quelles sont les facultés qui nous rendent capables de faire les especes d'opérations que nous venons d'examiner?... Ne peut-on pas dire que ces facultés se manifestant par leurs opérations mêmes, doivent se réduire à celles de concevoir les idées d'après les impressions faites par les objets extérieurs, et en présence de ces mêmes objets ; de confronter ces idées entr'elles, et de découvrir les rapports que les unes ont avec les autres, et qui deviennent la matière de nos jugements ; d'éprouver à la vue de ces rapports, les diverses affections qui nous attachent aux objets, ou nous en éloignent, autant que ceux-ci nous paroissent favorables ou contraires à nos intérêts personnels ou communs, ou à nos goûts particuliers ; d'augmenter ce premier trésor de l'esprit humain, par toutes les richesses que la mémoire peut y ajouter ; de tirer de nos connoissances individuelles, une ample et féconde provision d'idées générales et abstraites ; d'y joindre de plus les ressources si fécondes de l'imagination ; et enfin de couronner ces facultés si brillantes et si précieuses, par deux autres facultés encore plus admirables, celle de former des raisonnements, et celle d'appercevoir en nous toutes nos opérations, à mesure qu'elles y ont lieu ?

Mais les auteurs sont loin de s'accorder entr'eux au sujet de cette liste, ou de ce dénombrement de nos facultés. . . . Condillac paroît réduire ces facultés, 1°. à celle de l'attention, qui n'est selon lui, que le regard de l'esprit fixé sur un objet, et nous donnant en quelque sorte une sensation exclusive : on voit qu'aux yeux de Condillac, la formation de nos idées n'est point l'effet d'une faculté spéciale ; opinion qui, chez lui, provient de ce qu'il regarde cette formation comme étant un acte immédiat de la faculté générale de sentir, laquelle précede chez nous les facultés intellectuelles, plutôt qu'elle n'en fait partie : 2°. à la faculté de comparer, ou mieux de confronter diverses idées ensemble, laquelle consiste dans une attention donnée à plusieurs objets en même-temps, et d'où résultent la connoissance des rapports qui existent entre ces objets, et les jugements que nous portons en conséquence ; 3°. à la faculté de la réflexion, qui nous fait saisir plusieurs jugements qui dérivent d'une suite de comparaisons ou confrontations, telles qu'on vient de les désigner : 4°. à la faculté de la mémoire, qui n'est qu'une manière de sentir toute intérieure, et qui consiste à faire les opérations précédentes sur des objets absents : 5°. à la faculté par laquelle nous rendons nos idées plus sensibles, et rassemblons dans des objets qui n'ont aucune réalité hors de notre esprit, diverses qualités communes à différents objets, dans lesquels nous les avons observées : et 6°. à la faculté de la raison, qui compare plusieurs jugements entr'eux, et découvre ceux qui peuvent être renfermés dans d'autres.

Les trois dernières de ces facultés se retrouvent également dans le tableau que nous avons
présenté. Quant aux trois premières, il nous
semble que la comparaison n'est en d'autres
termes, que la faculté de voir les rapports de
nos idées entr'elles ; que ce que Condillac attribue à la réflexion, appartient uniquement à la
raison ; que l'attention, qui mérite, à tant de
titres, d'être spécialement observée et recomman-
dée, peut également être rapportée à la seconde
des facultés que nous avons reconnues ; mais
que Condillac a omis dans sa liste, les deux
facultés qui, selon nous, élevent le plus l'homme
au-dessus de tous les animaux, celle de retour-
ner notre esprit sur ses propres opérations, et
d'en avoir ainsi la perception ou la conscience
intérieure ; et celle de nous former des idées
asbstraites et générales.

Fergusson porte à douze, le nombre de nos
facultés, en y comprenant celles qui tiennent à
la volonté. Ces douze facultés sont : 1°. la conscience que l'ame a de ce qu'elle éprouve ou
opere ; 2°. la sensation ou perception ; 3°. l'observation ou attention ; 4°. la mémoire ; 5°. l'imagination ; 6°. l'abstraction ; 7°. le raisonnement ;
8°. la prévoyance ; toutes facultés qui se rapportent sensiblement à l'entendement ; 9°. les penchants ; 10°. les sentiments ; 11°. les desirs ; et
12°. les volitions ; ces quatre dernières appartiennent, dit-il, à la volonté. Ce qu'il y a de
plus remarquable ici, c'est de voir la *prévoyance*
érigée en faculté distincte et particulière : mais
la *prévoyance* est-elle donc autre chose, que la
raison appuyée sur l'expérience, et opérant sur
cette base ?

Si nous consultons la plupart des philosophes

modernes, nous yerrons que les facultés affectives ou morales, c'est-à-dire, relatives à la volonté,
ne sont pas entièrement indépendantes des facultés représentatives ; et qu'au contraire elles
les supposent, et en sont jusqu'à un certain
point le résultat naturel, puisqu'elles dérivent
de l'apperçu des rapports que les choses ont, ou
nous paroissent avoir avec nous. Ces facultés
secondaires et si importantes, sont celles qui
nous font regarder les objets comme agréables
ou comme désagréables (Voyez n°. 17, 9e. *observation*.); ce qui les fait d'abord diviser en
deux classes : avoir du *plaisir* est à la tête
des opérations , ou actes , ou affections qui
composent la première classe, et consiste à
sentir le bien-être dont on jouit; si ce bien-être
ne s'offre à nous que dans l'ordre des choses non-
existantes, mais possibles, et que nos diverses
facultés tendent à nous y faire parvenir, cette
situation produit et manifeste le *desir*. Si nous
appercevons des moyens de réussir, et que ces
moyens nous paroissent dignes de confiance, il
en résulte *l'espérance*. Si nous croyons toucher
au moment de voir notre espoir se réaliser, cette
opinion nous donne la *joie*. L'état de souffrance
est celui où nous mettent les affections désagréables : cette souffrance, portée à un dégré foible,
s'appelle *mal-aise ;* dans un dégré plus fort, elle
devient *douleur*: l'effort que l'on fait pour en
sortir, y joint l'*inquiétude,* lorsque l'on doute
du succès ; et cette inquiétude devient, selon les
circonstances, *humeur* ou *impatience* : si, en
faisant ces sortes d'efforts, on est plus vivement
frappé des obstacles ou dangers que l'on pense
pouvoir ou devoir rencontrer, on éprouve le
sentiment de la *crainte*, qui, si elle devient
plus forte encore, produit le *découragement* ou

le

le *désespoir :* le souvenir du bien-être dont on a joui et dont on est privé, fait naître le *regret :* si nous nous reportons vers les causes de nos privations ou souffrances, il en résulte la *haine.* La nature, l'importance, l'espece des objets, le dégré et les combinaisons des affections qu'ils font naître en nous, diversifient ces mêmes affections, et en forment un grand nombre de classes ou sous-divisions particulières. Le retour fréquent aux mêmes affections nous conduit aux habitudes; et la vivacité ou la force des unes et des autres, nous livrent aux passions. C'est dans l'étude et le développement de toutes ces causes rénnies, que nous découvrons les vertus, les vices, les caracteres des hommes. Tel est le système le plus généralement adopté.

Mais Fergusson traite des facultés morales d'une manière encore plus méthodique, plus étendue, et plus instructive. Les penchants, dit-il, sont ou *animaux,* comme nos goûts naturels ; ou *rationnels,* comme l'amour filial, etc. Les *sentimens* sont agréables ou déplaisants : nous trouvons dans les premiers, la joie de sûreté, et la joie de succès, soit réel, soit prévu ; sentiments d'où résultent quelquefois la reconnoissance, l'estime, le respect, la vénération, pour ceux qui nous ont servis, ou qui peuvent le faire ; et l'exaltation ou le triomphe, et même la fierté, l'insolence, et le mépris pour autrui : les sentiments déplaisants nous offrent la douleur, la crainte, le regret et le chagrin ; ce qui peut nous conduire à l'abattement, à la terreur, et au désespoir, à la honte, aux remords, au courroux, à la haine, à l'indignation, et à la fureur. On distingue les *desirs,* selon qu'ils portent vers des objets de sensualité, ou vers l'avarice, l'ambition, la vanité, le zele, ou la vertu.

Les *volitions* ou déterminations de la volonté, remontent ou à la disposition de se conserver, ou à celle de se perfectionner, ou à celle de s'associer : delà découlent tous nos soins relativement à notre subsistance, à notre santé, au maintien ou à l'accroissement de notre force, à la beauté, aux talents, à la modération, au courage, etc.

La loi morale est l'expression générale de ce qui doit être, et peut par conséquent embrasser même les arts. Considérée quant à sa source, elle est originelle et naturelle, ou adventice et conditionelle : si on l'examine quant à son objet, elle devient loi de religion ou de société, de paix ou de guerre ; et elle est politique, ou civile, ou criminelle, générale, ou particulière, ou même individuelle : on distingue encore la loi de protection, qui oblige à prévenir les torts que l'on peut prévoir, à repousser les torts entrepris, et à faire réparer les torts commis. La force obligatoire de la loi morale dérive, en dernière analyse, des loix de nature.

Les jouissances ou douleurs forment parmi nous, le bien et le mal, dans l'ordre de la sensibilité ; les bonnes qualités et les défauts, dans l'ordre de la perfectibilité ; et les prospérités ou adversités, dans l'ordre des événements ou circonstances extérieures. Les Epicuriens plaçoient le bien et le mal dans le premier de ces trois ordres ; les Stoïciens, dans le second ; et les Péripatéticiens, dans les trois ensemble. Avoir l'ame juste et bienfaisante a toujours été regardé comme le plus grand bien : quant au bonheur, c'est une jouissance permanente, qui a pour fondement, une affection déterminée, en ce qui tient à sa nature, mais indéterminée en ce qui tient à son objet : ainsi l'on n'est heureux que par des affections agréables ; mais le même objet pouvant ne pas être agréable pour tout le monde, il est possible que ce qui fait le bonheur de l'un, fasse le malheur d'un autre.

Nous bornerons à ces notions générales ce que nous dirons des facultés affectives ; et nous abandonnerons les détails et les discussions qui peuvent y appartenir, aux auteurs qui traitent de la morale. Nous observerons même, que parmi les facultés qui se rapportent plus sensiblement à l'entendement, il en est plusieurs qui ne sont encore qu'indirectement et très-peu, du ressort de la logique et de la Grammaire : ce qui concerne la conscience, la mémoire, et l'imagination, ne tient que foiblement et rarement aux principes que nous aurons à poser, et aux regles que nous aurons à en déduire ; tandis que presque par-tout, nous aurons à revenir à la faculté de nous former des idées, et à celle de saisir les rapports qui peuvent exister entr'elles, ainsi qu'à celles de faire des abstractions, et de pratiquer l'art du raisonnement.

PARAGRAPHE II.

Quelle est la marche de la nature dans l'exercice et le développement de nos facultés intellectuelles.

(20°.) L'objet de ce paragraphe est de tracer l'ordre dans lequel l'esprit de l'homme opere, lorsqu'il se forme les idées qu'il doit à l'action des objets extérieurs sur les sons, ou à l'intervention de sa mémoire ou de son imagination, ou à la faculté d'abstraire ; et lorsqu'il apperçoit entre ses idées, les rapports qui fondent ses jugements ; lorsqu'il éprouve les affections par où ces idées et ces rapports réveillent sa sensibilité, et l'attirent ou le repoussent; lorsqu'il se rend compte de toutes ses opérations, et qu'il se les déclare en quelque sorte à lui-même; et enfin, lorsqu'il s'élève jusqu'aux raisonnements, auxquels toutes ses opérations primitives et fondamentales le conduisent comme par dégrés. Pour découvrir cet ordre, sans remonter à une métaphysique trop abstraite ou trop incertaine, nous allons prendre la voie des exemples, où heureusement nous aurons à puiser des faits décisifs, qui nous fourniront quelques principes évidents, et même quelquefois des preuves aussi directes que lumineuses. C'est donc de l'expérience la plus à la portée de tous les esprits, que nous allons emprunter les faits qui suivent.

Premier fait. Je vois le soleil qui éclaire le monde; ou je me rappelle qu'Alexandre a détruit l'empire des Perses; ou bien encore, je me représente un pere qui tient par la main son fils, incapable de marcher seul; et je me dis.... « Le » soleil répand la lumière : Alexandre a vaincu » Darius : le pere soutient et dirige les premiers » pas de son fils débile ».... J'ai donc dans l'esprit l'idée du soleil, l'idée de la lumière, et l'idée de l'action par laquelle le soleil répand cette lumière; ou bien j'ai l'idée d'Alexandre, l'idée de Darius, et l'idée de la victoire remportée par le premier sur le second; ou bien enfin, j'ai l'idée d'un enfant et de sa foiblesse, l'idée d'un pere et de sa sollicitude, et l'idée de l'aide que celui-ci donne à celui-là : telle est évidemment notre manière de voir ces tableaux intellectuels: mais dans quel ordre notre esprit fait-il tous les actes que ces différentes vues requièrent?

« Tous ces actes, me répondent d'anciens phi- » losophes, ne se font que l'un après l'autre :

» plus prompt que l'éclair, l'esprit voit Alexandre;
» ensuite il le voit vainqueur; alors Darius vient
» s'offrir à lui, comme vaincu ; et enfin l'esprit
» voit, juge, et prononce qu'Alexandre a vaincu
» Darius : la rapidité avec laquelle toutes ces
» opérations se suivent, est incompréhensible;
» et c'est pour celà, qu'elles semblent être pro-
» duites en même-temps ».

Nous répondrons à ces philosophes, que découvrir ou appercevoir un rapport, quel qu'il
soit, entre une idée que l'on a, et une autre idée
que l'on n'a pas encore, ou que l'on n'a plus, ce
seroit former un tout de parties élémentaires qui
n'existent jamais ensemble ; c'est-à-dire, que ce
seroit une chose, non pas seulement incompréhensible, mais évidemment absurde ; que ce seroit
voir et ne pas voir en même-temps ; ce qui im-
plique contradiction dans les termes, et dans les
choses ; et qu'il n'y a point de célérité dans l'ordre
de la succession, qui puisse sauver cette doctrine
de ce vice fondamental.

Ce sont sans doute ces vérités si frappantes,
qui ont déterminé d'autres philosophes, et en
particulier Condillac, à poser pour principe, que
l'esprit, dans l'ordre et la marche qu'il suit naturellement, même lorsqu'il est dénué de tout secours, et abandonné, pour ainsi dire, au cours
ordinaire des choses, ne voit point dans un ordre
successif, les idées qui appartiennent à une même
pensée ; qu'il les voit au contraire toutes ensemble, mais par un seul acte, par une seule
perception ; et que c'est pour celà qu'il ne les
voit que d'une manière vague et confuse, jusqu'à
ce que les langues, comme autant de méthodes
analytiques, nous les fassent distinguer les unes
des autres, en les séparant dans le discours, où

nous ne pouvons les appeler et les placer que successivement.

Nous demanderons à Condillac et à tous ceux qui admettent la même doctrine, comment ils pourroient prouver ou que l'esprit humain ne peut pas produire, ou que même il ne produit pas ordinairement plus d'un acte à-la-fois? Si un être, dont ils reconnoissent que la nature est simple, ne peut faire que des actes simples comme lui, s'ensuit-il qu'il n'en puisse pas faire plusieurs en même-temps? Conçoit-on qu'il soit beaucoup plus dans sa nature d'en faire de complexes? conçoit-on comment des actes complexes peuvent être réputés des actes vraiment simples?

J'espère que l'on voudra bien se ressouvenir, que Condillac et ses disciples entendent sur-tout citer en cette occasion, nos premières idées; c'est-à-dire, celles que l'on trouve constamment dans l'esprit des enfants, et chez les hommes les moins cultivés, ou les plus près de la nature. C'est donc même et particulièrement là, selon eux, que l'on n'apperçoit d'abord que des idées complexes; d'où il suit qu'ils regardent la complexion dans nos premières idées, comme naturelle et en quelque sorte nécessaire; opinion contre laquelle je vais proposer quelques objections, avant que d'indiquer le système qui me semble le plus vrai, ou au moins le plus plausible.

J'observe de plus que dans ce paragraphe, je n'attache aux mots *idée complexe*, que le sens que Condillac y attache lui-même; mais que je donne aux mêmes mots, dans tout le reste de cet ouvrage, un sens beaucoup plus étendu : ici donc je n'entends par *idée complexe*, qu'un certain nombre d'idées partielles, réellement fondues

en un seul tout, produites et apperçues ensemble
par un acte unique et simple : dans le reste de
mon ouvrage, je comprends par les mêmes mots,
outre les idées que Condillac a ainsi dénommées,
toutes celles qui sont simultanées, quoique distinctes, mais qui concourent à l'expression totale
d'un même objet ou d'un même fait. Ce qui
m'oblige à en user ainsi, c'est que la simultanéité des actes intellectuels relatifs à une même
chose, les rapproche tellement l'un de l'autre,
que n'ayant pas d'ailleurs la conscience ou le
sens intime de la manière dont notre esprit opere
en ce point, nous ne pouvons pas démêler si ces
actes sont encore des actes distincts, multiples,
et simultanés, ou s'ils ne forment plus qu'une
idée réellement unique et totale. Cet état d'ignorance et d'incertitude, me détermine donc à entendre dans la suite, par les deux mots dont il
s'agit, toutes les idées qui paroissent s'y rapporter, quoique peut-être elles n'y appartiennent
pas ; et celà après avoir d'abord resserré cette
signification, selon la doctrine de ceux que je
crois devoir combattre

Deuxième fait. Ces philosophes modernes
peuvent-ils nier que souvent l'homme, dans un
seul et même instant, voit une chose et en pré-
sume une autre; qu'il souffre et desire à divers
égard ; qu'il craint et espere sous des rapports
différents ? Or, comment imaginer que des actes
aussi opposés que *voir* et *présumer, souffrir* et
desirer, ou *craindre* et *espérer*, se composent
naturellement ensemble, de manière à ne faire
chez nous, et même dès notre enfance, qu'un
acte simple et complexe ? Dans le moment que
nous discutons cette matière, vous et moi, en
nous promenant dans un appartement chauffé,
j'entends et j'évalue les objections que vous me

faites ; je cherche et je prépare les réponses par où je les réfuterai ; je sens que le parquet trop mince et mal affermi plie sous mes pieds ; et que le froid me saisit d'un côté par une fenêtre qui joint mal, tandis que de l'autre côté, la chaleur d'un feu trop ardent m'incommode : dira-t-on que toutes ces opérations de mon esprit ou de mon ame, ne sont naturellement chez moi qu'une seule et même perception intellectuelle ? Dira-t-on, par exemple, que le *froid* et le *chaud* ne sont naturellement chez nous qu'une seule et même chose ? Si, pour se tirer de cette difficulté, on vouloit former ici une exception pour les perceptions vraiment contraires ; si l'on prétendoit que celles-là seules ne se transfusent pas l'une dans l'autre, de manière à ne plus faire qu'une perception complexe, et qu'au contraire elles ne peuvent exister chez nous que successivement ; ne répliquerois-je pas que c'est retomber dans le système des anciens philosophes, et s'exposer aux reproches que l'on a vus plus haut ? Nous comparons le *chaud* et le *froid* : donc nous avons en même-temps la perception de l'un et de l'autre ; ou bien nous comparons ce à quoi nous pensons, avec une autre chose à laquelle nous ne pensons pas ; ce qui est absurde. Rien ne peut donc ici nous dispenser d'admettre ou la complexion simple de choses contraires, ou des actes multiples et simultanés.

Troisième fait. Nous sommes tous deux à la poursuite d'un homme qui fuit devant nous : je vois qu'il a trop d'avance et court trop vîte, pour que nous puissions l'atteindre : cette remarque me cause un regret et un découragement que je vous communique : se persuadera-t-on que l'idée de cet homme, l'idée de l'intervalle qui le sépare de nous, l'idée de sa fuite trop rapide, l'idée des

motifs qui nous engagent à le poursuivre, et les
sentiments que toutes ces idées réunies doivent
exciter, ne se présentent à moi, et ensuite à
vous, que fondus en une seule et même opération, en un seul et même acte?

Quatrième fait. Une vaste plaine s'ouvre tout-
à-coup devant moi : cent objets divers frappent
mes regards en même-temps, indépendamment
de toutes les affections qui s'emparent de mon
ame : un arbre sur-tout se fait remarquer ; je
vois qu'il est d'une beauté rare et chargé de
fleurs, ou de fruits.... N'y a-t-il, au fond de
mon œil, qu'un seul acte, qu'une seule opération, qu'un seul mouvement, à l'instant où ce
spectacle fixe mon attention ? Dans chacun des
objets que j'apperçois, combien y a-t-il de points
de contour ou de superficie, qui me renvoyent
continuement les rayons de lumière dont le
soleil ne cesse de les couvrir ? N'est-ce donc que
l'un après l'autre, que ceux de ces rayons qui
arrivent dans le même moment au fond de mon
œil, font sur le nerf optique la sorte d'impression, et y excitent l'ébranlement particulier qui
leur est propre ? Ou bien se fondent-ils tous en
un seul faisceau, pour n'avoir plus qu'un mouvement unique, et ne frapper tous qu'un seul et
même coup ? En ce dernier cas, toutes les parties
de l'arbre et des autres objets qui l'entourent,
devroient donc n'avoir plus qu'une même figure,
et ne plus former à nos yeux qu'un seul objet, et
même qu'un seul point ! Soit donc que l'on consulte la physique ou la raison, nous serons également portés à croire que, dans l'ordre le plus
naturel, et selon le calcul des probabilités, il
doit y avoir, au moins lors des premiers essais
de nos organes et de nos facultés, autant de
mouvements dans l'œil, qu'il y vient de rayons

de lumière ; et autant d'actes intellectuels dans l'ame, qu'il y a de ces mouvements dans les fibres du nerf optique. Mais ce que nous disons de ce nerf, pouvons-nous ne pas le dire aussi de tous les autres nerfs par où nous sommes instruits de ce qui se passe hors de nous ? Et que faut-il de plus, pour nous faire penser que chacune de nos facultés peut très-naturellement embrasser, par autant d'actes distincts et vraiment autres, plusieurs objets entre lesquels nous découvrirons simultanément plus ou moins de rapports ?

Cinquième fait. On ne cesse de nous répéter que notre ame, toute simple qu'elle est, a plusieurs facultés très - essentielles à distinguer, quoiqu'au fond elles ne soient que des modifications diverses de cet être toujours simple. Il ne s'agit pas de comprendre comment ces facultés ou modifications peuvent coëxister dans un être dont on proclame l'indivisibilité : il suffit que nous ne puissions pas en révoquer en doute l'existence, la réunion, et les effets ; et comment le pourroit-on ? Ces facultés n'agissent-elles pas simultanément, et chacune par des actes qui ne sont propres qu'à elle ; ou si on l'aime mieux, ces modifications n'ont-elles pas lieu en même temps , quelque différence qu'il y ait des procédés, de la nature, et des effets des unes, aux procédés , à la nature, et aux effets des autres ? Reprenons, pour en juger, nos premières suppositions.... Un nuage vient obscurcir le soleil, à l'instant où cet astre bienfaisant me réchauffe ; et ce contretemps me cause un regrèt sensible... Lorsque je me rappelle qu'Alexandre a vaincu Darius , je me retrace toutes les qualités héroïques de l'un, et toutes les foiblesses , toute la dégradation de l'autre ; et dès-lors la victoire du premier sur le second, n'étant plus à mes yeux ,

que le triomphe légitime du courage et du génie
sur la sottise et la lâcheté, obtient mon approbation la plus complete... La vue d'un pere qui
surveille les premiers pas de son fils, me fait
éprouver la douce satisfaction que nous donne
toujours le spectacle des vertus sociales ou do-
mestiques... Ces pensées, toutes les idées qui les
composent, et les affections qui les accompagnent,
me viennent-elles d'une seule et même faculté ?
N'appartiennent-elles pas les unes à mon esprit,
et les autres à ma sensibilité ? Comment donc ne
formeroient-elles d'abord et naturellement qu'une
seule et même opération, à moins que les mots
idée et *sentiment* ou *affection* ne fussent parfaitement synonimes ?

Pour échapper à des raisons aussi pressantes,
prendrez-vous le parti de rejeter comme fausse
et dangereuse, la distinction de nos diverses facultés intellectuelles, cette distinction que dans
les premières instructions que vous avez données
à mon enfance, vous avez mis tant de soin à me
faire connoître, persuadé que vous aviez besoin
de vous en appuyer, pour parvenir à me donner
des notions justes et précises ? Ces facultés qui, à
vous entendre alors, étoient si essentielles à démêler, ne seroient donc plus qu'illusoires aujourd'hui, qu'elles semblent contrarier vos opérations uniques et complexes ?.. Eh bien ! je vous
ai déjà accordé que ce ne sont que des modifications de notre ame : mais que gagnerez-vous à
substituer un de ces mots à l'autre ? Vous sera-t-il
plus facile de me répondre, lorsque je me ré-
duirai à vous demander comment un être simple
et indivisible, peut avoir une modification dont
les résultats, si différents ou si opposés entr'eux,
ne forment ensemble qu'une seule opération,
qu'un seul acte, toujours simple, quoique si

étrangement complexe? modifications ou facultés, qu'importe , si l'une n'est pas l'autre , et que néanmoins elles aient lieu en même temps ; ou si elles ne sont qu'une, sous des dénominations diverses , et que pourtant les actes en soient différents , ou même contraires , quoique simultanés?

Sixième fait. Rappellons ce qui s'est passé en nous dans notre enfance, et ensuite dans tout le cours de notre vie.... Nous avons commencé par ne produire que séparément et successivement , ces mêmes actes que la simultanéité réunit chez nous aujourd'hui: c'est ce dont il nous sera facile de nous assurer, en nous reportant sur toutes les anecdotes de ce premier âge... Vers l'époque où je fis votre connoissance, je remarquai un jour, que vous vous exposiez à un danger : en ce premier moment, je ne vis que cela ; mon esprit n'ajouta aucune autre pensée à cette première pensée : bientôt après, je m'apperçus que c'étoit par une sorte de goût, que vous vous exposiez ainsi : je ne tardai pas à vous voir plusieurs fois courir le risque d'y périr ; et je frémis de la crainte que j'en eus : j'arrivai de cette sorte et peu-à-peu, à me persuader que vous finiriez par être victime de votre témérité, si vous ne vous corrigiez pas : mais durant tout cet intervalle, nous nous étions liés d'amitié ; de sorte qu'à toutes les idées que je viens de rappeller, se joignirent l'inquiétude et la crainte , ainsi que le desir de vous voir plus prudent, et la résolution de tout employer pour vous engager à le devenir. Parvenu à réunir toutes ces idées qui ne s'étoient offertes à moi que successivement, je me souvenois très-bien des jours et des occasions, où elles s'étoient d'abord présentées à mon esprit, et s'y étoient ensuite accumulées ; et comme les même souvenirs me restent encore, puis-je ne voir qu'un acte naturellement

et originairement simple et complexe , là où mon
expérience ne m'a réellement montré que des
actes d'abord successifs , ensuite simultanés , et
toujours distincts à mes yeux ?

On ne m'objectera point la confusion qui regne
dans nos perceptions , tant que les langues n'y
répandent pas l'ordre et la clarté , par les moyens
analytiques qui leur sont propres , et par la marche
successive qu'elles y établissent : car pour rendre
raison de cette confusion , que je suis loin de
nier , il suffit de considérer comme simultanés ,
les actes multiples de l'esprit humain ; plusieurs
actes qui diffèrent entr'eux par leurs causes et
par leurs objets , devant naturellement jeter une
semblable confusion dans l'esprit qui s'en occupe,
lorsqu'ils coïncident dans un même instant , et
que nous n'avons encore aucun moyen physique
et sensible , de les distinguer et de les séparer les
uns des autres.

On ne m'objectera pas davantage la difficulté
d'expliquer comment notre ame peut produire
plusieurs actes divers en même temps : car ce
seroit vouloir me ramener aux causes inconnues
de nos opérations intellectuelles : causes que je
n'entreprends pas plus d'expliquer en proposant
d'admettre des opérations multiples, distinctes ,
et simultanées , que nos philosophes ne les expliquent en se renfermant , les uns dans leur
système de perceptions multiples et successives ,
et les autres dans celui de perceptions toujours
uniques et complexes. Ce que j'avoue ne pas savoir à cet égard , les uns et les autres l'ignorent
comme moi : mais, aussi peu instruit qu'eux sur
les causes , j'ai du moins, à ce qu'il me semble ,
l'avantage qu'ils n'ont pas, d'expliquer les faits
d'une manière plus satisfaisante, et sur-tout de
pouvoir justifier les procédés des langues.

En effet, si l'on admet des actes multiples, c'est-à-dire, originairement et réellement distincts, rien ne sera plus naturel que de concevoir comment nous parvenons, sans nous écarter de la vérité et de la marche de la nature, à séparer ces mêmes actes les uns d'avec les autres, et à les ranger dans un ordre successif, lorsque nous les retraçons dans le langage, quoique peu-à-peu ils soient devenus simultanés dans notre esprit. On peut même observer que la nature nous dispose encore à cette marche successive, par la diversité qu'elle établit entre ces mêmes actes, ainsi qu'entre les objets qui en sont l'occasion ; et par la manière dont elle nous accoutume à les accumuler ensemble : on peut observer, dis-je, qu'elle nous y dispose en ce qu'elle ne nous permet d'arriver à ces actes que peu-à-peu, et de les accumuler que partiellement et en des époques successives ; et même en ce que parvenus à pouvoir si facilement les réunir en un même instant, il nous arrive encore si souvent de les reprendre séparément, un à un, et dans le même ordre successif dans lequel nous avons originairement appris à les former ; qu'elle nous y dispose enfin d'une manière bien sensible, par la distance qu'elle établit et qu'elle maintient entre les idées qui nous sont transmises, les unes par les yeux, et les autres par les oreilles, ou par les autres sens. Mais dans l'hypothese contraire, comment l'esprit humain parviendroit-il à diviser en plusieurs actes si divers, ce qui ne seroit réellement, naturellement, et originairement chez nous, qu'un acte simple ? Quoi, tous les hommes, chez tous les peuples, et dans tous les siècles, se seroient accordés, sans effort et comme par instinct, à pratiquer dans leurs langues, ces sortes

de divisions auxquelles rien n'auroit pu les préparer, puisque l'on prétend qu'elles ne sont point
dans l'ordre naturel ! Ne seroit-ce pas faire de
la nature un maître de mensonge et d'erreur ?
ne seroit-ce pas l'accuser de n'agir et de ne nous
diriger, qu'en se mettant en contradiction avec
elle-même, et avec tout ce qui existe ? Elle n'auroit donc plus cette simplicité, cet accord constant avec elle-même, que tous les observateurs
ne cessent d'admirer et de nous vanter ? Ce qu'ils
nous disent de l'analogie qui regne entre ses œu-
vres et ses loix, ne seroit donc plus qu'une fable ?
Car voici à quoi ce système se réduit en dernière
analyse.... Tous les objets qui sont la matière ou
le sujet de nos pensées, sont réellement et de fait
distincts entr'eux et parfaitement autres ; et la
nature ne nous apprendroit à nous les représenter qu'en les confondant toujours ou d'abord,
dans des idées complexes et simples ; et cette
peinture de notre esprit, qui ne résulteroit que
d'une manière d'opérer toute fausse, pourroit
néanmoins être vraie ! Ensuite notre esprit, qui
n'auroit que des idées naturellement complexes
et simples, ne parviendroit à les transporter dans
les langues, qu'en les divisant ou dénaturant ;
et ce ne seroit que par cette traduction infidele,
que nos langues pourroient devenir intelligibles,
et nous rendre les plus grands services ! Mais
qu'on nous dise donc comment les hommes auroient pu concevoir l'idée d'un plan aussi com-
pliqué, aussi discordant, et aussi inconciliable,
et s'accorder tous à le suivre dans la formation de
leurs langues !

Nous sommes donc persuadés que les premières
idées que nous ayons à former, sur tout objet
nouveau que nous apprenons à connoître, soit
dans notre enfance, soit durant tous le cours de

notre vie, ne sont point toujours et primordiale-
ment, des idées complexes, telles qu'on nous les
présente, c'est-à-dire, des faisceaux plus ou moins
confus, parmi lesquels il n'y en ait aucun qui ne
soit un acte unique et simple : mais notre opinion est-elle que jamais, en quelque circonstance
et à quelque époque que ce soit, nous n'ayons
réellement, et ne puissions réellement avoir
de ces sortes d'idées, même pour les objets,
qui nous sont devenus les plus familiers, et
sur lesquels nous avons eu à recueillir le plus
d'observations et de réflexions ? Si nous avons
comme démontré que nous ne pouvons débuter
dans la carrière intellectuelle, par des idées
complexes ; et qu'au contraire nous ne commen-
çons que par des actes simples et distincts, qui
ne sont d'abord que successifs, quoiqu'à la vérité
ils ne manquent pas de devenir simultanés ensuite ; pouvons-nous nous dissimuler que ces
actes devenus simultanés, finissent souvent par
ne plus nous offrir dans leur réunion, que de véritables masses ? Peut-on se persuader que tant
d'actes produits simultanément par le même
esprit, restent toujours et réellement distincts,
lors même qu'une espece de sentiment intérieur,
semble inviter à les considérer comme fondus ensemble, et ne formant plus qu'un seul tout ?
N'éprouve-t-on pas enfin une répugnance très-
forte à nier absolument et par-tout la complexion
des idées ? Sans doute, plus on met d'attention
et d'impartialité à creuser cette matière, plus on
voit les incertitudes s'augmenter, et les ténebres
s'épaissir autour de soi, quelque parti que l'on
prenne ; d'autant plus que nous n'avons aucun
fil qui puisse nous guider dans le labyrinthe que
ces discussions nous ouvrent. C'est dans cette
fluctuation, qu'étant obligés de nous arrêter à
un système déterminé, nous dirons :   18.

1°. Que nous voyons que la nature a produit les animaux , et particulièrement l'espece humaine , avec de simples facultés , dont l'exercice assure le perfectionnement , de même que ce perfectionnement assure le bonheur des êtres qui en sont doués ;

2°. Que l'homme , ainsi né perfectible , est toujours le maître de marcher vers sa destination, en mettant son attention et ses soins à exercer, développer, et perfectionner ses diverses facultés, de la manière qu'on vient de le dire ;

3°. Qu'il résulte de cet état, que l'homme doit naturellement, quant à ses opérations intellectuelles sur-tout, commencer par des essais très-imparfaits , c'est-à-dire , par des actes également informes , vagues , et simples , marchant ainsi successivement et de dégrés en dégrés , vers ce qui est bien , et enfin vers ce qui est mieux , en supposant qu'il s'y applique avec courage , constance, et sagesse ; conditions sans lesquelles il restera inepte et malheureux ;

4°. Que ses premières opérations , assez longtemps isolées et lentes à se former , lui deviennent ensuite assez faciles et assez familières , pour s'amonceler dans son esprit , d'abord en petit nombre , et ensuite en nombre plus grand , de manière à être vraiment simultanées ;

5°. Qu'après avoir eu de cette sorte , pendant quelque temps, des idées multiples et simultanées, et après qu'il se les est rendues plus familières encore et plus faciles , il est naturel de penser qu'il les fond peu-à-peu et plus ou moins, en des idées véritablement complexes, produites par un seul acte, et d'après un procédé probablement pareil à celui , qui l'a précédemment conduit des actes successifs aux actes simultanées ; et qu'ensuite il ne tarde pas à les abstraire , autant que ses besoins et ses relations continuelles l'en sollicitent.

Tel est le système que je pense devoir proposer sur cette question aussi obscure qu'importante : je ne m'arrête point à le développer plus amplement, la suite de cet ouvrage n'en étant que l'application et la preuve.

Selon ce système, nous avons des idées véritablement complexes ; mais loin d'être nos premières idées, elles ne sont qu'un fruit tardif du travail de notre esprit, d'après ses propres expériences : nous ne pouvons y atteindre qu'à la suite d'un long exercice, et de mille tentatives, si naturelles toute fois que pour l'ordinaire, elles ne sont ni préméditées, ni apperçues : ainsi en les admettant, nous n'accordons rien aux philosophes que nous venons de combattre ; nous nous assurons au contraire une arme de plus contr'eux.

Ce système paroît être le seul qui puisse se concilier avec notre expérience la mieux constatée ; le seul admissible, surtout à cause des avantages frappants qu'il a sur ceux auxquels nous le préférons : en le suivant, on lie plus facilement, et l'on justifie plus complétement les procédés que le génie des langues et l'usage ont établis, puisqu'il nous indique pourquoi nous délayons ou resserrons tantôt plus, et tantôt moins nos pensées, comme nous le dirons bientôt. Mais de plus, il nous présente plus sensiblement les causes de la perfectibilité de l'homme, et celles de la diversité des esprits, ainsi que la nécessité et les avantages inappréciables d'une bonne éducation, en ce qu'il nous montre comment en nous exerçant à penser, nous augmentons toujours plus le nombre des idées que nous pouvons avoir en même temps et combiner ensemble ; et comment en conséquence, nous augmentons le nombre de nos connoissances en perfectionnant nos facultés primitives ou naturelles. Enfin il nous fait concevoir comment des organes plus parfaits parviennent à nous transmettre plus facilement et à-la-fois, un plus grand nombre de perceptions, et des perceptions plus vives, plus vraies, et plus promptes ; comment il résulte de toutes ces causes, que parmi les hommes, l'un a plus d'idées à-la-fois que l'autre, et les combine avec moins de peine, et de mille manières diverses, et souvent neuves ; comment un second, plus borné, n'a jamais que peu d'idées en même temps, et ne découvre par conséquent par-tout, que peu de rapports ; et comment enfin celui à qui des organes lourds et embarrassés, ne permettent que de se traîner péniblement d'une foible combinaison à l'autre, se trouve consigné pour la vie, dans la classe des esprits lents ; etc. etc.

CHAPITRE II.

Des idées.

Ce chapitre nous offre quatre questions, réputées plus ou moins curieuses ou importantes, la première concernant la nature de nos idées, et leurs principales especes ou classes ; la seconde sur leur origine ; la troisième sur la manière de les cumuler, au moins en apparence, dans une seule conception ; et la dernière sur leur décomposition. Ainsi nous avons ici quatre paragraphes à remplir.

PARAGRAPHE PREMIER.

De la nature de nos idées, et des principales especes ou classes qu'on en distingue.

(21º.) L'idée est, dit-on, la perception d'une chose, mais perception dans laquelle notre esprit voit, et n'affirme ou ne nie rien. C'est, dit Gassendi, l'appréhension simple, la conception, la notion d'un objet. C'est, selon d'autres logiciens, l'objet lui-même, tel qu'il se manifeste à notre esprit, et s'y trouve immédiatement présent; d'où l'on conclut que nous ne pouvons pas avoir l'idée du *rien*, ou de *l'impossible*.

On demande si toutes nos idées sont des images? Ici l'affirmative seroit difficile à soutenir, à moins qu'on ne prétendît qu'on peut expliquer clairement et précisément, le contenu d'une idée avant de l'avoir formée : car une image étant composée de plusieurs traits que l'on réunit ensemble, il seroit absurde de prétendre que nous formons cette image, ou que nous réunissons les traits qui doivent y entrer, et que nous les y disposons convenablement, avant de les connoître, c'est-à-dire, avant de savoir déjà ce que cette idée contiendra et sera. D'ailleurs, combien n'avons-nous pas d'idées dont on ne pourroit tracer aucune image fidele ? Quelle image en effet nous offrent les idées abstraites, qui n'en sont pas moins des idées? Apperçoit-on quelque image dans *oui*, *non*, *ame*, *vertu*, *crime*, *honneur*, *justice*, *ordre*, et même dans *substance*, *figure*, *mode*, *qualité*, etc. ?

On divise les idées en plusieurs classes, selon qu'on les considere relativement à leurs objets, ou en elles-mêmes.

Les idées considérées relativement à leurs objets, nous offrent d'abord les idées de substances, les idées de qualités ou de modes, les idées de choses qualifiées ou modifiées, les idées d'actions, et les idées abstraites ; comme *corps, rond, rondement, globe, rondeur, arrondir*, etc. Nous aurons à développer la plupart de ces notions ailleurs : ici nous nous contenterons de remarquer, que parmi les idées abstraites, il y en a beaucoup qui sont naturellement vagues, en ce qu'elles ne nous présentent que des qualités séparées de tout objet, et vues dans un état isolé ; que pour cette raison même, elles ont plus besoin que d'autres, qu'on cherche à les rendre distinctes, nettes, et déterminées, parce que si elles restent obscures et confuses, elles risquent singulièrement d'être fausses, comme on le voit par les erreurs où l'on tombe si souvent, sur ce qu'on appelle *bonheur, beauté, goût*, etc.

Une seconde division que l'on nous donne des idées relativement à leurs objets, est celle des idées singulières ou individuelles, particulières, et générales ou universelles ; selon qu'elles représentent des individus déterminés, ou quelques êtres indéterminés de l'espece, ou l'espece toute entière. L'idée individuelle ou singulière est toujours plus parfaite, à mesure qu'elle renferme un plus grand nombre des qualités de son objet ; et l'idée universelle, à mesure qu'elle embrasse plus complétement les individus de l'espece : on conçoit qu'une idée vraiment complette réuniroit dans sa signification, non-seulement toutes les qualités de son objet, mais encore toutes les relations que cet objet peut avoir avec tous les autres êtres existants ou possibles. Une idée vraiment complette ne peut donc se concevoir que dans Dieu : mais nous considérons les nôtres

comme telles , lorsqu'elles s'étendent à toute l'espece , telle que nous pouvons la connoître , et
lorsqu'elles contiennent toutes les qualités essentielles que nous appercevons ou pouvons appercevoir dans leurs objets , et qui en constituent la
nature telle que nous pouvons la saisir.

Nos idées considérées en elles-mêmes , sont
claires ou obscures , distinctes ou confuses , précises , ou vagues , vives ou foibles , et vraies ou
fausses. La suite de notre ouvrage développera
suffisamment ce qui concerne les quatre premières
de ces cinq divisions : ainsi nous n'avons à nous
arrêter ici qu'à la dernière.

Pour savoir si nos idées sont ou peuvent être
vraies , il faut commencer par décider quel est
leur véritable objet ou modele : si ce modele avec
lequel il faut qu'elles soient d'accord pour être
vraies , est leur type intérieur , et intellectuel ,
il seroit absurde de dire qu'elles ne sont pas toujours et nécessairement vraies ; car ce seroit dire
qu'elles ne sont pas ce qu'elles sont , ou qu'elles
ne représentent pas ce qu'elles représentent ,
puisque ce type intérieur n'est autre chose
qu'elles-mêmes. Si au contraire , par objets de
nos idées , on veut entendre les objets extérieurs
auxquels nous en faisons l'application , et qui
les ont fait naître en nous , il n'est sans doute
personne qui ne convienne que trop souvent ,
nous nous figurons les choses tout autrement
qu'elles ne sont , ou que nous rapportons nos
idées à des choses qui n'y ressemblent pas. Ainsi
nos idées sont trop souvent fausses dans le second
cas , et toujours nécessairement vraies dans le
premier ; à moins qu'on ne prétende que ne contenant ni affirmation ni négation , elles ne peuvent
être ni vraies ni fausses ; d'autant que l'application
que nous en faisons aux objets qui les font naître ,

est plutôt un jugement postérieur à nos idées ,
que nos idées elles-mêmes.

PARAGRAPHE II.

De la formation et de l'origine de nos idées.

(22°.) L'article de la formation de nos idées
ne peut donner lieu qu'à une question parfaitement oiseuse, puisque toute la réponse qu'on y
pourroit faire, se réduit à nous renvoyer aux
facultés de l'ame, qui échappent à notre sagacité ;
et à nous ramener aux sensations, dont le mécanisme se refuse, en grande partie, à nos recherches, ainsi qu'on a pu s'en convaincre ci-devant.
(Voyez n°. 18).

Une autre question à laquelle on a encore attaché plus d'importance, sans néanmoins beaucoup
plus de raison, c'est celle qui concerne l'origine
de nos idées : de tout temps, on a obstinément
voulu prononcer sur cette question : les Pitha-
goriciens nous disoient que nos idées ne sont
que des souvenirs : mais, outre qu'ils n'avoient,
à cet égard, ni preuve à fournir, ni réponse valable à faire aux nombreuses objections qu'on
leur opposoit, ils ne décidoient point la question, puisqu'il restoit encore à savoir d'où nous
étoient venues nos idées, la première fois que
nous les avions conçues. On a donc entièrement
abandonné les souvenances de la métempsicose.
Ensuite on a long-temps soutenu une autre opinion, à laquelle l'expérience et l'observation
répugnent également, et que d'ailleurs on ne
peut concevoir ; mais à laquelle on s'est fortement attaché, parce que la doctrine religieuse
paroissoit y être intéressée : cette opinion est
celle qui fait regarder nos idées comme innées.
On n'imagineroit pas avec quelle persévérance

on a répété, pour la maintenir, mille raisonnements qui seroient taxés de sophismes pitoyables,
s'ils n'étoient pas dangereux : on paroissoit ne
pas comprendre qu'en matière de religion, c'est
blasphémer dans sa conscience, que de croire
que la vérité ait besoin de l'appui du mensonge
ou de l'erreur. Enfin on en est revenu au bon
sens et à la raison ; et tout le monde convient
aujourd'hui, que s'il y a des idées, et même en
grand nombre, que notre organisation, l'ordre
établi dans ce monde, et le spectacle de tout ce
qui nous environne, rendent évidemment nécessaires et invariables, il n'en est pas moins vrai
que toutes celles que nous avons, et même celles
auxquelles nous ne pouvons échapper, ne sont
que des effets plus ou moins médiats ou immédiats de l'action de nos sens. *Nihil est in intel-
lectu quod priùs non fuerit in sensu.*

On s'accorde à dire que nous avons des idées de
deux sortes ; les unes, que l'on appelle *primaires*,
et qui nous viennent directement des sens, telles
que celles de la *dureté* ou de la *molesse* dans les
corps ; et les autres, que l'on nomme *secondaires*,
et qui se forment des premières, par composition,
comme l'idée d'un *centaure* ; par ampliation,
comme l'idée d'un *géant* ; par diminution, comme
l'idée d'un *pigmée* ; par abstraction, comme l'idée
de l'*amitié* ; par dérivation, comme l'idée de *lentement,* dérivée de l'idée de *lent* ; et par transport,
comme l'idée d'un *Pékin*, pour une étoffe faite
à l'imitation de celles qui nous sont venues de la
ville de Pékin, etc. Le *chaud*, le *froid*, et tant
d'autres idées semblables, qui ne résultent que
de notre expérience, ne sont pour nous que des
idées secondaires : ce qu'elles ont de plus remarquable, c'est qu'elles ne nous instruisent nullement de la vraie nature des choses, dont elles

ne nous apprennent réellement et d'une manière précise que l'existence. En général, la plupart des idées de qualités sensibles sont sujettes à être obscures et confuses; c'est pourquoi elles donnent si souvent lieu à des erreurs populaires; comme on peut en juger par la *chaleur* que nous plaçons pour l'ordinaire dans le feu, tandis que nous n'y plaçons pas la *brûlure;* et par les *couleurs* que nous attribuons, non à l'œil ou à la lumière, mais aux objets que nous voyons, etc.

Ne pourroit-on pas dire que les idées qui ne font point *images*, sont du nombre de celles dont l'objet n'a été soumis ni à notre vue, ni à notre tact; ou bien que ce ne sont pour nous que des idées secondaires? Et pour prouver que toutes nos idées ne résultent originairement que des impressions qui nous viennent du dehors et par l'entremise de nos sens, ne suffit-il pas d'observer que si nous pouvons quelquefois les rappeler à notre esprit ou les en écarter, les rechercher même ou les faire naître en certaines occasions; ce n'est toutefois qu'à l'aide d'une contention, ou d'un effort auquel nous faisons concourir nos organes intérieurs; et que de plus, nous ne sommes pas les maîtres de les avoir telles que nous les voudrions; qu'il faut, au contraire, que nous les acceptions telles qu'elles se présentent? En effet, qui peut ne pas connoître la fatigue et l'épuisement où nous jete une profonde médi-tation? qui de nous peut changer à volonté l'image qu'il se fait de l'objet qui se présente à sa vue, ou l'idée qu'il a de la *justice*, de la *blan-cheur*, etc.? Le peu d'empire que nous avons sur ce qui constitue chacune de nos idées, ne prouve-t-il pas que sous ce rapport, elles dépendent de causes dont il n'est point en notre pouvoir de dénaturer l'action? Si je ne peux pas me représenter un éléphant comme un ciron, n'est-ce pas parce que je ne peux recevoir de l'un, les mêmes sensations que de l'autre ?

Nous ne parlons point ici de l'opinion de Mallebranche, qui, d'après S. Augustin, prétend que toutes nos idées n'existent qu'en Dieu, et que c'est en Dieu que nous les voyons. Cette opinion est encore plus généralement abandonnée aujourd'hui, que celles des idées innées.

PARAGRAPHE III.

De la cumulation de nos idées dans une même conception.

(23°.) A mesure que par le développement successif de ses organes, l'homme encore retenu dans son berceau, apprend à faire usage de ses sens, et arrive insensiblement aux premières notions qu'il puisse se former ; à mesure que de cette sorte il se familiarise peu-à-peu avec les objets individuels dont il est le plus constamment entouré ; l'ordre de la nature est que les qualités sensibles de ces objets, les seules qui d'abord puissent le frapper, commencent par ne faire chez lui qu'une impression confuse et très-vague ; mais qu'à force de répéter les mêmes actes, ou des actes semblables, il finisse par démêler graduellement ces mêmes qualités, quoi qu'encore imparfaitement et isolément ; et qu'ainsi il parvienne à voir les choses, toujours avec un peu plus de distinction ; à reconnoître ensuite ce qu'il a déjà vu ; et enfin à se faire une idée de la couleur, de la figure, du volume, du mouvement, du poids, du bruit, de la douceur, et de la rudesse, de l'odeur, et du goût des corps mis à sa portée ; le tout selon les circonstances ; mais idées qu'il ne voit encore que d'une manière individuelle, et qui par conséquent sont loin d'être ce qu'on appelle proprement idées abstraites ou générales.

Il nous paroît évident qu'à l'époque où il se forme ces premières idées, il ne voit encore les qualités dont nous parlons, qu'une à une, et qu'il n'a encore aucune notion fixe de ce qu'on appelle *corps*. Ses premières connoissances ne sont que l'apperçu des sensations les plus simples. Mais, s'il débute par ne voir d'abord qu'une seule de ces qualités, de nouvelles expériences ne tardent pas à lui découvrir les autres, qu'il réunit peu-à-peu aux premières, parce qu'il les apperçoit dans les mêmes êtres : il lie celles-là à celles-ci, parce qu'il doit les unes et les autres aux mêmes causes, ou à des causes semblables ; aux mêmes sensations, ou à des sensations de même espece ; et que de plus elles finissent par avoir lieu en même tems. Ces notions s'accumulent donc successivement, toujours en nombre plus grand, et en quelque sorte sur un même point ; jusqu'à ce qu'enfin toutes les sensations frappantes qu'un même corps peut nous procurer, se soient découvertes à lui, se soient unies ensemble, et fassent naître dans son esprit, l'idée ou l'image d'un seul tout, l'idée d'un objet particulier ; idée qu'il agrandira, affermira, et rectifiera durant le reste de sa vie.

Cet exposé nous montre comment la nature nous fait passer du simple au composé et au complexe : les détails qui suivent, feront voir comment elle nous conduit du connu à l'inconnu ; ainsi que les philosophes l'ont observé. En effet, à l'époque où nous nous formons l'idée un peu dégrossie d'un objet, quel qu'il soit, nous n'avons pu d'abord que regarder comme étant toujours ce même objet, tous ceux qui se sont présentés ensuite à nos yeux, dès qu'ils y ressembloient d'une manière sensible et suffissante : l'enfant n'a pu, lors des premiers développemens de son esprit, connoître, par exemple, que sa mere, ou si l'on veut, sa nourrice ; et lorsque d'autres personnes se sont présentées à lui, il n'est pas douteux qu'il n'ait débuté par les confondre avec elle ; et qu'il ne lui ait fallu le secours de plusieurs nouvelles expériences, et même des découvertes de qualités différentielles , et des actes de comparaisons , accompagnées ou suivies d'une sorte de réflexion , avant qu'il ait pu se dire. . . . » Il y en a deux ; il y en a plusieurs ; et l'une n'est » pas l'autre , quoiqu'elles se ressemblent par » tant de qualités communes. »

Cependant cette erreur de l'enfance n'a pu être longue ; trop de faits et de circonstances concourent à nous détromper. La marche de la nature est donc toujours la même : elle nous amene à la connoissance plus ou moins compléte des êtres individuels , en fondant ensemble, et comme dans une même masse , les notions des diverses qualités que nous y avons successivement démélées : de-là , et par un procédé à-peu-près semblable, elle nous fait regarder comme un tout d'un autre ordre , la masse des objets semblables que nous parvenons à distinguer. Dans cette seconde opération , c'est la découverte des qualités semblables, qui rassemble ainsi dans notre esprit, tous les objets où nous appercevons ces qualités ; ce qui nous donne les idées de genres, ou les idées générales , et enfin, les idées abstraites.

Ce n'est pourtant pas là encore que nous nous arrêtons : d'autres expériences , d'autres faits, d'autres observations nous présentent de nouvelles différences, entre ces objets que nous avons d'abord jugés si semblables entr'eux ; et ces nouvelles différences nous obligent de diviser en de

nouvelles classes distinctes, les masses ou genres
que nous avions précédemment conçus et admis :
nous formons donc autant de classes ou d'especes
subordonnées à chaque genre, que nous découvrons de différences importantes entre les objets
que nous y avions réunis comme semblables ; en
quoi néanmoins il faut avertir que les différences
qui établissent les especes, ne sont point simplement des différences individuelles ou passageres ; mais que ce sont des différences communes
et permanentes : car celles-là ne peuvent servir
qu'à faire distinguer une objet particulier d'avec
les autres : celles-ci sont les seules qui puissent
nous donner les idées de genres ou d'especes, en
un mot de classes, parce qu'elles sont les seules
qui nous paroissent inhérentes à la nature même
de certains êtres qui se ressemblent d'ailleurs.

Ainsi nous allons de la connoissance successive des qualités de chaque objet, à l'idée complexe de ces mêmes objets pris individuellement ;
de la connoissance des individus, dans lesquels
les mêmes qualités se retrouvent, mais avec des
circonstances qui nous assurent que l'un n'est
pas l'autre, à la connoissance-moins complexe
des genres, lesquels ne conservent que les idées
de qualités semblables ou communes ; et enfin à
la divison de ces genres en plusieurs especes, à
mesure que nous arrivons à la découverte de
quelques différences communes quoique moins
générales, mais naturelles et parmanentes ; différences qui rendent les idées des especes plus
complexes que celles de leur genre, mais toujours
moins que celles des individus.

Cette réunion de qualités qui forme dans nos
esprits la nature des objets, n'est pas la seule
manière que nous ayons de cumuler les idées :
nous suivons des procédés semblables ou analo-

gues, pour tout ce qui tient aux diverses especes de rapports que nous découvrons dans les choses, ou aux déterminations par où nous les distinguons. Si nous voyons en même temps plusieurs objets, ils ne manquent gueres de nous apparoître avec toutes les relations sensibles qu'ils ont entr'eux ou avec nous ; avec toutes les modifications qu'ils éprouvent ; avec toutes les circonstances qui les environnent ; avec l'influence, ou la dépendance et les liaisons qui existent de l'un à l'autre ; avec les ressemblances ou analogies qui les rapprochent ; en un mot avec les attributions qui leur conviennent, ou que nous leur prêtons ; et il n'est aucun de ces points de vue, qui ne nous fournisse une foule d'idées nouvelles que nous aggrégeons plutôt ou plus tard, et plus ou moins étroitement, aux idées des objets eux-mêmes, sur-tout quand ces mêmes objets ne se reproduisent point, ou ne se reproduisent gueres sans ramener avec eux cette sorte de cortege.

Telle est la marche selon laquelle il nous arrive peu-à-peu, à l'aide d'un exercice mille fois répété, et à la faveur des circonstances, de cumuler en un certain nombre, nos sensations, nos idées, nos jugements, et nos affections, et par conséquent de rendre nos idées tantôt plus et tantôt moins complexes.

On peut facilement appercevoir combien l'esprit humain doit naturellement gagner à pouvoir ainsi se former des idées complexes : ce n'est que par-là que nos conceptions et nos langues peuvent acquérir une richesse qui imite jusqu'ici à un certain point celle de l'univers, où tout est lié à tout par une chaîne unique et continue. Cependant il faut convenir que trop de composition fatigue, et que trop d'entassement embrouille :

l'homme doit respecter dans toutes ces opérations, les bornes que la nature a marquées à son esprit ; d'autant plus que ce n'est jamais qu'à son propre détriment, qu'il a la témérité de vouloir les franchir.

Au reste, dans les procédés de l'esprit humain, tels que nous venons des les indiquer, nous ne descendons pas de l'idée radicale ou foncière, aux idées formelles : ce n'est au contraire qu'après avoir passé par toutes les idées formelles, que nous pouvons enfin nous élever jusqu'à remarquer l'idée foncière. L'enfant voit que ses parents l'*aiment*, et il sent qu'il les *aime* à son tour, avant qu'il se fasse l'idée d'*aimable* : il a de même cette dernière idée, avant de s'être formé celles d'*amitié*, d'*amical* et d'*amicalement* qui, à leur tour, lui seront devenues très-familières, avant qu'il ait conçu que ces idées ne sont que des formes diverses d'une seule et même idée foncière, qui se retrouve également dans toutes.

Nous verrons, lorsque nous rechercherons qu'elle peut être la valeur des mots, de combien d'autres manières, nous pouvons encore rendre nos idées complexes. Ici, nous dirons seulement qu'il est très-ordinaire aux philosophes, de confondre les idées *complexes* avec les idées *composées* ; mais que pour plus de précision, il convient de restreindre le sens de ce dernier mot, aux idées que l'on réunit pour quelque point de vue particulier, sans les considérer comme ne formant plus qu'un tout ; ce dernier caractere étant le caractere distinctif et esssentielle des idées complexes : quant aux idées simples, la notion la plus juste que l'on puisse en donner, consiste à dire, que ce sont des idées que notre esprit ne peut ni diviser, ni décomposer en d'autres idées partielles , parce qu'il n'y voit qu'une chose ou qu'une qualité.

Il suit de ce qui précede , que les idées simples ne peuvent ni se définir , ni se décrire, et qu'on ne peut tout au plus les expliquer que par des faits cités en exemples, ou par une sorte de synonymie , ou battologie ; que les idées composées se forment de la réunion de plusieurs choses qui en elles-mêmes , par leur nature , ou dans notre manière de les concevoir , sont toujours séparées l'une de l'autre, ou distinctes entr'elles ; que les idées complexes sont la réunion de plusieurs idées partielles qui concourent à former un seul tout, auquel elles sont identiques, et qui n'existeroit pas sans elles ; que les idées composées et les complexes se prêtent naturellement aux développemens , celle-là par la division , et celle-ci par la définition ou par la description , selon qu'elles embrassent plus ou moins d'idées partielles.

Il est aisé de concevoir que nous avons différents dégrés de composition et de complexion d'idées ; mais de plus il nous arrive souvent d'écorner, pour ainsi dire, les unes et les autres, de manière à n'y comprendre qu'une partie des idées bien connues de leurs objets : c'est ce que nous voyons dans quelques classes d'idées *collectives*. En général , lorsque nous accumulons plusieurs objets en un seul tout, auquel nous attribuons une sorte de nature propre, nous formons l'idée qu'on nomme *collective*, telle qu'on la retrouve, par exemple, dans ce qu'on appelle *forêt, ville, nation, armée,* etc. Mais ces sortes d'aggrégations, dont nous aurons à parler plus amplement ailleurs, embrassent quelquefois moins la nature des choses, que leur réunion en nombre fixe, ou indéterminé, et plus grand ou plus petit.

Combien d'idées, et quelles sortes d'idées pouvons-nous accumuler en une seule conception ; et de combien de manières cette opération se fait-elle dans notre esprit ? C'est ce qu'il seroit difficile de déterminer : car celà dépend entièrement des circonstances, et varie comme elles. Nous associons nos idées à tout ce qui se rapproche de leurs objets : or ce rapprochement se fait ou existe entre le tout et ses parties, entre la cause et son effet, entre l'événement et son époque, entre les choses et le lieu où elles sont, entre un objet et ce qui en dépend, ou ce qui lui est comparable, ou ce qui en forme le cortége, soit naturel, soit accidentel : delà le nombre prodigieusement varié des idées accessoires qui s'attachent si souvent à une première idée, laquelle en devient comme la base, l'appui, ou le centre. L'enfant qui entend sa mere, dit *voilà ma mere,* parce qu'il en connoît la voix comme le visage, et que chez lui ces deux idées se fondent ensemble, etc.

Paragraphe IV.

De la décomposition de nos idées.

(24°.) Ce mot *décomposition,* ainsi que le verbe *décomposer,* indique également l'analyse ou les développements de nos idées, ou pensées simultanées, composées, ou complexes : c'est par-tout une réduction en idées ou pensées simples, ou incomplexes, et rendues successives. Ainsi décomposer une idée ou pensée *composée,* c'est prendre à part, et voir séparément et successivement, chacun des objets divers et distincts qu'on avoit accumulés ensemble, rendus simultanés, et comme réunis en un grouppe dans notre esprit: *décomposer* une idée ou pensée *complexe*, c'est reprendre et considérer isolément, chacune des idées ou pensées que nous y avions fait entrer, et que nous avions fondues en un seul tout. Dans l'un et dans l'autre cas, *décomposer* n'est autre chose, que se représenter successivement toutes, les parties que nous avions rendues coexistantes, et que nous avions liées les unes aux autres. Celui qui saura bien comment nos idées se *composent* ou deviennent *complexes*, ne pourra pas avoir beaucoup de peine à concevoir comment elles peuvent se *décomposer* : il appercevra d'abord qu'il suffit pour cet effet de suivre, dans un ordre contraire, la route que l'on a tenue dans les opérations précédentes, de défaire ce qu'on a fait, et de parvenir de cette sorte à détacher successivement, tous les actes que nous avions réunis en un même instant, et de leur faire perdre, pour les rendre plus distincts ou plus sensibles, la simultanéité, et la réunion, ou complexion que le perfectionnement de notre esprit leur avoit procurée. Quand on veut connoître une montre, dit Condillac, on la démonte d'abord pour en examiner toutes les parties, et on la remonte ensuite pour s'assurer de la justesse de l'idée qu'on s'en est faite : mais la montre est le fruit de notre industrie et de nos méditations et combïnaisons : nous en avons travaillé toutes les pièces : nous les avons assorties et unies les unes aux autres, dans un ordre convenable, pour n'en faire qu'un tout : ainsi pour peu que nous donnions d'attention à ce que nous avons fait, il doit nous être facile de le défaire ; au lieu que c'est la nature seule qui, par l'exercice et le développement irréfléchi de nos facul-

tés, nous conduit à la composition ou complexion
de nos idées, en nous laissant, sinon à deviner,
au moins à rechercher quelle marche il faut
suivre pour les décompositions, qui de cette
sorte, deviennent l'objet d'un art, et exigent de
notre part de la réflexion, du travail, et quelques efforts, quoique néanmoins elles ne nous
opposent pas des difficultés désespérantes; car,
d'ailleurs, la nature nous fait sentir le besoin de
décomposer nos idées; et de plus, elle nous
donne pour cette opération, des modeles aussi
sûrs que sensibles: en effet, le langage par signes
et par gestes, ce langage si naturel qui précede
nécessairement l'emploi des langues, et qui même
l'accompagne toujours plus ou moins, selon l'importance des choses, et l'intérèt que nous y prenons, ne nous devient intelligible que par l'attention que nous donnons successivement à tous
les mouvemens dont ce langage se compose:
nous ne voyons bien, nous n'observons suffisamment, nous n'interprétons tous ces mouvements,
ces signes ou gestes, que l'un après l'autre: ainsi
ce premier langage de la nature nous apprend
forcément à décomposer les pensées des autres,
et par conséquent ensuite les nôtres. En second
lieu, nos sens ne décomposent-ils pas également
les objets d'une certaine manière, et jusqu'à un
certain point, sans aucune détermination de
notre volonté? (Voyez nº. 19.) Ils séparent, à
certains égards, des choses que la nature réunit
de la manière la plus intime; et par conséquent
ils nous donnent une leçon précieuse de décomposition. Enfin, ne voyons-nous pas que, dans
le système physique, de deux objets que nous
observons en même-temps, l'un est placé avant
ou après l'autre; que celui-ci est la cause ou
l'effet de celui-là; qu'il en fait partie ou en dé-

pend ; qu'il lui ressemble ou en diffère plus ou moins , etc. Ainsi il est vrai, sous tous les rapports, que si la nature ne fait pas seule tous les frais de la décomposition de nos idées, elle nous donne au moins, à cet égard, des secours essentiels, et les indications les plus instructives ; et qu'en un mot, l'ordre de l'analyse ou de la décomposition est entièrement conforme à l'état des choses, à la génération de nos idées, et à notre manière de sentir et de concevoir.

Ce n'est pas en vain que la nature nous amène ainsi, à l'art ou la pratique de la décomposition de nos idées : car rien ne nous est plus nécessaire. En effet, si la vue de l'esprit encore réduit à lui-même, et dénué du secours des langues, est aussi vague et incertaine, aussi obscure et confuse qu'elle est rapide, nous devons principalement l'attribuer à la pluralité de nos opérations intellectuelles, qui se composent naturellement entr'elles, ou forment un tout complexe, au moins en apparence, lorsqu'elles sont simultanées. Les langues, en retraçant dans le discours, ces diverses opérations l'une après l'autre, nous font perdre jusqu'à un certain point, les avantages de la rapidité : mais elles écartent les inconvénients si graves qui l'accompagnent, parce qu'elles sacrifient la simultanéité des opérations plus compliquées qui coexistent dans notre esprit, et qu'elles y substituent l'ordre successif que nous fournit ou nous rend l'analyse, et qu'elles les lient les unes aux autres par des signes fixes et sensibles.

En disant que les langues, dans leur manière d'exprimer les actes intellectuels, ne conservent point en général la simultanéité des idées, des pensées, et des affections qui coexistent dans notre ame, notre intention n'est pas d'assurer qu'elles ne tolerent la simultanéité d'aucune de ces opérations : au contraire, nous observerons que comme nous ne composons pas toujours nos idées simples, et que nous ne les rendons pas toujours complexes ; il nous arrive également de ne pas toujours décomposer celles qui pourroient le plus facilement subir cette opération ; et nous ferons voir dans la suite, qu'à l'aide des ellipses, des mots composés, des termes généraux, des diverses modifications des mots, et de plusieurs autres moyens qui leur sont propres, elles réunissent encore plus fréquemment qu'on ne pense, plusieurs actes de l'esprit en un même instant, et dans une seule expression. Notre objet est donc uniquement de faire comprendre 1°. que les langues, en retraçant dans le discours les opérations de l'esprit, ne les offre pas toujours dans l'état de simultanéité où elles peuvent être ; 2°. que malgré cette infidélité apparente, elles n'en rendent pas moins exactement les idées que nous avons, et les rapports que nous découvrons entre ces idées ; vu que la simultanéité est totalement étrangère à la vérité du tableau ; 3°. que les langues écartent du discours le vague, l'obscur, et le confus qui peuvent exister dans notre esprit, et qu'elles parviennent à ce but par l'ordre successif sur-tout ; 4°. mais que d'ailleurs la perfection des langues, à cet égard, consiste à ne substituer ainsi cet ordre à la simultanéité, qu'autant que le veulent l'intérêt de la clarté, la nature des choses que l'on dit, les motifs qui font parler, et les circonstances où l'on est ; et que si ces mêmes causes demandent que l'on accumule les idées et les affections que l'on est dans l'intention d'exprimer, alors les langues savent aussi peindre en masses, non pas toujours sans doute en exprimant par un seul mot, tous les actes qui se font simultanément, mais, le plus souvent, en se bornant à énoncer l'idée qui peut plus sensiblement nous frapper, et à rappeller suffisamment les autres, soit que l'on choisisse les tours propres à réveiller le plus d'idées accessoires, soit que l'on profite des circonstances qui peuvent produire le même effet.

Tout ce qui précéde prouve, à ce qu'il semble, qu'il seroit bien difficile de déterminer le nombre des idées partielles, dépendantes, relatives, analogues, ou contraires, que nous pouvons nous former en même-temps, selon les objets qui nous frappent ou les motifs qui nous meuvent; que pour pouvoir nous en rendre compte, il est quelquefois indispensable de les considérer attentivement l'une après l'autre; ce qui constitue l'art de l'analyse; que ce n'est que par les langues que cette analyse a lieu; et que c'est par conséquent aux langues, que nous sommes redevables des avantages inappréciables que nous y trouvons, ainsi que des moyens de la pratiquer. Ces moyens ne se bornent pas à nous fournir des mots qui expriment nos idées, et que nous puissions ranger dans un ordre successif: il faut de plus que ces mots ayent entr'eux des liaisons analogues aux rapports que nos idées ont entr'elles: il faut que les moyens choisis pour former ces liaisons, soient aussi faciles à appercevoir et à connoître que les mots eux-mêmes. Sans ces sortes de signes chargés d'indiquer les rapports de nos idées, il nous seroit impossible de faire passer de l'ame de l'un à l'ame de l'autre, nos pensées et nos affections; et rien ne pourroit établir parmi les hommes, cette admirable communication des esprits, sans laquelle nous n'aurions aucune sorte de société entre nous.

CHAPITRE III.

Des rapports que nous appercevons entre nos idées ou nos pensées.

L'objet de ce chapitre doit être sur-tout de rechercher, 1°. quelle est la nature de ce que les géometres, les logiciens, et les grammairiens nomment *rapports* ; et 2°. quelles sont les classes dans lesquelles on peut plus convenablement diviser tous ces *rapports*. Ainsi ce chapitre nous fournira deux paragraphes.

Paragraphe premier.

Qu'est-ce que les géometres, les logiciens, et les grammairiens entendent par rapports?

(25°.) Ces mots *rapport*, *relation*, sont du nombre de ceux qui nous retracent des idées générales que l'on auroit peine à définir, parce qu'elles ont une latitude trop indéterminée : ils viennent l'un du verbe françois *rapporter*, et l'autre du verbe latin *referre relatum*, qui a la même signification. On *rapporte* une chose à une autre, lorsque l'on voit ou que l'on établit entr'elles, quelque idée moyenne qui les rapproche et les lie l'une à l'autre dans notre esprit. Cette idée moyenne peut varier à l'infini, soit d'après les combinaisons de nos propres conceptions, soit d'après le systême si mouvant et si diversifié de l'univers; d'où l'on voit que ces mêmes mots *rapport* et *relation* doivent naturellement s'employer en un nombre incalculable d'occasions particulières, ou tenant toujours à la même idée

G 4

générale et fondamentale, ils admettent néanmoins des nuances très-diverses, et aussi difficiles
à fixer, qu'indubitables et bien senties.

Si tout *rapport* indique formellement quelque
dépendance, liaison, rapprochement, comparaison, confrontation, ou composition, ou complexion entre les choses, il sensuit que tout
rapport suppose nécessairement deux ou plusieurs
termes entre lesquels il existe, c'est-à-dire, deux
ou plusieurs termes, qu'il unit ou qu'il sépare dans
notre pensée, lorsque nous les appercevons : c'est
à cause de cette circonstance de deux termes au
moins, qu'il faut voir en même-temps, et confronter l'un avec l'autre, l'orsqu'on découvre ou qu'on
établit un *rapport*; c'est, dis-je, à cause de ces
termes ainsi rapprochés, qu'on a si souvent répété
que les *rapports* résultent toujours chez nous de
quelque *comparaison*, soit entre des substances,
soit entre des qualités ou des modes, soit même
entre d'autres rapports. Mais ne fait-on pas en
cette occasion, un emploi abusif du mot *compa-*
raison ? Ne donne-t-on pas à ce mot, une plus
grande latitude ou étendue de signification qu'il
ne l'a dans le langage ordinaire ? Combien de
rapports en effet, où il ne s'agit que de dépendance, liaison, rapprochement, ou opposition et
contrariété ! Or dans tous ces cas, il y aura sans
doute confrontation des termes : il n'y aura point
ce que dans notre usage, on appelle *comparaison*;
les termes seront comme placés sur la même
ligne, et l'un près de l'autre ; ils seront vus en
même-temps ; mais l'effet de cette vue ne sera
point de nous y faire chercher ou découvrir des
ressemblances ou des différences proprement
dites : on appercevra ce que l'un est à l'autre, et
non pas si l'un est semblable à l'autre, ou en quoi
consiste, et jusqu'où va cette ressemblance : on

ne les *comparera* donc pas ; et que l'on ne traite
pas cette critique de chicane ! car on sait que le
plus souvent ce sont des négligences ou des abus
semblables dans le choix des termes dont on se
sert, qui jettent tant d'obscurité, de confusion,
d'embarras, d'incertitude, et d'équivoque dans
l'étude des sciences.

« Une chose a *rapport* à une autre, dit le père
» Bouhours, quand l'une conduit à l'autre, soit
» parce qu'elle en dépend, soit parce qu'elle en
» vient, ou parce qu'elle en fait souvenir, ou par
» quelqu'autre raison… » Une chose a *rapport* à
» une autre, dit Beauzée, quand elle lui est pro-
» portionnée, conforme, semblable : il y a *rapport*
» de convenance, de disconvenance, de similitude,
» et de différence, ajoute-t-il ; mais on n'attache
» gueres à ce mot que les idées de convenance et
« de similitude. »

Selon Jurain, les mots *rapports*, *raisons*, *comparaisons* sont des termes synonymes… On voit
que Jurain et Beauzée rétrécissent la signification
du mot *rapport*, parce que l'idée de *comparaison*
les offusque et les égare.

Parmi les hommes d'affaires et au barreau, un
rapport est un discours ou un écrit, dont l'objet
est de présenter d'une manière concise, impar-
tiale, et sous un nouveau jour, l'affaire dont on
doit s'occuper, ou sur laquelle on doit prononcer.

Les géometres restreignent d'ordinaire l'idée
de *rapport* à celle de résultat d'une *comparaison*,
ou mieux d'une confrontation de deux objets,
considérés comme différents l'un de l'autre, ou
comme contenus l'un dans l'autre. Ainsi, le rapport de différence entre deux et six, par exemple,
est *quatre*, et le rapport de contenance entre les
deux mêmes nombre, est *trois* : *deux* et *six* sont
en ce cas les deux termes de ces deux rapports ;

quatre et *trois* sont l'expression de ces mêmes rapports ; ou si l'on veut, ils en sont la *raison*.

En grammaire et en philosophie, les mots *rapport*, *relation*, *relatif* semblent avoir une bien plus grande étendue de signification. Chez les grammairiens, tout ce qui tient à la concordance, au régime, au rapprochement, à la réunion, à la dépendance des idées et des mots, ne s'explique gueres qu'en recourant à ces expressions. Chez les philosophes, tout ce qui peut nous déterminer à rapprocher une idée d'une autre idée, ou une pensée d'une autre pensée, ou même un raisonnement d'un autre raisonnement, soit qu'on les fonde ensemble, ou qu'on les lie par quelque dépendance mutuelle, soit qu'on les compare ou qu'on les mette en opposition : toutes ces opérations, disons-nous, portent sur des *rapports* et nous les indiquent.

Les *rapports* admis par les philosophes semblent donc embrasser tous les autres, et par conséquent être ceux qu'il importe de plus d'examiner et de bien connoître. Cependant, comme nous voyons qu'à la rigueur toutes les especes de *rapports* observés par les uns et par les autres, se réduisent aux deux especes établies par les géometres, sauf un léger changement dans les expressions que l'on emploie ; nous nous bornerons à dire que les rapports *d'identité*, dont nous parlerons bientôt, et qui n'existent qu'entre les parties intégrantes de nos idées ou pensées complexes, ne sont réellement que des rapports de *contenance* ; et que tous ceux qui ne présentent pas cette même union identique, doivent être rangés parmi les rapports de *différence* ou de *dépendance*, et de *liaison*. On sentira combien la logique et la grammaire peuvent gagner à l'admission de ce principe, à mesure qu'on en vérifiera la justesse en suivant, avec quelque attention, les détails qui nous restent à indiquer.

PARAGRAPHE II.

En quelles classes on peut plus convenablement diviser les rapports ?

(26°.) Nous allons, ainsi que nous venons de l'annoncer, ranger tous les *rapports* dont nous avons parlé, et tous ceux qu'on pourroit y joindre encore, sous les deux classes générales de rapports d'*identité*, et de rapports de *liaison*; de rapports d'identité, que les géometres appellent rapports de contenance, et que l'on apperçoit entre les parties intégrantes des idées ou pensées complexes; de rapports de *liaison*, que l'on apperçoit entre des objets différents et distincts, que notre esprit attache les uns aux autres par quelque sorte de lien que ce soit; rapports que chez les géometres, on nomme assez mal-à-propos *rapports de différence*, puisqu'ils consistent, non à énoncer une distinction qu'ils présupposent sans l'exprimer, ou une différence spéciale, qui n'a lieu qu'en certains cas, mais toujours et par-tout un rapprochement, une liaison, et une dépendance.

Tous ces rapports reposent également les uns et les autres, sur le tableau que nous offre le monde physique et moral d'une part, et de l'autre part sur la nature de nos facultés intellectuelles : c'est de ces deux sources qu'ils partent tous : nous ne les saisissons que parce que le monde est ce qu'il est, et que parce que nous existons tels que nous sommes. Que nous reste-t-il donc à faire en ce paragraphe, sinon de fixer nos regards sur ces deux mêmes sources, de parcourir les différentes sortes de rapports qu'elles nous fournissent, et de chercher à découvrir comment le monde existant en renferme dans ses détails et phénomenes inépuisables, l'objet, le motif, et l'occasion ; et comment notre esprit parvient à les modifier, et à se les figurer, les uns comme identiques, les autres comme dépendants, et presque tous comme identiques ou dépendants, à volonté, et selon les circonstances.

Nous verrons en même-temps et par-là même, comment et jusqu'où nos langues sont fideles à suivre les modeles que la nature nous offre : un objet, par exemple, est identique avec la qualité qu'il renferme ; et cette identité, qui doit être apperçue entre les idées de l'objet et de la qualité, doit également être retracée entre les mots qui expriment nos idées. Il en est de même du rapport qui existe entre la chose qui nous occupe, et l'état où elle se présente à notre esprit ; c'est-à-dire, entre le sujet de la phrase et le verbe.

Un objet est dépendant d'un autre lorsque, par exemple, il en fait partie, ou qu'il en est la cause ou l'effet, ou qu'il en indique la matière, l'emploi, la forme, etc. Il faut donc également que les langues aient des moyens propres à indiquer ces rapports dans le discours ; et c'est de l'étude de ces moyens et de la manière d'en faire usage, que la Grammaire doit spécialement nous occuper.

Les principales sortes de rapports, tant ceux qui sont plus naturellement identiques, que ceux qui sont plus naturellement dépendants, mais dont nous changeons plus ou moins l'espece, sont, 1°. la classe des rapports qui existent entre l'idée complexe d'un objet, et l'idée particulière de la qualité qu'on y remarque et qu'on y adjoint ; 2°. la classe de ceux qui naissent des actions que nous connoissons, ou que nous imaginons ; 3°. la classe de ceux que produisent les modifications dont les qualités et les actions sont susceptibles ; 4°. la classe de ceux qui existent entre les choses qui dépendent les unes des autres ; 5°. la classe de ceux qui lient les causes à leurs effets, ou les effets à leurs causes ; 6°. la classe de ceux que forment les circonstances de temps et de lieu ; 7°. la classe de ceux que nous découvrons par la comparaison et l'analogie ; 8°. la classe de ceux que nous donnent les considérations d'ordre ou de situation ; et 9°. la classe de ceux que nous ne devons qu'à nos propres conceptions. Ces neuf classes de rapports vont être le sujet de neuf articles, auxquels nous ajouterons un dixième article, sur les rapports établis entre les choses et leurs signes, un onzième article sur les fameuses *cathégories* de l'ancienne école, et enfin un douzième sur les *universaux*. Nous ne parlons point d'un grand nombre d'autres sortes de rapports que l'on indique dans les langues, par les déclinaisons, les genres, les nombres, et les conjugaisons ; rapports que nous ferons plus amplement connoître ailleurs, et qui étant en quelque sorte fondus dans les mots chargés de nous les annoncer, sont plus ordinairement considérés comme identiques.

Article premier.

Rapports entre l'idée d'un objet et la qualité qu'on y adjoint.

(27°.) Nous avons précédemment examiné comment notre esprit forme des idées complexes de plusieurs idées successivement acquises sur les mêmes objets, et successivement fondues ensemble de manière à devenir par leur totalité, la nature de ces objets, tel que nous les concevons. (Voyez n°. 23.) Nous avons vu que les idées simples qui composent ainsi nos idées complexes, sont en général communes à un grand nombre d'êtres différents; d'où il arrive que même après les avoir fondues ensemble ; nous pouvons encore facilement les isoler dans notre esprit, et les rendre à leur première simplicité, autant que nous en avons le desir ou le besoin. Mais à l'époque où notre esprit travailloit à les réunir, et toutes les fois qu'il nous convient de les reprendre à part, nous appercevions déjà, et nous voyons toujours, que ces mêmes qualités sont autant de parties intégrantes de l'objet dont nous cherchions à nous faire, ou dont nous nous sommes fait une idée complexe ; et c'est ainsi que dans l'état naturel des choses, l'idée d'un objet, quelle qu'elle soit, et l'idée de la qualité que nous voulons y faire entrer, ou que nous voulons momentanément en extraire, ne se lient l'une à l'autre que par un rapport d'identité; ce qui n'empêche pas que les langues n'y substituent plus ou moins souvent, des rapports de simple liaison ou dépendance. Justifions ces deux observations en parcourant quelques-unes des principales especes des qualités que nous ayons à remarquer.

1°. Je prends une *pierre*, par exemple, et je vois qu'elle est *dure*, *grise*, *pesante*, etc. : je me rappelle à cette occasion, que mille autres corps sont *durs*, que mille autres sont *gris*, et que mille autres encore sont *pesants* : je vois de cette sorte, que ces qualités sont communes à la pierre que je tiens, et à tant d'autres objets auxquels je me sens également forcé de les *rapporter*. Il est bien évident à mes yeux, que l'idée de *dur* n'est ni l'idée de *pierre*, ni l'idée de *fer*, ni l'idée de *bois*, etc. : mais il est tout aussi manifeste que celle-là fait partie de celles-ci, au point que même il est impossible de concevoir les dernières, sans y faire entrer la première. Dans l'ordre naturel des choses, le rapport qu'on y apperçoit, est donc un rapport d'identité, tel qu'il peut exister entre une idée principale ou totale, et l'une de ces parties intégrantes, intrinséques, inhérentes, permanentes, et essentielles. Aussi l'usage le plus ordinaire dans toutes les langues est-il de dire, par exemple, une *haute montagne*, une *vallée profonde* etc. Cependant il arrive quelquefois qu'au moyen des idées abstraites, on substitue à ces mêmes qualités, tout intimes qu'elles sont, des substances séparées, imaginées à l'imitation des substances réelles ; de sorte qu'alors on voit deux êtres distincts devant soi, au lieu d'un seul ; deux êtres que l'on énonce comme appartenant l'un à l'autre, et comme unis par un rapport de dépendance ; et l'on dit en ce cas, *la hauteur de cette montagne, la profondeur de cette vallée,* etc.

2°. Si je fixe mes regards sur un *homme* et que je remarque qu'il est *jeune*, ou sur un *bouquet* et que j'observe qu'il est *frais* ; j'aurai présentes à l'esprit, deux qualités qui, à la vérité, ne seront pas permanentes, mais qui ne paroîtront pas moins naturelles et intrinséques à leurs objets, à la constitution desquels on voit en effet qu'elles tiennent sous la supposition de telles ou telles circonstances. Il est donc encore dans l'ordre réel des choses, qu'elles ne s'offrent d'abord à nous que sous des rapports identiques. Mais cela n'empêche pas que nous ne transformions en rapports de dépendance, ces rapports d'identité, qui sont vraiment ceux qui leur conviennent le mieux ; et qu'à l'aide des abstractions, nous ne disions, par exemple, *la jeunesse de cet homme, la fraicheur de ce bouquet,* etc.

3°. Au lieu de ce jeune homme et de ce bouquet, placez sous mes yeux un *homme malheu-*

reux, ou un *long poëme*, etc. ; les nouvelles qualités qui me frapperont dans ces deux objets, ne me paroîtront, il est vrai, que des qualités accidentelles, puisqu'il aura fallu l'intervention de quelques autres causes ou circonstances, pour qu'elles aient eu lieu. Aussi voyons-nous qu'elles jetent dans notre esprit, une idée vague de causes ou autres circonstances que nous laissons de côté, et auxquelles nous ne pourrions nous arrêter sans entrer dans de nouveau développements, d'où sortiroient de nouveaux rapports. Mais d'ailleurs, ces qualités accidentelles n'en tiennent pas moins à leurs objets par des liens naturellement identiques, comme on le voit par les adjectifs qui les expriment ; ce qui n'empêche pas qu'on ne puisse encore les transformer en objets abstraits, qui ne se lieront aux objets principaux, que par des rapports de dépendance, comme lorsqu'on dit : ... *les malheurs de cet homme*, *la longueur de ce poëme*, etc.

Nous pourrions encore indiquer plusieurs autres classes de qualités, qui peut-être même méritent autant d'attention que les trois précédentes : nous en traiterons dans les articles qui suivent. Nous terminerons celui-ci en ajoutant à ce qui précéde, que l'on substitue ainsi un substantif à un adjectif, et un rapport de dépendance à celui qui est naturellement identique, sur-tout lorsque la qualité que l'on a en vue, concerne la matière même de l'objet qualifié, ou l'extraction, la situation, la destination, ou quelqu'idée de propriété, de tendance, de domicile, d'époque, de ressemblance, etc. C'est ainsi que, par exemple, les Latins disent *ætas aurea*, *Evandrius ensis*, etc. et que nous disons, *l'âge d'or*, *l'épée d'Evandre*, etc. C'est encore ainsi que nous disons assez indifféremment, *la foiblesse humaine*, *et la foiblesse*

*blesse des hommes; cette femme est parisienne,
cette femme est de Paris; la clémence divine,
la clémence de dieu;* etc. Au reste, nous ne parlons ici que de substantifs substitués à des adjectifs : mais souvent aussi ce sont des verbes, et
même des adverbes, que l'on emploie dans ces
sortes de changements ; comme dans *l'homme
qui écoute*, pour *l'homme attentif; il parle lentement*, pour *il est lent à parler*, etc. Nous verrons ailleurs que les substantifs mis à la place des
adjectifs, indiquent pour l'ordinaire leurs rapports avec le nom principal, au moyen des déclinaisons ou des prépositions ; et que les verbes
choisis pour le même service, demandent que
nous ayons recours aux mots conjonctifs pour
marquer à quel nom ils se rapportent.

Article II.

Des rapports qui naissent des actions.

(28°.) Toute *action*, quelle qu'elle soit, peut être
considérée sous plusieurs points de vue, et sur-
tout dans la puissance qui la produit et dont elle
est l'action ; ou bien dans l'objet qu'elle affecte,
sur lequel elle tombe ou s'exerce, et qui en un
mot en est le terme ou le *patient*. Ainsi nous rapportons l'action tantôt à l'être *agissant*, et tantôt
à l'être *patient;* ce qui nous fournit deux sortes
de rapports très-marqués, les rapports *actifs* et
les rapports *passifs*. Il n'est pas douteux qu'en
général, le sens actif ne soit naturellement le
premier à se présenter à nous, et qu'en conséquence il ne soit plus fréquemment employé que
l'autre. Il est encore clair que tous les deux ne
s'offrent d'abord à notre esprit, que sous le forme
de l'indentité : car le *lièvre* poursuivi par des

Tom. I.   H

chiens de chasse, n'est évidemment qu'une seule et même chose avec sa fuite rapide. En effet, n'est-ce pas lui qui fuit? Puis-je voir en lui deux êtres sans m'écarter de la réalité? mais d'autres animaux courent aussi bien que lui ; ainsi l'idée de *course* leur est commune, si non comme *qualité*, au moins comme *action* produite par eux ; idée qui est si analogue à celle de qualité, qu'elle ne peut nous offrir que des rapports de la même espece ; et qu'elle se reporte à chacun d'eux, comme l'idée d'une qualité à chacun des objets qui la possedent : l'union est aussi intime de part que d'autre.

Il en est de même encore lorsque nous considérons l'action, non plus dans sa cause agissante, mais dans l'objet qui en est le terme : si l'on nous parle d'un meuble *peint*, d'une table de marbre *polie*, d'un homme *vu*, *entendu*, ou *touché*, etc. ; nous voyons bien indirectement qu'il y a quelqu'un qui *a peint* le meuble, qui *a poli* la table de marbre, et qui *a vu*, *entendu*, ou *touché* l'homme dont il s'agit : mais toutes ces actions nous paroissent néanmoins comme hors de leurs auteurs ; nous les reportons tout entières dans le meuble, dans le marbre, et dans l'homme qui nous occupe ; et même nous les y transformons en véritables qualités ; si bien que leurs auteurs ne nous apparoissent plus, que comme hors de la pensée que nous voulons exprimer ; et que *meuble* et *peint*, *table de marbre* et *polie*, *homme* et *vu*, *entendu*, ou *touché* ne font plus qu'une seule et même chose, qu'un objet identique dans notre esprit.

Si néanmoins et ensuite, on réfléchit sur les usages des langues et les procédés de l'esprit humain, on s'appercevra sans peine, que nous ne substituons pas moins ici des rapports de dépendance ou de simple liaison, à des rapports d'identité, que lorsqu'il s'agit de qualités rapportées à quelque objet que ce soit : en effet, on dit dans le sens actif, *la course de ce lièvre*; et dans le sens passif, *la couleur de ce meuble*, *le poli de ce marbre*, etc. ; aussi bien que *ce meuble colorié*, *ce marbre poli*, etc.

Remarquons que les actions *transitives*, c'est-à-dire, qui se portent hors de la puissance agissante, ne sont pas seules l'objet de cet article : les verbes neutres viennent également s'y ranger, pour peu qu'ils expriment une sorte d'action, quelle qu'elle soit : mais les langues ont quelquefois à cet égard, des irrégularités singulières : nous avons, par exemple, des adjectifs verbaux qui sont en apparence parfaitement semblables entr'eux, et qui toutefois sont les uns actifs, et les autres passifs ; tels que *serviable*, adjectif actif, signifiant, *qui cherche à servir* ou *à obliger;* et *aimable*, adjectif passif, signifiant *digne d'être aimé*, etc.

ARTICLE III.

Rapports produits par les modifications des qualités ou des actions.

(29°.) La nature des êtres ne varie point quant à ce qui en fait l'essence, c'est-à-dire, quant à ce qui en fixe, détermine, et caractérise l'espece ou l'individualité : si cette nature changeoit à cet égard, il en résulteroit des êtres différents; c'est une transmutation que le systême du monde et la raison doivent nous faire regarder comme impossible. Mais les qualités qu'on découvre dans ces êtres, les actions qu'ils produissent, les modes qu'ils admettent, les circonstances qui les environnent, sont toujours susceptibles de variations, soit en plus ou en moins, soit en bien ou en mal, en intentisé, ampliation, et perfection, ou en foiblesse, diminution, et imperfection, etc. Un corps blanc, par exemple, peut l'être plus ou moins parfaitement ; comme il peut l'être toujours au même dégré, ou passer d'une nuance à l'autre ; etc. A ces premières sortes de modifications, nous en ajouterons une infinité d'autres, qui servent également à distinguer les objets et les faits ; comme l'idée d'une chose réputée noble ou basse, rare ou triviale, belle ou laide, nouvelle ou vieille, etc. ; comme encore l'idée d'une chose que l'on commence, ou que l'on continue, ou que l'on interrompt, ou que l'on répète, ou que l'on finit, etc. ; comme enfin tant d'autres idées accessoires, qui tiennent à la forme ou à la figure, au repos ou au mouvement, à la couleur, au poids, au volume, aux dimensions, à la composition, à l'organisation, à la distance, à la position, à la direction, à l'à-propos, à la convenance, à l'arrangement, et à mille autres circonstances semblables.

Or toutes ces modifications n'ont-elles pas naturellement et dans la réalité, un rapport d'identité avec les objets qu'elles affectent ? Y a-t-il deux objets devant mes yeux quand je vois qu'une chose est belle ou très-belle ; qu'elle se fait bien ou mal, lentement ou vite ; et qu'elle est parfaitement ronde ou cubique, ou irrégulière ? etc.

Mais nos langues, à l'aide des abstractions, ne nous fournissent pas moins des moyens très-diversifiés de remplacer ces rapports identiques, par d'autres rapports qui ne sont que de dépendance : aussi disons-nous également bien, *la plus grande lenteur* ou *rapidité de cette marche*, *la rondeur plus parfaite de cette boule*, etc.

Article IV.

Rapports qui existent entre les êtres dépendants les uns des autres.

(3o°.) Nous sommes environnés d'objets très-distincts en eux-mêmes, et à nos yeux ; d'objets qui sont entr'eux dans une dépendance proprement dite, et plus ou moins réciproque, importante, et sensible. Telles sont les parties qui concourent à former un seul tout ; telles sont celles que nous offrent les membres d'un même corps ; telles sont les choses qui viennent les unes des autres ; etc... Les feuilles, les fleurs, et les fruits dépendent sans doute de l'arbre sur lequel on les voit naître et se former : mais ces diverses parties ne sont pas l'arbre lui-même : elles peuvent encore exister quand il n'est plus. Si l'on multiplie les exemples semblables, on y démêlera un grand nombre de dépendances diverses, les unes naturelles et constantes, et les autres passageres, accidentelles, fortuites, ou même apparentes et imaginaires ; auxquelles on pourra ajouter celles que nous parvenons à établir entre les jugements que nous formons, soit quand nous considérons ces jugements comme accumulés ensemble, soit lorsque nous employons l'un pour déterminer ou expliquer quelque terme de l'autre, soit encore lorsque nous les présentons comme opposés, disjoints, alternatifs, conditionnels, ou enfin lorsque l'un est destiné à offrir la cause, le motif, ou la conséquence de l'autre, etc. Il est bien évident que tous les rapports de ces différentes sortes sont naturellement des rapports de dépendance ; et ceux de la dernière classe comme les autres, puisqu'on ne les exprime ordinairement que par des mots conjonctifs et par certains modes des verbes.

Et néanmoins ne nous arrive-t-il pas souvent de modifier toutes ces idées , de manière à n'y laisser que des rapports d'identité? Si je fixe ma pensée sur le héros d'une part, et sur ses armes de l'autre ; ou sur le magistrat et sur ses habits de cérémonie ; je vois formellement et directement, dans chacun de ces deux tableaux , deux choses qui ne sont ni ne peuvent pas être un seul et même objet ; de sorte que je dis en homme très-fidele à sa pensée, *le héros couvert de ses armes* , ou *le magistrat revêtu de ses habits de cérémonie*. Mais si j'arrête tellement ma vue sur le héros , ou sur le magistrat, que l'idée d'armes et de vêtements ne m'apparoisse plus que d'une manière oblique et secondaire ; alors ces deux dernières idées , restant comme en arrière ou à l'écart dans ma pensée, n'entreront plus dans le cercle formé par les jugements que je porte : les rapports que j'aurai à présenter, ne seront plus que des rapports identiques , au lieu d'être des rapports de dépendance ; et enfin je dirai seulement, *le héros armé, le magistrat habillé*, etc.

ARTICLE V.

Rapports qui lient les causes à leurs effets, et les effets à leurs causes.

(319.) Les rapports qui existent entre les causes et les effets, ne peuvent être dans la nature des choses, que des rapports de dépendance ; excepté seulement quand l'effet ne sort pas de sa cause, et qu'il n'en est qu'une modification. A cette exception près, les rapprochements de causes et d'effets nous offrent toujours deux objets, qui ont chacun leur existence séparée, et leur nature propre, ou sont du moins considérés comme s'ils les avoient : ils ne sont donc point identiques ; et selon la réalité, le rapport qui les lie, ne peut prendre la forme d'identité, qu'autant que l'un des deux sortira du tableau ou cadre de la pensée, pour n'y laisser que l'idée vague de ce rapport lui-même, lequel ainsi concentré dans l'autre objet, s'y transfigurera en qualité particulière. On conçoit du reste que ces opérations de notre esprit, ces transfigurations d'idées varient dans leur mode, selon que l'on considere la cause rapprochée de son effet, ou l'effet rapproché de sa cause ; et selon qu'il s'agit de causes efficientes, productives ou conservatrices, de causes maté-rielles, instrumentales, occasionnelles, ou finales, de causes totales ou partielles, générales ou par-ticulières, propres ou accidentelles, nécessaires ou libres, naturelles ou extraordinaires, réelles ou supposées. Si, par exemple, un homme a re-tiré un autre homme de quelque danger, nous ne verrons qu'un rapport de dépendance entre les secours de l'un et le salut de l'autre ; et nous dirons que *celui-là a sauvé celui-ci*, ou que *celui-ci doit la vie à celui-là*. Mais si nous ne voulons renfermer dans notre pensée que l'un de ces deux hommes, nous dirons du premier, *cet homme généreux et conservateur* ; ou bien nous dirons du second, *cet homme si généreuse-ment sauvé*, etc. C'est encore ainsi que l'on dit que *les eaux fécondent la terre*, ou que *les eaux sont fécondantes*, etc.

Nous saisirons cette occasion pour dire, que les philosophes donnent souvent une attention particulière aux causes finales, qu'ils divisent en *fins principales* ou *accessoires*, et en *fins* qui tiennent *au motif* ou *au but*; *finis cujus gratiâ*, *et finis cui*. « La nature physique elle-même,

» disent les auteurs de Port-Royal, nous révèle
» les causes finales : car, qui peut douter, par
» exemple, que l'œil a été fait pour voir » ? Ils
concluent delà, que ces sortes d'indications, si
manifestes dans tous les êtres, prouvent l'existence d'une intelligence prévoyante, qui a voulu
et a établi l'ordre ; ce qui ne peut que justifier
et fortifier la confiance avec laquelle nous adhé-
rons aux rapports que notre esprit découvre
entre les effets et leurs causes, et aux rapports
inverses que nous appercevons entre les causes
et leurs effets.

Article VI.

Rapports qui tiennent aux circonstances de temps ou de lieu.

(32°.) Nous ne concevons l'existence des choses
que dans un temps, et dans un lieu, quel qu'il
soit : cependant nous pouvons ne faire aucune
attention à ces deux circonstances, qui en ce
cas ne nous donnent aucun rapport à observer.
Mais si nous jugeons convenable de les faire entrer dans notre pensée, il n'en résultera naturellement que des rapports de dépendance, qui
d'ailleurs sont très-variables, puisqu'ils embrassent, 1°. les rapports de lieu déterminé et de
lieu indéfini, de lieu clos, de lieu de domicile
ou de demeure, de lieu de départ, de passage,
ou d'arrivée, outre les rapports de concomitance,
d'union locale, de séparation, de rapprochement
ou d'éloignement, etc. ; et 2°. ceux de temps indéterminé ou fixe, de temps continu ou borné,
de périodes ou d'époques, de temps antérieur,
actuel, ou postérieur, de temps prochain ou
éloigné, etc.

Puisque ces deux sortes de rapports sont naturellement des rapports de dépendance, il faut convenir que celui qui nous dira que *tel auteur est de notre temps*, ou *qu'il est de Paris*, parlera d'une manière plus conforme à la réalité des choses, que celui qui nous dira que *cet auteur est notre contemporain*, ou *qu'il est parisien*, etc. Ce n'est pas toutefois que l'on puisse reprocher à ce dernier de mal parler ; au contraire, on doit applaudir au tour qu'il prend, dès que l'usage de la langue l'y autorise, et que l'on y gagne à quelqu'égard que ce soit : il use alors légitimement de la faculté que nous avons de fondre nos idées les unes dans les autres, et de laisser de côté celles que nous jugeons moins nécessaires : mais enfin il substitue un rapport d'identité à un rapport de dépendance.

ARTICLE VII.

Rapports découverts par la comparaison et l'analogie.

(33°.) Souvent nous rapprochons les objets les uns des autres, dans le dessein d'y découvrir des rapports de *comparaison* ou *d'analogie ;* de *comparaison*, quand les deux objets que l'on rapproche, sont considérés comme appartenant à une même classe ou espece, et que tous deux sont de même immédiatement et directement le sujet de notre pensée ; *d'analogie,* quand les objets sont réputés appartenir à des especes toutes diverses, ou qu'il n'y en a qu'un qui soit jugé d'après une vue directe et immédiate. La *comparaison* nous offre dans ses rapports, l'égalité ou l'inégalité, et la ressemblance ou la différence, ou l'opposition : *l'analogie* nous offre la convenance, et la disconvenance : celle-ci peut aussi nous conduire à une sorte de ressemblance ou similitude, lorque les objets se trouvent être de même espece, mais qu'il n'y en a qu'un qui soit vu et jugé en lui-même, et sans aucun secours ou moyen étranger. Dans ce dernier cas, on ne voit bien et d'abord, que l'un des objets rapprochés : il faut chercher l'autre, et remonter à sa cause pour l'apprécier, ou descendre jusqu'à ses effets, ou rechercher de quelle manière il agit, ou s'appuyer sur quelques autres circonstances : ainsi la similitude, la convenance, la différence, et la disconvenance dans l'*analogie*, sont toujours le résultat, et comme la conclusion d'un raisonnement au moins implicite ; tandis que dans la *comparaison*, on n'a point de raisonnement préparatoire à former. En un mot, dans l'une, on exprime simplement ce qu'on voit ; et dans l'autre, on voit une chose, et on en énonce une autre, à laquelle on ne parvient qu'en raisonnant sur la première.

Dans toutes ces occasions, on a toujours plusieurs objets devant les yeux : d'où il suit que les rapports que l'on y découvre, sont naturellement des rapports de dépendance : l'on dira donc naturellement, en parlant d'objets également connus, et ramenés à une même classe, *ce guerrier est courageux comme un lion : le chat est comparable au tigre : le style de cet auteur ressemble au style de Cicéron,* etc. On dira, en parlant de choses d'especes toutes différentes et cependant analogues, *ces tableaux sont pleins de génie : ce poëme est conforme aux principes du bon goût,* etc. On dira en parlant de choses dont une seule est bien connue, *pour concevoir commment la mémoire se fortifie, voyez comment la main du musicien se forme et se perfectionne par l'exercice*, etc.

Mais il arrive souvent que bornant notre pensée à un seul de ces objets, nous n'indiquons plus tous ces rapports de dépendance que d'une manière indirecte; ou plutôt, que nous parvenons à les fondre dans des qualités qui ne les montrent plus que de loin, et qui y substituent des rapports d'identité; comme on le voit dans les métaphores et quelques autres tropes : c'est ainsi que l'on dit, par exemple, *ce guerrier est un lion ; ce chat est un tigre ; le style de cet auteur est Cicéronien*, etc.

Article VIII.

Rapports que donnent les considérations d'ordre et de situation.

(34°.) Comme nos sens nous rendent compte de plusieurs objets en même-temps, ils nous font connoître l'ordre et la situation où ils sont entre eux ou envers nous : l'un est plus proche et l'autre plus éloigné ; l'un est le premier et l'autre le second ; l'un est plus élevé et l'autre plus bas, etc. Delà proviennent des rapports que l'on pourroit rejeter parmi ceux qui naissent des circonstances, ou parmi ceux qui résultent de la comparaison ; mais dont nous avons cru devoir former une branche particulière, pour avoir lieu d'observer, que les objets n'en reçoivent en eux-mêmes aucune sorte d'accroissement ou de diminution, de changement ou de modification réelle et intérieure. Il n'en est pas moins évident que ces rapports sont naturellement des rapports de dépendance ; et que dans la manière la plus exacte de s'énoncer, on dira, *prenez le fauteuil qui est le plus près de vous : placez ce livre sur la tablette qui est au-dessus des autres*, etc. ; ce qui n'empêche pas que s'il s'agit d'objets et de rapports aussi sensibles, cette même exactitude qui alonge ordinairement les phrases, ne déplaise par la superfluité des mots, et la gaucherie du tour ; et que dès-lors on ne préfere le rapport identique qui abrege et simplifie le discours : aussi le véritable usage est-il de dire plus ordinairement, *prenez le premier fauteuil; placez ce livre sur la tablette la plus élevée*, etc.

ARTICLE IX.

Rapports qui ne proviennent que de nos conceptions.

(35°.) Nous avons vu comment nous parvenons à nous créer des idées de genres et d'especes, et combien ces idées nous sont utiles et nécessaires. (Voyez n°. 23°.) Mais lorsque nous voulons descendre de ces idées générales à des idées particulières, individuelles, ou plus ou moins déterminées, et que nous n'avons pour nous exprimer, que ces expressions communes qui désignent des classes entières , il faut bien que nous trouvions le moyen de restreindre et de fixer à volonté , l'application de ces termes généraux et devenus trop vagues ; et c'est ce que nous faisons si souvent, en y adjoignant des adjectifs ou des phrases incidentes, lorsque nous avons à énoncer des qualités qui ne conviennent qu'aux individus que nous avons en vue. Cependant ce moyen ne suffit pas encore à nos besoins : combien de fois ne nous arrive-t-il pas, de ne point découvrir de ces qualités distinctives dans les objets qui nous occupent, ou de ne devoir ou ne vouloir point nous y arrêter? Combien de fois ne nous arrive-t-il pas de n'avoir à indiquer autre chose, sinon que nous prenons le nom commun dans un sens individuel, mais sans aucune autre désignation plus précise? Combien de fois encore ne voulons-nous spécifier les choses, que par des qualités non-physiques, que nous y établissons par nos propres combinaisons seulement? C'est dans ces dernières circonstances, que nous recourons à des adjectifs qui n'ajoutent aucune idée de plus à la nature que les noms expriment, et dont l'unique but est d'annoncer que nous ne prenons ces noms que dans un sens déterminé, ou bien que nous caractérisons de plus, cette détermination trop vague, par une idée de possession, de numération, de démonstration plus formelle, ou d'universalité, soit collective, soit distributive, soit négative, soit positive, etc. Tels sont les nouveaux rapports qui sont l'objet de cet article, et que l'on exprime le plus souvent par des adjectifs que l'on distingue eux-mêmes en leur donnant le nom *d'adjectifs-articles*.

Les rapports que nous donnent ces différentes vues de l'esprit, ne sont pour la plupart que des rapports d'identité : il n'y a d'exceptions que pour ceux qui renferment quelqu'une des indications plus spéciales dont nous venons de parler: car ceux-ci, et sur-tout quand ils tiennent à quelqu'idée de numération ou de possession, prennent assez souvent la forme de rapports de dépendance. On dit donc *le volume*, *ce volume*, *certain volume*, *tous les volumes*, *chaque volume*, *nul volume*, *six volumes*, *mon volume*, etc. ; et l'on dit aussi, *une douzaine d'œufs*, pour *douze œufs*; un *cent de pommes*, pour *cent pommes*; *la maison qui est à lui*, pour *sa maison*, etc.

ARTICLE X.

Des rapports établis entre nos idées ou affections et leurs signes.

Nous aurions encore à donner ici un article important sur les rapports qui lient nos idées et nos affections, avec les signes qui servent à les faire connoître aux autres, et par conséquent avec les mots : mais nous avons traité des signes dans l'introduction (n°. 4), et ce que nous en avons dit, suffit pour faire comprendre que leurs rapports avec les choses signifiées son très-intimes : en effet, le mot et la chose ne forment en quelque sorte qu'un seul objet à nos yeux, puisque l on ne désigne celle-ci que par celui-là ; comme on peut en juger par les exemples que nous avons cités ailleurs. Ainsi dans l usage ordinaire des langues, les rapports dont il s'agit, sont communément présentés comme rapports d'identité, quoique dans l'ordre naturel des choses, ils ne soient véritablement que des rapports de dépendance.

ARTICLE XI.

Des cathégories de l'ancienne école.

Depuis Aristote jusqu'à ces derniers temps, les philosophes ont vainement essayé de ramener à un petit nombre de points généraux, et à un ordre facile à suivre, tous les rapports que nous venons de parcourir. C'est à leurs recherches et à ces tentatives, que nous devons les fameuses *cathégories* dont il s'agit ici, et les non moins célebres *universaux*, qui seront l'objet de l'article suivant. Le peu que nous allons dire des unes et des autres, suffira pour en donner une idée juste, quoique générale, et pour faire juger combien on a été fondé à les abandonner.

On a donné le nom de *cathégories* aux classes dans lesquelles on a cru pouvoir ranger tous les objets de nos idées : ce sont les objets, et non les idées elles-mêmes, qu'on a cherché à classer ; en quoi il nous semble qu'on s'est mépris. Quoiqu'il en soit, Aristote a fixé le nombre des *cathégories* à dix ; savoir, 1°. la *substance* ; 2°. la *quantité*, *discrete* dans les choses non-liées ensemble, *continue* dans celles qui sont unies, et *permanente* dans quelques-unes ; 3°. la *qualité*, telle que la puissance naturelle, les habitudes, la forme, la figure, et autres attributs sensibles, 4°. la *relation* ; 5°. l'*action* ; 6°. la *passion* ; 7°. tout ce qui tient *au lieu* ; 8°. tout ce qui tient *au temps* ; 9°. la *situation* ; 1°. ce qui forme la partie *extérieure* de l'objet, comme les ornements, les vêtements, etc.

D'autres philosophes ont réduit les *cathégories* à sept, que l'on a comme consacrés dans ces deux vers barbares. . . .

Mens, mensura, quies, motus, positura, figura
Sunt cum materiâ, cunctarum exordia rerum.

Toutes ces divisions sont d'autant moins utiles, qu'elles ne nous donnent aucune lumière sur les rapports qu'il est si essentiel de bien saisir ; et que nous avons, sur les diverses especes de nos idées, la division des parties d'oraison, qui nous intéresse infiniment davantage, et qui nous suffit.

ARTICLE XI.

Des universaux.

Les *universaux* sont les classes dans lesquelles on divise, non toutes nos idées, mais nos idées générales seulement : on en compte cinq, qui sont, 1º. les *genres* ; 2º. les *especes* ; 3º. les *différences* ; 4º. les *propres*, et 5º. les *accidents*.

Les *genres* sont des idées générales qui en contiennent d'autres encore générales, mais subordonnées, dans lesquelles par conséquent elles se divisent, et par rapport auxquelles on les considere.

Les *especes* sont des classes subordonnées ; c'est-à-dire, que ce sont des idées générales qui n'ont sous elles que des individus, ou qui en tout cas, ne sont considérées que relativement aux genres plus étendus dont elles forment les divisions.

Les *différences* sont les attributs essentiels et primitifs des objets ; attributs qui dès-lors servent à distinguer l'une de l'autre, les especes qui dérivent du même genre, ou les individus qui dérivent de la même espece.

Les *propres* sont aussi des qualités qui appartiennent à l'espece, mais qui sont dépendantes du premier attribut ou de la différence, et qui ne suffisent pas toujours pour bien établir les distinctions que nous avons besoin de faire connoître.

Les *accidents* sont des propres que notre esprit peut séparer de l'objet, sans que cet objet paroisse détruit. Si, par exemple, on prend le mot *être* pour genre, on aura *corps* pour espece, *extension* pour différence, *divisibilité* pour propre, et telle ou telle *figure* pour accident.

(36º.)

(36°.) Le seul avantage que nous ayons tiré de tant de disputes sur les *universaux*, c'est qu'elles ont servi à fixer les regles des définitions qui, dit-on, doivent comprendre le *genre prochain* et la *différence première*; c'est-à-dire, le genre qui est immédiatement au-dessus de l'idée que l'on définit, et la différence la plus essentielle, ou le premier attribut. Cette *différence*, dit-on encore, doit convenir à tous les individus de l'espece, et à eux seuls; *omni et soli*; sur quoi on observe qu'il y a des propres ou qualités qui conviennent à tous et à eux seuls, mais non pas toujours; *omni et soli, sed non semper*; qu'il y en a d'autres qui conviennent à tous, mais non pas à eux seuls; *omni, sed non soli*; et d'autres encore qui conviennent à eux seuls, mais non pas à tous; *soli, sed non omni* : or ces diverses sortes de qualités sont précisément celles qui ne peuvent être admises dans les définitions. Par rapport à *l'homme*, par exemple, on dira que *s'appliquer à l'étude* convient à la seule espece humaine, mais ne convient pas à elle toute entière; que *marcher à deux pieds* convient à toute l'espece, mais non pas à elle seule; que *parler* convient à elle toute entière et à elle seule, mais non pas toujours; qu'*être domicilié à Paris* n'est qu'un accident; et qu'enfin avoir la faculté de parler convient à toute l'espece, à elle seule, et toujours.

Nous ne terminerons point le chapitre des rapports, sans observer combien est admirable et précieuse, l'étonnante facilité que nous avons de saisir tant de rapports, de les distinguer, de les multiplier, et de les varier de tant de manières différentes : mais n'oublions pas d'ajouter qu'il est possible et trop facile d'en abuser; et rappelons-nous toujours le mot de Bacon, qui

dit, (1) « que l'homme, ministre et interprète de
» la nature, ne réussit dans ses ouvrages et dans
» ses études, qu'autant qu'il se conforme à l'ordre
» de cette même nature dans ses travaux et dans
» ses méditations ».

Si on ne négligeoit pas d'étudier ainsi l'ordre de la nature, verroit-on les hommes prendre et offrir aux autres, comme naturels ou nécessaires, des rapports qui ne sont qu'accidentels, fortuits, ou faux : verroit-on, par exemple, des peuples entiers attribuer tel ou tel événement heureux ou funeste, à la rencontre antérieure de quelque oiseau de bon ou de mauvais augure, ou à quelqu'autre présage semblable? le vice de raisonnement si connu *post hoc, ergò propter hoc*, n'est fondé que sur ces sortes de rapports.

CHAPITRE IV.

De la vérité, de la fidélité, de la clarté, et de la certitude.

Nous avons à rechercher ici en trois paragraphes, 1º. ce que c'est que la *vérité*, les moyens que nous avons d'y parvenir, les obstacles qui nous en éloignent, et ce qu'elle est par rapport aux idées ou pensées ; 2º. ce que c'est que la *fidélité* et la *clarté*, et jusqu'à quel point nous pouvons rendre nos idées ou pensées fideles et

---

(1) *Homo naturæ minister et interpres, tantùm facit et intelligit, quantùm de naturæ, ordine opere, vel mente observaverit.*

claires ; et 3°. ce que c'est que la *certitude*, combien de sortes de *certitudes* on distingue, quels moyens nous avons d'y parvenir, et comment nos diverses sortes de certitudes se fondent ensemble. C'est par ces recherches que nous terminerons notre première partie, ou l'exposé des principes de la métaphysique.

Paragraphe premier.

De la vérité.

(37°.) Ce mot *vérité* nous présente une notion générale que l'on ne peut point définir d'une manière rigoureuse, et selon les regles de l'école ; mais qui néanmoins est si claire, si lucide, et si frappante, qu'elle n'a pas besoin du secours de la définition ; et que même, ainsi que d'Alembert l'a remarqué au sujet des axiomes, tout ce qu'on allégueroit pour l'éclaircir, n'aboutiroit qu'à la rendre obscure et douteuse. Ce ne sera donc que pour indiquer historiquement ce qu'on en a dit de plus important, que nous citerons à ce sujet, le langage ordinaire des écoles, où l'on fait consister la *vérité* dans la conformité des idées que l'on a, ou des jugements que l'on porte, avec les choses qui en sont les objets. Nous ajouterons que Cérutti, auteur ingénieux du siècle qui vient de finir, a cru en présenter plus heureusement la nature, en disant qu'elle consiste dans la *réalité*, qu'il divise en trois especes, savoir, la réalité dans le rapport de nos idées ou pensées entr'elles, laquelle constitue la *vérité* philosophique ; la réalité dans le rapport de nos récits avec les faits, laquelle constitue la *vérité* historique ; et la réalité dans les rapports dé nos productions avec les procédés de la nature, en ce qui concerne les points que nous nous proposons d'imiter, laquelle constitue la *vérité* des arts.

On considere communément la *vérité* sous deux aspects ; 1°. en elle-même , et dans la nature des objets dont on s'occupe ; et 2°. par rapport à nous , et selon qu'elle existe dans notre esprit, selon qu'elle le frappe, ou y exerce son empire. Personne n'a pu sérieusement nier l'existence de la *vérité* en elle-même et dans les choses : car il faut bien reconnoître la nécessité qu'il y a qu'une chose soit ou ne soit pas. Mais on a vu des philosophes oiseux soutenir que nous ne pouvons jamais parvenir à connoître la *vérité* avec certitude : ils prétendoient que nous ne pouvons pas même en démêler le caractere essentiel, qu'ils ont désigné sous le nom de *criterium veritatis*. Des sectes célebres ont publié que la *vérité*, fille du Ciel, (que Bacon appelle bien plus raisonnablement *fille du Temps*), n'est jamais descendue sur la terre, et que nos efforts, pour la saisir, n'aboutissent qu'à nous faire embrasser des fantômes ou des chimeres. Descartes et plusieurs autres génies du premier ordre ont attaqué avec succès, ces paradoxes étranges, désespérants, et funestes : pour nous, qui n'avons ni le desir, ni le temps de nous jeter dans des discussions aussi peu utiles , nous ne parlons ici de ces absurdes systêmes, que pour annoncer qu'ils ont existé, et pour faire observer, qu'il n'y a rien de si absurde, qui n'ait été dit par quelque philosophe, et répété par un nombre incalculable d'échos.

Ce ne sera que dans la quatrième partie de cet ouvrage, lorsque nous traiterons de la méthode, que nous indiquerons les obstacles les plus redoutables que nous ayons à vaincre pour parvenir à la *vérité*, et les précautions générales que nous devons prendre à cet effet, ou plutôt les dispositions habituelles ou nous devons nous maintenir. En ce moment, nous nous bornerons à faire connoître les moyens particuliers que l'on emploie dans cette vue , autant que la nature humaine et la nature des choses nous le permettent.

(38ᵉ.) Le premier moyen particulier de parvenir à la vérité, c'est la *définition*, tant celle du mot, que celle de la chose. La définition du mot a pour but, de bien fixer le sens qu'on veut attacher au mot dont on se sert. Chacun, dit-on , est le maître en général, de faire signifier à chaque mot ce qu'il veut ; et sous ce rapport , les définitions des mots semblent toujours être libres et même arbitraires. Cependant, puisque la langue dont nous nous servons , n'est pas la nôtre à nous seuls ; qu'au contraire elle appartient également à tous les autres ; et que tous les mots qui y sont reçus , y ont une valeur admise, connue, et consacrée par l'usage; il est juste et nécessaire, si nous voulons être entendus , de nous rapprocher toujours dans nos définitions de mots , du sens usuel le mieux établi, autant du moins qu'il est possible.

La définition de la chose, beaucoup plus rare qu'on ne pense, se réduit à déterminer avec précision , l'idée que nous avons d'un objet dont elle nous présente la nature. Dans l'une et l'autre définition , on nous montre 1º. l'idée du *genre prochain* , c'est-à-dire, du genre qui est immédiatement au-dessus de l'objet que l'on veut définir ; et 2º. l'idée de la qualité qui distingue le même objet , de tous les autres objets qui sont également et parallélement compris dans le même genre ; qualité que l'on nomme *différence première*. Par rapport à *l'homme* , par exemple , l'idée d'*animal* devient l'idée du genre prochain ,

I 3

et l'idée de *raisonnable* est généralement reçue comme celle de la différence première.

Dans l'usage que nous pouvons faire des définitions, on nous recommande deux points également importants ; l'un de ne jamais nous écarter dans la suite du discours ou de la discussion, du sens précis que nous aurons fixé en définissant ; et l'autre de ne regarder comme valables et admissibles, que les définitions qui seront 1°. *universelles*, c'est-à-dire, qui conviendront également à tous les individus de la même espece ; 2°. *propres*, c'est-à-dire, qui ne conviendront à aucun individu de quelqu'autre espece que ce soit ; 3°. *claires*, c'est-à-dire, qui ne renfermeront aucun mot vague, inconnu, ou équivoque ; et 4°. *courtes*, c'est-à-dire, qui ne contiendront aucun mot inutile ou étranger à l'idée qu'on veut définir.

Mais tous les mots et toutes les idées ne sont pas susceptibles de définitions : d'ailleurs il n'est pas toujours nécessaire qu'elles le soient : et pourquoi définiroit-on des mots sur la valeur desquels il n'y a ni partage, ni doute, ni obscurité ? comment encore nous donneroit-on la définition rigoureusement exacte de tant de mots, qui ne nous rappellent les objets que sur la connoissance des causes ou des effets de ces objets, sans nous rien dire de leur nature ? Qui peut, par exemple, définir le temps, la durée, l'espace, le mouvement, la force, etc. ? On fera les mêmes observations sur les définitions des choses : pourquoi se fatiguer à définir les choses qui sont clairement connues, et sur lesquelles tout le monde est d'accord ? et puisque la définition est essentiellement une décomposition en deux termes, comment pourroit-on décomposer ainsi, et définir des idées simples ou qui nous semblent telles ? Et quant aux idées complexes, comment définir, ou réduire à deux termes seulement, celles qui en renferment un très-grand nombre?

Lorsque les idées ou les mots ne se prêtent point à une véritable définition, et sur-tout lorsqu'on y découvre des notions trop compliquées, on supplée à ce défaut, en employant les *descriptions* ; second moyen de nous assurer de la vérité. Décrire une chose, c'est la développer en exprimant de suite toutes les qualités ou propriétés qui servent à la constituer telle qu'elle est, et à la faire remarquer et reconnoître. La regle la plus essentielle à observer à cet égard, est que la totalité ou réunion de tous ces traits caractéristiques, ne puisse convenir qu'à l'objet que l'on décrit, et suffise pour le faire distinguer de tout autre ; quoique peut-être, il n'y ait pas un de ces traits, qui pris séparément ne convienne à plusieurs autres objets très-différents d'ailleurs. C'est par ces sortes de *descriptions*, que les naturalistes nous font connoître les animaux, les minéraux, et les plantes : c'est encore par-là qu'on peut nous donner une idée suffissante, d'une infinité d'autres choses usuelles, qu'on seroit fort en peine de définir ; comme *table, palais, maison,* etc. Les descriptions embrassent également les qualités inhérentes et les accidentelles, celles qui sont communes et celles qui sont propres ; s'il y en a dans l'objet de cette dernière sorte.

Le troisième moyen que nous ayons à indiquer ici, c'est de *diviser* les objets composés, et sur-tout les idées génériques. La *division* est d'une utilité précieuse dans les occasions, où l'on a de vastes sujets à traiter, ou des idées très-compliquées à faire concevoir. On ne *divise* que des choses *totales:* mais on distingue deux sortes de *tout* ; le *tout* qui présente la totalité des idées

I 4

partielles que renferme, et dont se compose la chose que l'on veut diviser ; c'est-à-dire, le tout qui répond au mot latin *totum* ; et le tout qui présente la totalité des especes ou individus, auxquels peut s'appliquer l'idée que l'on divise ; c'est-à-dire, le *tout* qui répond au mot latin *omne* : de-là deux sortes de *divisions*, l'une qui partage le tout en ses parties intégrantes, et l'autre qui se partage en ses parties extensives, ou subjectives, ou distributives : la première a pour nom particulier, le mot *partition* ; la seconde conserve par-tout celui de *division : totius in partes est partitio ; generis in species est divisio.*

Les autres moyens et les observations auxquelles ils peuvent donner lieu, concernent plus particulièrement la *méthode :* ainsi nous renvoyons à nous en occuper, quand nous en serons à la quatrième partie de cet ouvrage. Nous y aurions renvoyé de même ce paragraphe et les suivants, s'ils ne nous avoient pas paru contenir des principes nécessaires à l'intelligence des premières parties de ce cours.

PARAGRAPHE II.

De la fidélité et de la clarté.

(39°.) Nous dirons de la *fidélité* et de la *clarté* ce que nous avons dit de la notion qu'on se fait de la *vérité :* on entend fort bien ce que ces mots signifient ; et on les définit fort mal. On voit sans peine que la *fidélité* consiste à présenter l'objet tel qu'il est, et à ne présenter que lui dans le même cadre ; l'objet tout entier, rien de plus ou de moins ; sans cela, il y auroit excès ou défaut, et toujours erreur. On doit néanmoins convenir que, vu les bornes de notre esprit, il ne nous est pas possible de nous former des idées completes des choses : avoir des idées completes est une prérogative qui ne peut appartenir qu'à la divinité. Mais si nos idées nous retracent les objets tels que nous pouvons les connoître ; si elles représentent ensemble les qualités que nous pouvons y découvrir ; si elles nous en offrent la nature, telle qu'elle existe pour nous, et de manière à nous la faire sensiblement distinguer ; elles ont dès-lors le dégré de *fidélité* qui nous est nécessaire, et par conséquent celui dont il s'agit ici.

La *clarté* consiste à montrer l'objet dans un jour si lumineux, qu'il ne reste à l'esprit, ni doute, ni embarras, ni aucune sorte d'obscurité. Selon les auteurs de Port-Royal, la *clarté* ne résulte que de la vivacité : ainsi une idée vivement saisie est une idée claire à leurs yeux ; et si on ne la voit point avec cette vivacité, elle devient obscure, et de plus confuse lorsque l'obscurité va jusqu'à ne pas distinguer les objets, ou leurs parties vraiment importantes : ils pensent que d'ordinaire, la distinction vient de la *clarté*, en quoi l'on sera facilement de leur avis : mais ils ajoutent que l'obscurité vient de la confusion ; et il semble qu'on pourroit soutenir le contraire ; outre que peut-être suffit-il pour rendre les idées confuses, qu'elles ayent le défaut d'être vagues, sans être bien précisément obscures.

Par quels conseils peut-on nous aider à être toujours clairs et fideles dans nos idées ? D'abord il faut convenir que ce n'est que rarement et par hazard, que les hommes ignorants et ceux qui sont guidés par une imagination forte, confiante, et vive, peuvent parvenir à la *fidélité* : ceux-là, toujours cernés de toutes parts, ne voyent qu'à demi : tout ce qui leur est inconnu manque à leurs conceptions, qui sont nécessairement tronquées : c'est le trop peu qui les rend *infideles* : ceux-ci au contraire associent entr'eux, des élémens inconciliables : dupes des plus simples apparences, ils accumulent sans discernement, tout ce qui se présente à eux : ils pêchent par le trop. On conviendra aussi qu'il y a des esprits qui sont naturellement obscurs, vagues, et confus, des esprits qui ne sortent jamais de l'à-peu-près. Par malheur, il est en général assez inutile de vouloir corriger les uns et les autres; à moins que pour les premiers, on ne réussisse à leur faire aimer l'étude. Mais de plus, il y a des langues qui ont été si mal-adroitement organisées, qu'elles nous écartent des qualités précieuses dont il s'agit ici, plutôt qu'elles ne nous y conduisent ; et quant aux langues qui y sont le plus favorables, ce n'est qu'autant qu'on les a bien étudiées, que les esprits les plus justes, les plus précis, les plus faciles, et les plus lumineux peuvent échapper à l'infidélité, à la confusion, à l'obscurité, et aux équivoques. Nous ne faisons au reste qu'indiquer ces vérités importantes, qui dans la suite de cet ouvrage, deviendront toujours plus sensibles.

PARAGRAPHE III.

De la certitude.

(40°.) La *certitude*, ou l'assurance de ne pas se tromper, se caractérise par la réunion des traits suivants ; le premier, de voir clairement la vérité qui en est l'objet ; le second, de se sentir forcé d'en juger selon cette vue; et le troisième, d'éprouver une entière et parfaite sécurité à se reposer sur le jugement qu'on en porte. Ces traits caractéristiques doivent se trouver dans les différentes especes de *certitude* que l'on distingue : car on en compte quatre. En effet, et d'abord, nous voyons les choses en nous-mêmes, ou hors de nous : ensuite, chacune de ces deux manières de voir se soudivise encore en deux especes : car dans le premier cas, la vérité, dont nous ne jugeons que par elle-même, consiste en ce que nous voyons au dedans de nous, la chose comme sentie, ou seulement comme apperçue : dans le second cas, nous n'en jugeons qu'à l'aide de nos sens, ou d'après le témoignage des autres hommes ; et c'est ainsi que l'on a établi 1°. la certitude *métaphysique*, ou de *sens intime*, ou de *conscience*; 2°. la certitude d'*évidence*, ou *de vue intellectuelle* ; 3°. la certitude provenant du *rapport de nos sens*, ou de *nature physique*; et 4°. la certitude fondée sur *la déposition des autres hommes* ou de *nature morale*. Ces quatre certitudes produisent également la conviction, quand elles réunissent les qualités requises : mais à mesure que l'on manque de quelqu'une de ces qualités, dont nous parlerons bientôt, on tombe au-dessous ; et l'on n'obtient plus que la persuasion, la croyance, l'opinion, la vraisemblance, la probabilité, et l'incertitude, ou le doute. Il seroit difficile de soumettre à un calcul exact et précis, toutes ces diverses situations où l'ame peut se trouver, lorsqu'elle n'obtient pas une véritable certitude sur les choses qui l'occupent : mais les philosophes ont d'autant moins besoin d'entrer dans ce labyrinthe, que c'est aux moyens d'acquérir et d'établir une véritable certitude, qu'ils consacrent leurs études. Tous professent l'axiome ou l'adage qui nous dit, « que le sage ne s'arrête » jamais à ce qui n'est qu'opinion ;... *Sapientem* » *nihil opinari*»; et c'est conformément à leurs principes, que Saint-Augustin a déclaré que dans les simples opinions, on ne retrouve qu'une témérité honteuse, marque certaine d'une maladie d'esprit .... (1) Cependant il faut observer que cette sévérité, toujours si nécessaire eu matière philosophique, est souvent inadmissible dans le cours ordinaire de la vie, et dans la conduite des affaires privées ou publiques ; puisque l'on y est si souvent obligé de choisir entre des opinions qui n'ont toutes pour appui, que de simples probabilités ; inconvénient qui, selon Locke, provient sur-tout de ce que les hommes ne raisonnent pas, ou raisonnent mal ; ne raisonnent pas, parce qu'ils aiment mieux se régler sur autrui, ou se diriger d'après leurs passions ; et raisonnent mal, parce que l'esprit humain est foible et borné.

La première sorte de *certitude* que l'on ait coutume de distinguer, est celle qui concerne la connoissance que nous avons des actes ou opérations de notre ame : c'est celle qui nous assure que nous avons telle idée, telle pensée, telle affection, tel desir, telle crainte, telle sensation, etc., au moment même où nous les avons en effet. Elle résulte nécessairement de la conscience ou du sens intime.

La seconde est celle qui, à l'aide de la précédente, nous montre un rapport certain et évident entre diverses idées ou pensées, qui ne s'offrent à notre esprit qu'avec ce rapport bien clair, et bien intimement lié aux idées ou pensées qu'il embrasse : on la nomme *certitude d'évidence*, ou simplement *évidence*.

Comment pourroit-on élever quelque doute sur ces deux certitudes ? A qui feroit-on croire, par exemple, qu'une chose peut être et n'être pas en même-temps ; que l'on peut ne pas exister au moment où l'on pense, et où l'on a la cons-

______

(1) *Turpis temeritas, non bene affecti animi signum.*

cience intime de sa pensée ; que deux et deux
ne font pas quatre, etc. ? On doit dire de ces deux
certitudes, qu'elles ont au plus haut dégré, les
trois caractères dont nous avons parlé d'abord (1).
« Le premier ordre de toute vérité, dit un auteur,
» par rapport à nous, c'est le *sens intime* : le
» premier ordre de toute vérité considérée en
» elle-même, c'est *l'évidence* ».

La troisième espece de *certitude* est celle qu'on
nomme *certitude physique*. Pour en avoir une
notion bien précise, il faut observer qu'elle ne
tombe pas sur l'existence même des sensations
que notre ame éprouve ; existence qui nous est
attestée par le sens intime, et que d'ailleurs on
ne pourroit pas prouver : car outre que nos sensations précedent nécessairement toutes nos autres opérations intellectuelles, dont elles sont
comme la base, la source, ou le préliminaire ;
outre qu'elles sont de même et par conséquent
antérieures à tous nos raisonnements ; comment
me prouveroit-on que j'ai ou n'ai pas telle sensation ? Comment le prouverois-je moi-même
aux autres ? Mais toutes ces observations ne s'é-
tendent pas jusqu'aux causes de nos sensations,
jusqu'à ces causes qui nous étant plus ou moins
étrangeres, ne sont plus l'objet du sens intime. La
sensationqui nous atteste l'existence et l'action de
ce qui la fait naître en nous , reste muette sur la
nature de cette puissance extérieure ou inconnue.
Pour étendre nos connoissances jusqu'à elle,
nous avons besoin d'autres secours, et sur-tout
du témoignage de nos sens.

Ce dernier témoignage peut-il nous donner

---

(1) *Sensus intimus , prima est veritatis regula in ordine ad
nos ; evidentia prima est regula veritatis in ordine ad se.*

une véritable et parfaite conviction ? Telle est ici la première question à résoudre. « Nos sens, » dit Bacon, ont deux torts envers nous ; ils nous » trompent ou nous abandonnent » (1). Malle-branche, cent autres auteurs respectables, et notre propre expérience, nous disent assez qu'il est dangereux de nous en rapporter à ce que nos sens paroissent d'abord nous attester. Mais nous égarent-ils toujours ; et n'y a-t-il pas des précautions au moyen desquelles ils ne nous égarent plus ? Descartes répond 1°. qu'il est hors de doute que nos sensations nous viennent de quelque cause qui n'est pas nous, puisqu'il n'est en notre pouvoir, ni d'avoir celle-ci plutôt que celle-là, ni de les changer à notre gré, en restant dans la même position ; et 2°. qu'il répugne et est contraire à la nature de Dieu, qu'il veuille ou puisse nous tromper. Si de plus, on veut un peu approfondir cette question, peut-on tarder à se convaincre que nos sens ne déposent qu'en conformité des loix physiques ; que leurs rapports, ainsi que ces loix, sont fondés sur le mécanisme de nos corps, et des êtres avec lesquels nous sommes en relation ; que ces rapports et ces loix ne sont que des conséquences de la nature même de tout ce qui existe, de tout ce qui végete, de tout ce qui se meut, de tout ce qui vit, et de tout ce qui a le don de l'intelligence ? Les sens n'agissent donc et n'attestent que d'après le système du monde physique et les loix qui le régissent. Ainsi il faut nécessairement qu'ils puissent nous donner une certitude entière et absolue, pourvu que l'on prenne les précautions convenables ; ou bien il faut soutenir que

____

(1) *Duplex est sensûs culpa : aut destituit nos, aut decipit*

tout est faux, illusoire, et chimérique ; ce qui est le comble de l'absurdité et de la démence.

Mais, et c'est la seconde question à laquelle il est important de répondre, quelles sont ces précautions au moyen desquelles nous serons assurés que nos sens ne peuvent plus nous tromper? On les réduit aux conditions suivantes ; 1°. de n'appliquer nos sens qu'à des objets de leur compétence ; 2°. de ne les appliquer à ces objets, qu'à une distance convenable, et de manière à donner un juste développement à leur action ; 3°. de ne point nous livrer à des distractions propres à en rendre le témoignage équivoque ou douteux ; 4°. de ne nous arrêter à leur témoignage que lorsqu'il est constant et uniforme ; 5°. de faire concourir à la même épreuve plusieurs sens, et sur-tout celui du tact, autant du moins que nous le pouvons ; 6°. de suspendre notre jugement si leur témoignage ne s'accorde pas avec l'expérience d'autrui, ou avec la raison ; 7°. enfin de ne les consulter que sur l'existence et les qualités ou actions sensibles des choses, et non sur la nature intrinsèque des corps, de laquelle ils ne peuvent nous instruire que trop imparfaitement : « pour l'ordinaire, dit Descartes, » nos sens nous disent en quoi les choses externes peuvent nous servir ou nous nuire ; ils » ne nous disent point ce qu'elles sont en elles- » mêmes » .... (1).

La dernière sorte de certitude que l'on cite, est la *certitude morale*, laquelle est fondée sur la véracité des autres hommes. L'expérience nous prouve même physiquement, que les autres

____

(1) *Sensuum perceptiones non ordinarié docent quid re verâ sit in rebus ; sed quid nobis externa prodesse aut nocere possint.*

hommes sont en général constitués et affectés comme nous : telle est la base de cette *certitude*, qui a toujours lieu, lorsque nous savons que les autres hommes ne se trompent point, et ne veulent point nous tromper ; c'est-à-dire, quand nous savons 1°. qu'ils ne se fient point aveuglément ou trop légérement à leurs sens ; 2°. qu'ils ne se laissent point emporter à une imagination trop vive, à l'impétuosité d'un caractere trop ardent ou trop confiant, à l'amour du merveilleux, à l'esprit de parti, ou de secte, ou de systéme, à de vains préjugés, ou à quelque passion particulière ; 3°. que de plus ils n'ont point d'intérèt à nous tromper, qu'ils ont le mensonge en horreur, qu'ils ont l'esprit trop juste pour tomber en contradiction avec eux-mêmes, qu'ils n'ont point la vanité de vouloir en être crus sur parole, et que ce qu'ils attestent, s'accorde avec la raison et les faits anciens ; quand en un mot nous sommes également assurés de leurs lumières., de leur impartialité, de leur modération, de leurs principes de moralité, et de leur éloignement pour toute sorte de prévention.

S'il s'agit de faits passés ou éloignés, on exige encore que ceux qui les attestent, citent leurs garants. En matière judiciaire, on demande, 1°. que le témoin s'explique avec clarté et précision ; 2°. qu'il dépose sur des choses bien connues de lui ; 3°. qu'il ait été à portée de bien connoître, et qu'il ait suffisamment examiné les faits qu'il atteste ; 4°. qu'il s'accorde avec les autres témoins ; 5°. qu'on n'ait à lui opposer aucun titre de récusation ; 6°. et qu'il ait en sa faveur l'appui de ses mœurs, de son éducation, et des circonstances. Enfin on considere, quant aux faits historiques, si l'historien est contemporain ou non, si les faits qu'il raconte sont publics ou particuliers,

liers, s'ils sont de grande ou de petite importance, s'ils sont conformes ou contraires aux opinions reçues, s'ils sont présentés avec clarté et franchise, ou s'ils le sont d'une manière fine, ou embarrassée, ou obscure; s'ils sont dans l'ordre des choses naturelles, ou s'ils tiennent à un ordre de choses merveilleuses; et si pour les faits contemporains, l'auteur a vu ce qu'il raconte, ou s'il ne parle que d'après d'autres personnes.

On applique à la certitude en général, ce que nous avons dit de la vérité, c'est-à-dire, qu'on la considere ou en elle-même, ou par rapport à nous. Ainsi l'on distingue la *certitude objective*, et la *certitude formelle*. Le cercle, par exemple, n'en seroit pas moins certainement rond, quand même personne ne le sauroit, ne le croiroit, ou n'y penseroit : voilà la *certitude objective*, qui n'est autre chose, que l'invariabilité de la vérité, et son indépendance par rapport à nous. La *certitude formelle*, au contraire, n'exsite que dans notre esprit : c'est la disposition où nous sommes lorsque notre esprit voit la vérité, et qu'il est sûr de la bien voir.

Les différentes sortes de *certitude* dont nous venons de parler, s'offrent rarement à nous bien distinctes et bien pures : pour l'ordinaire, elles participent l'une de l'autre ; c'est-à-dire, qu'elles ne nous parviennent le plus souvent que mêlangées et fondues ensemble. Les deux premières, celle du sens intime et celle de l'évidence, portent très-souvent sur des objets qui ressortissent à des faits purement physiques, ou dont l'application ou les conséquences n'aboutissent que là. Plus souvent encore la certitude morale et la certitude physique se demandent l'une à l'autre des secours mutuels; et l'une alors devient l'appui, le fondement, l'aide, ou le terme de l'autre : en effet, c'est presque toujours sur des faits soumis de leur nature au temoignage des sens, que nous avons à interroger les autres hommes ; comme d'un autre côté, nous ne manquons gueres de confronter le rapport de nos sens , avec les diverses décisions ou opinions que les autres hommes nous ont transmises. Ainsi se complique naturellement la théorie de nos différentes certitudes ; en quoi le point le plus important à observer, est que dans toute complication, dans tout mélange semblable, chaque circonstance, branche, ou partie adjointe s'unisse aux autres , par une liaison intime, naturelle, et sensible; et qu'elle ait en elle-même sa solidité particulière , et ses preuves.

Si nous n'amalgamons pas toujours nos diverses sortes de preuves, comme on vient de le dire ; au moins nous voit-on passer dans nos raisonnements d'une preuve à l'autre, autant que le fil de l'analogie nous en fournit l'occasion. L'analogie, en général , a parmi les hommes, une très-grande autorité : car elle est fondée sur ce que nous voyons l'Univers gouverné par des loix uniformes, générales, et constantes : cependant, ce principe d'analogie, infiniment étendu dans son application , devient quelquefois si subtil; il est sujet à tant de varations ou d'exceptions même imprévues , qu'il peut facilement nous exposer à l'erreur, à moins que nous ne nous tenions en garde contre le danger d'outre-passer la ligne qui sépare les analogies sensibles , légitimes, et bien connues, d'avec celles qui sont trop fines ou trop peu certaines. L'analogie n'est pas à la rigueur la même chose que la comparaison : mais comme l'esprit procede à-peu-près de la même manière dans toutes les deux, on peut dire que toutes les deux ont les mêmes risques, en ce qu'elles ne portent souvent que sur de simples apparences. On peut donc appliquer à l'une, le proverbe établi concernant l'autre ; et dire que les analogies boîtent comme les comparaisons ; c'est-à-dire, qu'elles ne sont souvent justes qu'à demi : « *Omnis com-* » *paratio claudicat* ». Si en général, les unes et les autres sont propres à amuser l'esprit, il est trop vrai que souvent elles instruisent peu ; d'où nous concluerons que si on ne doit pas se les interdire, ou ne doit au moins leur donner une véritable confiance qu'avec circonspection et réserve.

La *certitude*, selon l'Encyclopédie, est une adhésion forte et invincible de notre esprit, à la proposition que nous affirmons. D'Alembert la regardoit comme pouvant être opposée à *l'évidence*, en ce que celle-ci ne s'applique qu'à des choses que nous connoissons sans aucun secours d'idées intermédiaires ; et que la certitude ne résulte que d'une suite de vues successives, dont la totalité ne peut plus avoir le caractere de l'évidence, lors même que chaque partie prise en particulier peut l'avoir encore. D'autres auteurs n'appliquent le mot *certitude* qu'aux choses fondées sur des preuves morales ou physiques.

Quoique la vraie philosophie dédaigne, ainsi que nous l'avons dit, ce qui n'est qu'opinion, croyance, persuasion, vraisemblance, et probabilité, nous pensons néanmoins devoir indiquer en peu de mots, en quoi toutes ces choses consistent, ainsi que le doute et l'incertitude.

1°. Une *opinion* est une proposition que l'on admet comme vraie sans en établir la preuve ; c'est-à-dire, que l'on suppose cette preuve, mais qu'on ne la recherche pas. Il est possible qu'une opinion semblable soit juste, il est possible même qu'on puisse la démontrer ; comme aussi il est non - seulement possible, mais très - ordinaire qu'elle soit fausse : en un mot, elle est par sa nature, toujours hazardée et téméraire. Il suit de ces premières notions, qu'une même pensée peut être une vérité certaine, ou une erreur manifeste, pour celui qui en aura apprécié les fondements, et n'être en même-temps qu'une *opinion* pour tous ceux qui l'auront trop légérement adoptée : la plupart de nos opinions concernent des objets relatifs aux mœurs publiques, ou à quelque ancienne doctrine : du moins est-il vrai que celles qui tiennent à ces deux classes, ne sont pas les moins funestes aux hommes : elles décident plus que toute autre cause, du sort des nations. Ce qui nous fait adopter les opinions que nous avons, c'est principalement l'intérêt, la vanité, la prévention, la soumission à quelqu'autorité publique ou particulière ; et pour tout dire, la foiblesse et la légéreté de l'esprit.

2°. La *croyance* et la *persuasion* désignent la disposition de l'ame de ceux qui n'ont et ne veulent admettre aucun doute sur la vérité d'une opinion, ou d'un fait quel qu'il soit : la *croyance* et la *persuasion* se fondent principalement sur l'autorité, mais avec cette différence, que la première n'exige aucun argument direct, et que la seconde résulte le plus souvent de diverses preuves, communément plus séduisantes que solides, mais dont elle est l'effet. Si les preuves étoient completes, il y auroit conviction, et non simple persuasion. Ainsi la persuasion, cette déesse des poëtes et des orateurs, est sujette à l'erreur, aussi bien que la croyance et l'opinion.

3°. Une opinion, quelle qu'elle soit, devient vraisemblable, lorsqu'au premier coup-d'œil, elle paroît s'accorder avec des vérités bien connues ; lorsqu'un examen plus mûr, la réflexion, et l'expérience concourent à la fortifier ; et que

de plus les comparaisons et les analogies les plus
sensibles ne servent qu'à la confirmer : à mesure
qu'elle réunit en sa faveur un plus grand nombre
de ces conditions, elle approche toujours plus
de la certitude ; sur-tout lorsque d'autres jugements semblables et antérieurs ont toujours été
trouvés justes. On voit que la *vraisemblance* tient
à plusieurs conditions dont le plus grand nombre
doit être conforme à la vérité, mais dont quelques-
unes en bien plus petit nombre, doivent paroître
fausses ou douteuses : car si toutes étoient vraies,
il y auroit *certitude* et non *vraisemblance*. Jamais
on ne doit se fier à la vraisemblance dans les choses
qui ne sont que de spéculation : mais dans celles
qui sont de pratique et de conduite, on est le
plus souvent obligé de s'en contenter. :

4°. Si en considérant la totalité des conditions
nécessaires à la vérité d'une proposition, il se
trouve que nous soyons en état de prononcer sur
le plus grand nombre, soit que nous les connoissions toutes, soit qu'il y en ait quelques-unes,
mais en petit nombre, que nous ne connoissions
pas ; et si alors toutes celles dont nous pouvons
juger, sont vraies ou vraisemblables à nos yeux :
nous dirons de cette proposition qu'elle est *probable*. La *probabilité* augmente toujours à mesure
que la certitude ou la vraisemblance s'étend à un
plus grand nombre de conditions ; et ces conditions, qui vraies ou vraisemblables, constituent
les dégrés des probabilités, tiennent à la nature
des choses, à leurs causes, à leurs motifs, et aux
expériences antérieures. La · *probabilité* que
donne cette dernière source, peut s'accroître
d'une manière indéfinie, sans jamais s'élever à
une certitude absolue ; circonstance qui n'est pas
également applicable aux autres sources. Les loix
admises sur les *probabilités* sont 1°. de ne pas s'y

arrêter lorsqu'on peut parvenir à la certitude ; 2°. de n'admettre une chose comme probable , qu'après avoir bien examiné toutes les conditions, tant celles qui y sont contraires , que celles qui y sont favorables ; et 3°. de n'accorder à chaque condition , que la mesure de confiance qui lui est due. Mais souvent nous sommes réduits à nous contenter d'à-peu-près.

Le calcul des *probabilités* embrasse la possibilité des événements, la connoissance des causes, les témoignages écrits ou de vive voix, les analogies, et les hypotheses : tant d'éléments , toujours si variables , menent à des chances très-nombreuses et très-compliquées , qui jusqu'ici n'ont pu encore être soumises à une théorie satisfaisante : nos savants n'ont pu encore les développer, qu'autant qu'il le falloit pour en montrer les difficultés.

Une demi-certitude nous jete dans le *doute* : il faut s'élever au-dessus , pour atteindre à la probabilité : si l'on reste au-dessous de la demi-certitude, on n'a que le *soupçon* , état d'une ame qui regardant une chose comme possible , s'agite pour découvrir si elle est réelle et vraie.

L'incertitude , nous dit-on , vient de ce que l'événement des choses est inconnu ; le *doute* de ce que l'esprit ne sait pas faire un choix ; et *l'irrésolution* , de ce que la volonté a de la peine à se déterminer. On est *certain* d'un point de science, *assuré* d'un fait, et *sûr* d'une maxime de morale, dit l'abbé Girard. L'homme docte *doute* de ce qui n'est pas *certain* ; l'homme sage *abandonne* aux préjugés, ce qui n'est pas *assuré* ; l'homme prudent se *défie* de ce qui n'est pas *sûr*. Ainsi , l'on ne devroit gueres sortir de *l'incertitude* sur l'avenir, du *doute* sur les opinions, et de *l'irrésolution* sur les engagements qui ne sont pas nécessaires.

DEUXIÈME PARTIE.

Recherches sur les mots.

(41°.) Dans la première partie de cet ouvrage, nous avons essayé de saisir la nature et de tracer le tableau de nos facultés intellectuelles, et surtout des diverses opérations dont elles nous rendent capables : nous avons moins recherché comment nous formons nos idées, que comment nous parvenons, selon les circonstances, à les combiner, à les fondre en quelque sorte, les unes dans les autres, ou à les décomposer : nous avons ramené à un petit nombre de points fixes et lumineux, les notions trop vagues qu'on nous a données jusqu'ici sur les rapports qui unissent nos idées ; et à un petit nombre de classes bien distinctes, toutes les especes d'idées que nous concevons : nous avons enfin, mais sommairement, exposé quelles sont les qualités qui rendent nos idées vraies, fideles, claires, et certaines. C'est donc à présent, que nous pouvons et que nous devons, pour tirer un véritable avantage de ces premières connoissances, examiner de quelle manière il nous est possible de rendre sociales et communes entre nous, toutes les opérations de notre intelligence ; comment nous pouvons leur donner la perfection à laquelle il nous est possible de les porter ; et pour tout cela, comment nous pouvons le mieux nous communiquer les uns aux autres, ce que nous pensons, ce que nous desirons, et ce que nous craignons. Or ce sont les langues qui nous fournissent les moyens d'établir entre nous, cette admirable et précieuse communauté ; et c'est à la Grammaire à nous faire

K 4

connoître ces moyens, à nous apprendre à nous en servir plus utilement, et même à nous montrer comment on peut les perfectionner.

La nature nous fait sentir et penser; le besoin nous force à nous créer une langue : la philosophie et la Grammaire puisent dans ces premiers fonds, des lumières infiniment importantes, qui deviennent pour nous un trésor inépuisable. La philosophie découvre dans notre esprit, les idées et leurs rapports : la Grammaire recueille dans les langues, les mots et la manière de les employer : mais comme la philosophie s'occupe moins des idées, dans le dessein de compter celles que nous avons, que dans celui d'en étudier le caractere, les especes, les transformations, et les rapports mutuels; de même le principal objet de la Grammaire, en s'attachant aux mots, est moins de les recueillir chacun en particulier, que de parvenir à en bien connoître et suivre les variations et les diverses combinaisons. La nomenclature des mots d'une langue appartient sans doute à la Grammaire, et en fait une partie distincte et très-étendue : mais c'est une partie qui se traite à part, et qui de cette sorte n'entre plus que sous des rapports généraux, et par forme de citation ou de renvoi, dans le cercle des travaux du grammairien. Nous nous réduirons donc ici à observer à ce sujet, que le moyen le plus sûr et le plus naturel de faire connoître les mots d'une langue, c'est d'en former un recueil complet et méthodique; tâche véritablement effrayante, pour ceux du moins qui ont été les premiers à l'entreprendre; d'autant plus que pour donner à un recueil semblable, le dégré d'utilité dont il est susceptible, il faut tout-à-la-fois y réunir tous les mots de la langue; n'y en admettre aucun d'étranger; établir entre ceux que l'on rapporte, l'ordre le plus clair et le plus facile ; en indiquer enfin avec une égale fidélité, le matériel, les variations, et les diverses significations. Pour atteindre tous ces buts en même temps, les savants courageux qui sont entrés dans cette carrière, ont suivi l'ordre alphabétique, le plus convenable à tous égards dans une pareille entreprise. Souvent ils nous ont présenté à la suite de chaque mot qu'ils recueilloient, les mots équivalents de quelqu'autre langue étrangere ou morte ; et c'est ainsi qu'ils sont parvenus à nous enrichir de ces ouvrages aussi précieux que pénibles à rédiger, que l'on appelle *Dictionaires*, *Lexiques*, *Vocabulaires*, ou *Glossaires*, selon les vues particulières ou le goût qui les ont dirigés.

Dans les Grammaires, ainsi que nous l'avons dit, on ne s'arrête à ces sortes de nomenclatures, que pour passer à la recherche des liaisons que nous pouvons établir entre les mots ; liaisons qui à leur tour sont aussi essentielles à connoître, que difficiles à bien saisir. Le traité de la *syntaxe*, c'est-à-dire, le recueil des regles qu'il faut suivre pour construire les mots entr'eux dans le discours, conformément aux principes de la raison et aux loix de l'usage, est donc le véritable objet de tous les travaux du grammairien. Cependant ce n'est point à cela seulement qu'il doit borner sa carrière : il ne seroit point entendu, et lui-même ne pourroit sortir du labyrinthe que forment autour de lui ses observations infinies, s'il ne débutoit pas par diviser les mots en un certain nombre de classes, auxquelles il pût ensuite rapporter les regles qu'il veut ou doit établir ; et c'est ce qui l'oblige de donner d'abord, ce qu'on appelle le traité *des parties d'oraison*, c'est-à-dire, le traité où l'on distribue en diverses classes bien distinctes, tous les mots des langues.

À la suite de ces deux traités essentiels et fondamentaux, les parties d'oraison et la syntaxe, il s'en présente deux autres encore : car les langues sont parlées ou écrites ; et si on les parle, il importe de les bien prononcer ; comme il importe d'en suivre fidélement l'orthographe, si on les écrit : ainsi, il faut de plus, à ce qu'il semble d'abord, un traité de *prononciation* pour les oreilles, et un traité d'*orthographe* pour les yeux ; un traité de *prononciation* où l'on ne considere les mots, que relativement aux sons qui les composent quand on parle ; et un traité d'*orthographe*, où on ne les considere, que relativement aux figures que l'on doit retracer quand on écrit.

Mais le premier de ces deux derniers traités n'offre à la Grammaire philosophique, que des observations plus curieuses qu'utiles, et plus savantes que nécessaires ; et si l'on veut descendre aux développements que la pratique exige relativement à cet objet, on ne rencontre que des détails qui appartiennent aux écoles primaires : c'est donc aux écoles primaires qu'il convient de renvoyer ce traité, et que nous le renvoyons, d'autant plus, qu'il doit déjà être suffisamment connu de nos élèves.

Une autre raison nous empêche également de traiter de l'orthographe : en effet, on n'y trouve que deux branches, sur lesquelles la Grammaire philosophique n'a rien à prescrire, si ce n'est de se conformer aux usages reçus. L'une de ces deux branches embrasse la manière dont on doit écrire la partie radicale et invariable des mots ; article dont on ne peut traiter intelligiblement, qu'en s'adressant à ceux qui savent les langues-meres de celles que l'on enseigne ; c'est-à-dire, qu'en s'adressant à ceux qui savent déjà tout ce qu'on leur enseigneroit, et qui n'ont plus besoin de maîtres à cet égard : l'autre branche est celle qui contient les regles à suivre, pour écrire correctement la partie des mots qui est variable et accidentelle ; objet qui devient également superflu pour ceux qui ont suffisamment étudié ce qui concerne les variations usuelles des mots, et les divers emplois qu'on en peut faire. Le véritable grammairien doit sans doute scruter aussi avant qu'il le peut, dans ces mines riches et souvent fécondes : mais dans un cours d'enseignement public, où la loi nous circonscrit dans un espace fort étroit, nous ne pouvons que renvoyer à la pratique, tout ce que la pratique doit naturellement nous apprendre. Nous ne parlerons donc, ni de l'orthographe, ni de la prononciation : nous nous bornerons en un mot, à ce qui tient aux *parties d'oraison*, et ensuite à ce qui tient à la *syntaxe*.

Pour sentir combien est indispensable le traité des *parties d'oraison*, il ne faut qu'observer 1°. que la Grammaire a, comme toutes les autres sciences, un grand nombre de termes qui lui sont propres, et qu'on appelle *techniques* ; termes sans le secours desquels il est vrai qu'il seroit très-difficile, ou même impossible de s'expliquer ou de s'entendre ; quels que soient d'ailleurs à ce sujet, les dédains et les sarcasmes des ignorants ou des gens de mauvaise-foi, qui certes seroient bien embarrassés si on les invitoit à donner seulement une leçon de Grammaire, sans recourir à cette nomenclature ; 2°. que pour mettre de l'ordre dans les nombreuses observations dont le grammairien forme le corps de sa doctrine, et pour pouvoir remonter à des principes généraux, et y rapporter tant de détails, il a bien fallu qu'il divisât les mots en plusieurs classes, qui toutes auroient été également impossibles à établir, et inutiles à indiquer, si elles n'avoient pas été fondées sur la nature même des mots, ou sur la forme que ces mots donnent aux idées qu'ils nous transmettent. Or voilà précisément l'objet du traité des *parties d'oraison*. Nous faire connoître la nature des mots en général; nous présenter et justifier la division qu'on en fait en plusieurs classes dites *parties d'oraison*; et enfin nous expliquer comment, jusqu'où, et pourquoi, les mots de ces mêmes classes sont sujets à des variations particulières, que l'on nomme les *accidents des mots*; tels sont les objets que la seconde partie de notre cours va nous offrir dans les trois chapitres qu'elle embrasse, le premier sur la nature des mots en général, le second sur les classes dans lesquelles on les distribue, et le troisième sur les *accidents* qu'ils peuvent avoir.

CHAPITRE PREMIER.

De la nature des mots en général.

(42°.) Les mots sont comme des corps dont nous revêtons nos idées, et au moyen desquels nous arrêtons et fixons sur celles-ci, l'attention de ceux à qui nous parlons. Ces mots font une impression physique sur nos organes, qui en reçoivent et en conservent souvent une action, une modification particulière et sensible : ils occupent chacun un espace plus ou moins grand : nous mesurons même l'intervalle qui les sépare. C'est par toutes ces circonstances frappantes, qu'ils appellent notre esprit à eux, et le retiennent autant qu'il le faut, sur les mêmes objets ; avantage inappréciable, qui devient toujours plus sûr, à proportion que nos mots ont une signification plus précise et mieux établie, et qu'ils correspondent entr'eux par des liaisons plus généralement connues, plus universellement adoptées, et d'une nature plus sensible, ou plus propre à fixer nos esprits.

Nous définirons le mot, quand on le prononce, « un ou plusieurs sons réunis en un seul tout, » auquel tous ceux qui parlent la même langue, » attachent la même valeur ou signification ». En effet, nous avons des mots qui ne sont formés que d'une seule syllabe, d'un seul son, d'une seule lettre; tandis que d'autres se composent de deux, trois, quatre, et jusqu'à huit syllabes, et même plus. Quel que soit le nombre de ces sons élémentaires, ils ne nous donnent un mot, qu'autant qu'ils s'unissent les uns aux autres, de manière à ne faire qu'un tout; et qu'autant que leur réunion fait naître une idée, et la même idée dans l'esprit de tous ceux qui parlent la même langue : si l'on coupe un mot en plusieurs parties distinctes, ces parties nous donneront d'autres mots plus simples, et qui exprimeront d'autres idées; ou bien elles ne nous offriront qu'un vain bruit, sans objet et sans caractere.

La Grammaire considere les mots sous trois points de vue généraux et également importants : le matériel, l'étymologie, et la valeur. Le matériel des mots embrasse tout ce qui tient à l'espece, à l'emploi, et à la combinaison des sons prononcés ou écrits : c'est autour de ce point central, que se rangent les détails infinis qui concernent tant la prononciation, la lecture, et l'orthographe, dont nous ne parlerons plus dans cet ouvrage, que la prosodie, l'euphonie, la mélodie, le nombre, l'harmonie, les accents, et la quantité, qui sont autant d'objets subalternes, que l'on a coutume de discuter dans des traités particuliers, et dont nous dirons ailleurs tout ce que peut requérir à cet égard, un cours complet de Grammaire philosophique.

(43°.) L'étymologie fixe notre attention et porte nos recherches sur l'origine, la transmigration, et la filiation ou dérivation des mots simples ou composés, et nationaux ou étrangers. Cette partie, quoique savante et curieuse, a le malheur de ne nous offrir souvent que des conjectures hazardées et peu satisfaisantes. Cependant elle repose sur des principes philosophiques qu'on ne peut trop approfondir ; et souvent elle nous conduit à des résultats généraux qui sont de la plus haute importance ; d'autant plus que les recherches qui lui sont propres, se trouvent presque toujours être le seul moyen qui nous reste, pour remonter à la connoissance de l'histoire ancienne ou primitive des langues, des sciences, des opinions, des mœurs, de l'industrie, et de la police des peuples. Il ne faut donc pas s'étonner que la science étymologique ait paru si recommandable à tant de grands hommes ; et que Quintilien, dans une sorte d'indignation, se soit écrié... « Les livres que César a publiés sur » l'analogie des mots, ont-ils donc éteint son » génie ? Et Messala, pour avoir écrit des livres » tout entiers, non-seulement sur les mots, mais » même sur les lettres, en a-t-il eu l'esprit moins » agréable et moins brillant ? » (1) On ne craindra pas de conclure avec ce célebre rhéteur, que « si ces sortes d'études peuvent nuire à ceux qui » s'y arrêtent, elles ne le peuvent pas à ceux qui

______

(1) *An vim Cæsaris fregerunt editi de analogiá libri ? an ideò minùs Messala nitidus, quia quosdam totos libellos, non verbis modò singulos, sed etiam litteris dedit ?*

» ne font qu'y puiser des secours pour parvenir
« à d'autres connoissances ». (1)

César et Messala ne sont pas au reste les seuls
auteurs qui se soient sérieusement occupés d'étymologie : nous pouvons y ajouter, parmi les anciens, le savant Varron, si connu et si vanté chez
les Latins ; et même chez les Grecs, le divin
Platon, qui, selon Ménage, n'a pas dédaigné
de mêler cette partie de la Grammaire, aux plus
hautes spéculations de la philosophie : nous y
ajouterons Isidore de Séville, qui a rédigé trente
livres sur les origines de la langue Latine ; et
Jules-César-Scaliger, qui en avoit compilé jusqu'à quatre-vingt ; nous pourrions encore citer
ceux qui ont recherché les origines des autres
langues, tant anciennes que modernes, et surtout Leibnitz, l'un des génies les plus admirables des derniers temps : et n'avons-nous pas en
France, Budée, Baïf, Henri Etienne, Nicod,
Perionius, Sylvius, Picard, Guischard, Pasquier, Ducange, Freret, Caseneuve, Ménage,
Falconnet, et sur-tout deux hommes qu'il est
juste de distinguer ici, Turgot, et le président
de Brosses ? Turgot, également digne d'être placé
aux premiers rangs parmi les savants, parmi les
hommes vertueux, et parmi les administrateurs
les plus respectables, a enrichi l'encyclopédie
d'un long article sur cette science étymologique,
dont il prouve les avantages par rapport à l'histoire et à la saine philosophie ; en même-temps
qu'il indique les moyens de découvrir les étymologies et les regles de critique que, dans un
semblable travail, on doit toujours avoir devant
les yeux : le président de Brosses, d'autre part,

---

(2) *Non obstant hæ disciplinæ per illas euntibus, sed circa
illas hærentibus.*

a recueilli avec ordre et sagacité, dans son traité de la formation mécanique des langues, tout ce qu'on avoit pu jusqu'alors entrevoir de plus judicieux sur les dérivations des mots, sur les transmutations des lettres, et sur les principes que la nature des choses offroit à cet égard aux philosophes, ou que l'étude des langues offroit aux savants; travail infiniment précieux, dont toutes les parties sont comme autant de mines fécondes qui, pour produire de nouvelles et plus amples richesses, n'attendent que des développements semblables à ceux que le citoyen Buttet de la Sarthe vient de nous donner dans son traité de lexicologie et de lexicographie. C'est donc aux ouvrages de ces derniers auteurs sur-tout, que nous renvoyons nos éleves pour les détails dans lesquels le temps ne nous permet pas d'entrer, quelqu'intéressants qu'ils puissent être à tant de titres.

(44°.) L'article de la valeur des mots ouvre un champ non moins vaste que les deux articles dont nous venons de parler, mais un champ qu'il est indispensable pour nous de parcourir : car la Grammaire philosophique n'a pas un principe à poser, pas une observation à faire, pas une regle à établir, qu'elle ne se fonde sur la signification, ou la valeur des mots. Par malheur cette signification, cette valeur n'est facile ni à reconnoître, ni à expliquer : on ne peut pas la démêler comme on la sent : et combien d'idées n'embrasse-t-elle pas le plus souvent ! Combien de nuances fines, légeres, et infiniment variables ne nous offre-t-elle pas ? Que de choses le philosophe qui médite, n'y découvre-t-il pas ? et que de formes l'observateur n'a-t-il pas à y distinguer ? Les hommes ne se sont fait des langues, et n'ont adopté des mots, que parce qu'ils avoient à peindre ou à faire connoître toutes les affectations qu'ils pouvoient

éprouver,

éprouver, et toutes les idées qu'ils pouvoient concevoir : ainsi les sensations, les passions, les choses, les qualités des objets, les actions, les circonstances, la manière dont tout celà existe, s'unit, ou se divise, le temps, le lieu, le nombre, et le sexe des êtres, tout ce qui a quelques traits caractéristiques, tout ce qui peut être considéré comme vrai ou faux, réel ou possible, ou chimérique, comme éloigné ou prochain, comme analogue ou disparate, comme intéressant ou indifférent, ou odieux, etc. etc. Il a fallu pouvoir tout réunir non-seulement dans les langues, mais souvent dans un seul mot, et comme dans un tableau magique, qui quelquefois présente tous ces détails directement, en face, et par grouppes, et quelques fois ne les montre qu'obliquement et en perspective.

Si l'on examine avec une attention sérieuse et soutenue, tout ce que nous venons d'indiquer sur la nature des mots, et tout ce que nous avons encore à faire remarquer sur le même sujet ; si on se donne la peine de calculer les effets infiniment variés et vraiment inévitables que les mots font sur nos oreilles quand on parle, ou même sur nos yeux quand on écrit ; si l'on apprécie l'énergie plus ou moins frappante que leurs racines, leurs syllabes additionnelles, leur origine, et l'usage y attachent ; si l'on compte combien de souvenirs et d'affections diverses ils réveillent en nous, combien d'idées accessoires ils amenent à leur suite, et sous combien de formes et de nuances, ils nous retracent ces tableaux si variés et quelquefois si riches ; on ne pourra plus être surpris de l'empire des mots et des langues chez tous les peuples, et sur tous les esprits ; on concevra comment et pourquoi les génies heureux, enrichis de connoissances étendues, guidés par un tact délicat et un goût sûr, et doués d'un talent facile et bien exercé, ont toujours su trouver et employer à propos, les termes propres à faire la plus vive impression ; pourquoi et comment Homere et Démosthenes, Virgile, et Cicéron, Racine et Voltaire ont assuré à leurs ouvrages, l'admiration universelle de tous les hommes bien organisés. C'est que ces grands hommes ont tout apperçu, tout saisi, et tout démêlé dans l'immensité des points de vue et des rapports dont les mots sont susceptibles : c'est qu'ils ont su profiter de toût, et toujours selon les convenances les plus naturelles et les plus généralement senties. Leurs succès nous prouvent donc combien le choix des mots est important ; ils nous prouvent, qu'il n'est aucun mot qui, indépendamment de l'objet qu'il exprime, ne fasse sur nous, selon les circonstances et selon la manière dont on l'associe, une impression physique, intellectuelle, et morale ; une impression singulière, très-forte, plus ou moins compliquée, et à laquelle nul de nous ne peut échapper. Cette observation au reste, en montrant à quel dégré de perfection il a fallu que les auteurs les plus justement admirés, portassent la délicatesse du goût, l'étendue de l'esprit, et la facilité du travail, devient pour ceux qui n'ont pas ees qualités éminentes, un avertissement de briser leurs palettes et de jeter leurs pinceaux, ou au moins de ne jamais se produire que sous le manteau de la modestie.

Il y a ici deux choses que l'on a d'abord quelque peine à comprendre ; l'une, qu'un seul mot puisse réunir tant d'idées dans ses significations ; et l'autre, qu'un mot toujours le même quant à ses racines, puisse au moyen de quelques modifications ou circonstances, nous retracer les mêmes idées de plusieurs manières très-différentes les unes des autres.

Pour lever la première de ces deux difficultés, il nous suffira de renvoyer à ce que nous avons dit aux numéros (23) et (24), paragraphes 3 et 4 du second chapitre de notre première partie, sur la *cumulation* et la *décomposition* de nos idées. On y verra qu'il est bien impossible que la plupart de nos mots ne soient pas ou ne paroissent pas complexes, puisque la plupart de nos conceptions le sont, ou le paroissent être par leur simultanéité; et qu'à certains égards, tout est plus ou moins complexe dans la nature. Il restera encore moins de doute ou d'embarras à ce sujet, si l'on relit en même temps ce que nous avons dit de la formation des langues dans notre introduction, n°. (7). Mais on observera que si les bons esprits sont ceux qui cumulent le plus d'idées ensemble, et si les mots complexes leur sont plus familiers, ou se présentent à eux avec plus de clarté et de richesse qu'à d'autres; il n'est pas moins vrai que l'on ne peut pas réunir ainsi en faisçeaux toutes sortes d'idées; qu'on ne peut concentrer sur un même point que celles que la nature réunit dans un même objet; et qu'il n'y a enfin que les extravagants, qui puissent tenter de fondre ensemble, des choses disparates et inconciliables, ou seulement étrangeres les unes aux autres. Il est bien évident que les mots que les langues se créent, ou qu'elles adoptent, ne signifieroient plus rien, s'ils avoient à signifier en même temps des choses opposées, ou trop de choses diverses est vraiment étrangeres entr'elles : un même mot ne peut pas plus exprimer tout-à-la-fois *blanc* et *noir*, qu'un même corps ne peut offrir ces deux couleurs à nos yeux dans les mêmes parties, et en même temps.

Ce que l'on vient de dire, doit nous faire connoître quels sont les mots qui de leur nature peuvent ou doivent être complexes : ceux qui n'ont à exprimer que des sensations primitives, telles que celles du *chaud* ou du *froid*, de ce qui est *pesant* ou *léger*, etc. ; ceux qui n'ont pour objet qu'un sentiment précis, comme *bien* ou *mal* ; ceux qui ne sont chargés de nous présenter que des qualités distinctes, comme *bon*, *beau*, *rond*, etc., sont ordinairement considérés comme *mots simples* : aussi ne sont-ils le plus souvent que d'une ou de deux syllabes ; de sorte que l'on peut, sans beaucoup de danger, compter parmi les mots simples, tous les mots très-courts ; d'autant plus que dans l'ordre naturel, pour ajouter une idée à une autre idée dans un même mot, les langues n'ont pas eu de moyen plus convenable, que d'ajouter au son radical qui désigne l'un, le son radical qui retrace l'autre. C'est donc un principe sage et fécond dans les recherches grammaticales, que de s'arrêter sur chaque syllabe, ou même sur chaque lettre de chaque mot, pour essayer d'en découvrir ou d'en vérifier la juste valeur.

Nous n'oublierons pas néanmoins que, vu les vicissitudes infinies auxquelles tout est soumis dans les langues, aussi bien que dans tout ce qui se fait en cet univers, le principe que nous venons de citer, a des exceptions nombreuses et importantes à remarquer. En effet, les racines réunies dans un même mot, ne sont pas toujours bien assorties ; et de-là il résulte que souvent le sens étymologique y est en contradiction avec le sens d'usage. Dans les langues dérivées sur-tout, qui en général n'ont point de racines à elles, et qui de plus, en ont empruntées ou reçues de toutes les langues anciennes auxquelles elles ont succédé ; il est rare que ces

racines étrangères qui n'ont aucune analogie
entr'elles, conservent leur valeur primitive ; et
dès-lors leur réunion dans un même mot, n'offre
plus de sens frappant : voilà pourquoi les nouvelles compositions de ce genre qu'on oseroit
hazarder aujourd'hui dans nos langues vivantes,
paroîtroient bizarres, et ne nous présenteroient
aucun sens : elles ne seroient point admises ; et
c'est pour toutes ces raisons, que nous n'avons
encore à présent, d'autres termes techniques,
que ceux qui nous sont venus des langues
anciennes et savantes ; et que si de nouvelles
connoissances nous portent à en rechercher de
nouveaux, c'est encore dans ces langues savantes,
à la première source de nos sciences, que nous
allons prendre ces mots nouveaux dont nous
avons besoin, et dont les racines si peu connues
parmi nous, sont au moins consonantes et ex-
pressives aux yeux des hommes instruits.

Ce qui contribue le plus aux inconvénients
dont nous venons de parler, et que les langues
dérivées reproduisent si souvent, dans l'emploi
des racines qu'elles ont reçues des langues plus
anciennes ; c'est que le jeu des causes fortuites
fait que très-souvent, dans l'émigration des mots
d'une langue en une autre, il n'y a qu'une partie
de ces mots qui soient appelés ou reçus dans la
langue nouvelle ; que ceux-ci, même en conser-
vant leur ancienne signification, subissent des
altérations plus ou moins considérables dans
leur matériel ; ou que si l'on en respecte les
éléments physiques, on en altere plus ou moins
la signification ; et qu'enfin il arrive presque
toujours que les racines elles-mêmes restent
déposées dans la langue originaire, et sont par
conséquent pour toujours ignorées et perdues
pour ceux qui parlent la nouvelle langue. Les

mots qui ne reçoivent leur valeur que de ces mêmes racines, n'ont donc bientôt plus ni clarté, ni précision, ni couleur, ni caractere, ni consistance : ils semblent produits par le caprice, et n'avoir aucun appui. Ainsi le mot *vertu*, par exemple, n'a de sens en françois qu'autant que l'usage abandonné à lui-même lui en donne un ; sens toujours vague, incertain, et foible ; tandis qu'en latin, le mot *virtus* nous présente formellement dans le mot *vir* qui en est la première syllabe, une idée de *dignité* et de *force* qui en fixe le sens, et commande à l'opinion.

Ces idées radicales, quand elles sont bien déterminées par l'emploi fréquent des racines qui les expriment, ont encore bien plus d'énergie lorsqu'elles se retrouvent dans un grand nombre de mots, tous également connus, qui ne se présentent jamais sans les reproduire et en affermir la notion précise. Des centaines de mots qui portent ainsi sur les mêmes bases, et forment entr'eux comme des familles puissantes, sont ce qu'il peut y avoir de plus stable, de plus heureux, et de plus lumineux dans les langues. Nous ne craindrons pas de dire qu'une langue qui n'auroit rien emprunté des autres, ou qui n'auroit emprunté que des familles entières de mots, et qui même en auroit pris les racines, nous donneroit d'une manière sensible, la filiation des idées et des connoissances de la nation dont elle seroit la langue : mais les langues qui ne sont qu'un mélange désordonné de plusieurs autres, ne peuvent jamais nous offrir qu'un cahos où tout est confondu et sans valeur : la différence des mots n'y indique aucune diversité entre les idées : la ressemblance de ceux-là n'y offre aucune analogie entre celles-ci : ces langues ne sont et ne peuvent être que de misérables jargons. Nous dirons encore que la stabilité du caractère national, tenant essentiellement à la stabilité des opinions, plus les langues sont homogenes, et moins les peuples sont inconstants ou légers.

Une autre remarque que l'on ne peut perdre de vue sans tomber dans des erreurs graves, c'est qu'il y a un très-grand nombre d'objets que nous ne voyons pas, et que nous ne connoissons que par leurs causes ou leurs effets : ce n'est que par le mouvement des corps, par exemple, que nous parvenons à concevoir qu'il y a des *forces :* ce n'est encore qu'à l'aide des corps et de leurs mouvements successifs, que nous nous formons une idée du *temps*, et que nous en mesurons la durée ; comme ce n'est que par l'idée de l'étendue, que nous arrivons à l'idée de l'espace : ainsi, les noms que nous donnons à ces choses et à mille autres semblables, n'en indiquent et n'en prouvent que l'existence et certaines propriétés: la connoissance de ce qu'elles sont intrinséquement, la connoissance précise de leur véritable nature, nous est absolument refusée. Aussi vouloir les définir, seroit vouloir substituer les vaines et dangereuses subtilités de l'esprit, au mérite de la sage et utile retenue de l'homme qui ne veut qu'observer. Mais les amorces de la vanité et de l'amour-propre, l'empire de l'exemple, des préjugés, et de l'habitude, la paresse nous entraînent trop ordinairement vers les opinions les moins fondées ; et voilà comment tous les vices des imaginations déréglées se manifestent trop souvent dans l'emploi des mots, et deviennent quelquefois si contagieux chez des nations entières ; époques malheureuses, où à mesure que l'on s'occupe davantage de choses plus frivoles, on sent toujours moins le besoin d'analyser ses pensées avec exactitude ! époques honteuses, où

le travail même de l'esprit n'étant plus qu'un
jeu, n'a bientôt plus d'autre caractere que celui
de la légéreté ; où bientôt toutes les opinions
étant également adoptées ou rejetées sans examen,
on se précipite à-la-fois dans tous les abymes de
l'erreur et de la dépravation ! Ces tristes vérités
nous feront comprendre qu'il n'est que trop vrai,
que les langues contribuent plus qu'on ne pense,
au bien et au mal ; au bien en nous éclairant
lorsqu'elles sont exactes, fideles, et lumineuses,
dans la formation des mots et dans les procédés
de leur analyse ; et au mal, quand elles ont toutes
les défectuosités dont les langues dérivées ne sont
que trop menacées. En un mot, la perfection des
langues contribue plus que toute autre chose au
développement et à l'affermissement de la raison ;
et les vices des langues ne manquent jamais d'in-
fester la raison des peuples.

La seconde difficulté dont nous avons fait mention ci-dessus, et qui consiste à concevoir comment un mot toujours le même quant à ses racines,
et qui renferme plusieurs idées, peut, au moyen
de quelques légeres modifications, nous les retracer toutes à-la-fois, sans nous les retracer de
la même manière ; cette difficulté, dis-je, dispa-
roîtra aux yeux de ceux qui se seront familiarisés
avec les procédés de l'analyse. Ils verront que dans
chaque mot, il y a toujours la valeur objective,
et la valeur formelle ; et c'est à cette distinction
essentielle, qu'ils donneront principalement leur
attention, sans toutefois négliger trop les autres
points de vue généraux, sous lesquels on range
aussi les mots des langues.

Ces autres points de vue que le philosophe et
le grammairien sont intéressés à connoître, sont
d'abord la division des mots en *mots réels* ou
actionnels, ou *métaphysiques* ; en mots *réels*,

lorsqu'ils nous représentent des êtres individuels, existants, ou supposés tels ; en mots *actionnels*, lorsqu'ils expriment des actions ; et en mots *métaphysiques*, lorsque les choses qu'ils nous retracent, appartiennent au système idéal plus qu'au système de l'univers : il importe de savoir encore que ceux de cette dernière espece, embrassent un vaste champ qui de toute part est ouvert à la méprise et à l'erreur ; et qu'il est d'autant plus facile de s'égarer en s'en faisant un appui, que pour l'ordinaire ce n'est que par ces mots, que nous parvenons aux idées qu'on y attache, et qu'eux-mêmes ne tiennent qu'à des racines encore plus souvent mal appliquées que peu connues.

Une seconde division générale, qui n'est gueres moins essentielle, est celle qui distingue les mots *concrets* d'avec les mots *abstraits* ; c'est-à-dire, les mots qui ne représentent les qualités, les modifications, les actions des objets, qu'en les plaçant dans les objets mêmes, qu'en les y unissant, et qu'en nous offrant l'objet et la qualité, modification, ou action, comme peints ensemble et d'un même trait ; d'avec les mots qui nous retracent les mêmes parties additionnelles, comme séparées de tout objet, et comme si elles avoient une existence propre. Nous avons dit ailleurs combien on doit mettre de soin à n'admettre aucune idée abstraite qui ne soit claire et précise.

(45°.) Nous n'avons pas besoin sans doute de reprendre les divisions si connues, 1°. de mots *simples*, ou qui n'expriment qu'une seule idée, et de mots *complexes*, ou qui retracent plusieurs idées grouppées et fondues ensemble et comme dans une seule masse ; 2°. de mots que l'on appelle *généraux*, ou *spéciels*, ou *individuels*, selon qu'ils ont pour objets de signification, des idées de genres, d'especes, ou d'individus; 3°. de mots *universels* ou *particuliers*, selon qu'ils se rapportent à tous les individus d'une même espece, ou à quelques-uns seulement ; et 4e. de mots clairs, précis, vagues, ou équivoques, vrais, ou faux, etc., selon que les idées qu'ils expriment nous sont offertes avec ces avantages ou ces défauts. Car on donne aux mots la plupart des qualifications que nous avons citées en parlant des idées. Il nous suffit sans doute de dénommer ces classes de mots, pour faire concevoir ce qu'elles ont de plus essentiel ; excepté pourtant quelques remarques particulières qu'on nous reprocheroit d'avoir omises, et que nous allons placer ici. . . .

Nous observerons donc 1°. que les mots sont *équivoques*, lorsqu'ils expriment des choses différentes ; et qu'ils sont *obscurs*, lorsqu'ils sont encore nouveaux ou peu connus, ou qu'on ne voit pas en quoi ils différent de quelques autres qui semblent signifier la même chose : 2°. qu'il n'est pas rare d'appercevoir dans les mots, une erreur qui n'est que dans la lettre, en ce que cette erreur porte sur une supposition que tout le monde paroît faire, mais sur laquelle personne n'est trompé ; comme lorsque l'on dit *qu'une maison a été rebâtie*, pour dire *qu'on en a construit une autre en la même place;* que *l'air chaud est devenu froid*, pour dire *qu'un air froid a succedé à un air chaud;* etc. C'est encore ainsi qu'on dit *très-saint pere*, en parlant au pape; et qu'on a tant usé dans les lettres de la formule, *votre très-humble et très-obéissant serviteur.* etc. : 3°. que souvent des expressions simples en elles-mêmes, deviennent complexes par un effet des circonstances ; comme lorsqu'un soldat dit *le général*, pour désigner celui qui commande en chef l'armée où il est : 4°. qu'il importe de remarquer si les

termes complexes le sont par aggrégation d'idées,
qui déterminent et restreignent les idées fondamentales, ou qui ne fassent que les expliquer; et
que l'erreur est beaucoup plus grave dans le premier que dans le second cas : 5°. qu'il y a des expressions qui deviennent complexes en conséquence des opinions particulières de ceux qui
les employent; ce qui les expose à être réputées fausses par ceux qui les entendent; comme
lorsqu'un homme dit *la vraie religion*, en parlant à ceux qui n'ont pas le même culte que lui :
6°. qu'il faut distinguer les termes *équivoques* qui
signifient des choses étrangeres l'une à l'autre, de
ceux qui signifient des choses diverses mais analogues; comme 1°. *tour* signifiant un *bâtiment
très-élevé*, un *parloir de religieuses*, un *étau à
l'usage des tourneurs*, etc. ; et 2°. *sain* en parlant
de l'*air*, des *aliments*, ou du *tempérament d'une
personne :* 7°. que l'on compte deux sortes d'expressions universelles, l'une que l'on désigne par
les mots *de singulis generum*, et l'autre par les
mots *de generibus singulorum*; comme dans, *tous
les rayons d'un cercle sont égaux*; et *il a passé
par toutes les charges :* 8°. que nous restreignons
de diverses manières, les termes universels que
nous employons, soit en ne voulant parler que
du plus grand nombre, comme lorsqu'on dit,
tous les Crétois sont menteurs; soit en ne voulant désigner que la majorité de ceux qui suivent
une certaine profession, comme dans, les *Flamands sont bons peintres*; soit en paroissant appliquer aux mêmes hommes, ce qui ne convient
qu'à des hommes de différents siècles, comme
dans, *les Gaulois, vainqueurs des Romains sous
Brennus, furent vaincus par les Romains sous
César ;* etc. 9°. que nous avons des expressions
qui à la rigueur peuvent être réputées fausses,

mais qui deviennent justes en ce que tout le monde y démêle et corrige sans peine l'erreur qu'elles renferment, comme lorsqu'on attribue à la cause ce qui ne convient qu'à l'effet, par exemple, dans *pallida mors*; comme encore lorsqu'on donne au signe le nom de la chose signifiée, par exemple, dans *ce buste est un Brutus*; ou lorsqu'on emploie quelque trope, par exemple, dans, *le prisme des passions*; etc. : 10°. que les mots ont quelquefois, outre l'idée qu'ils expriment, un caractere particulier, déterminé par une autre idée que l'usage y attache, et qui est entièrement étrangere à la première, comme on le voit par tant d'expressions réputées malhonnêtes, ou basses, ou nobles, etc.

(46°.) L'idée objective est dans chaque mot, l'idée principale, celle qui nous reporte vers l'objet direct de ce mot, celle qui se présente comme centre, terme d'appui, et but de toutes celles qu'on y associe. Cette idée ou valeur objective, que l'on ne peut considérer que comme fondamentale dans le mot, n'est en général exprimée que par les syllabes radicales; ce qui fait qu'on la nomme aussi *valeur radicale* : concentrée de cette sorte dans un seul son, et pour ainsi dire, dans une seule lettre, ou du moins dans un petit nombre de lettres et de sons, ce n'est qu'une idée vague et générale, qui attend les formes que l'on donne au mot, pour en prendre elle-même quelqu'une. Admettez pour racine la syllabe *cap*, et supposez qu'elle ait pour objet de nous retracer l'idée d'une puissance qui, semblable à la main de l'homme quand on la ferme, prenne, saisisse, et retienne ce qu'elle enserre; vous aurez la valeur ou idée objective et fondamentale, ou radicale des centaines de mots latins, où cette même syllabe se retrouve comme centrale et dominante. Supposez de même qu'*a* soit une syllabe radicale, qui présente l'idée de la tendance et de la destination d'une chose vers quelqu'autre chose ; que *ban* en soit une seconde, qui nous donne l'idée de la commune ou de la totalité du corps social ; et que *do* en soit une troisième, qui nous offre l'idée de l'acte par lequel on se dessaisit d'une chose en faveur de ceux qu'on veut en gratifier ; vous aurez dans la réunion de ces trois racines, la valeur objective et fondamentale du verbe *abandonner* et de tous les mots d'où vous pouvez le dériver, ou qui en dérivent eux-mêmes. Nous dirons la même chose des syllabes radicales et de la valeur objective que l'on trouve dans *homme*, *humain*, *humaniser*, *humainement*, et *humanité* ; dans *convenir*, *convenance*, *convenable*, et *convenablement* ; ainsi que dans une infinité d'autres familles de mots, qui dérivés des mêmes racines, et autorisés par l'usage, ont matériellement et intellectuellement les mêmes bases.

De célèbres auteurs considérant qu'un assez grand nombre de mots n'ont qu'une seule syllabe radicale, ou du moins en ont moins qu'il n'en faudroit pour donner un corps à toutes les idées qui en composent la valeur, ont prétendu que ces mots sont tous plus ou moins infideles : ce reproche a celà de particulier, que c'est le plus souvent sur les *onomatopées* qu'il tombe ; c'est-à-dire, sur ceux qui par le son de leur racine imitent une des qualités de leur objet : car souvent dans ces mots, la qualité qui est imitable et imitée, se trouve être une des moins importantes ; d'où l'on conclut que ces mots, ne peuvent nous offrir que des images tronquées et très-imparfaites.... Nous pensons qu'il y a de l'inexactitude dans cette manière de juger de la valeur des mots : sans doute, si dans la supposition que l'on fait, on ne considere le mot que par rapport à son étymologie, on jugera qu'il n'a de consistance que par sa racine, et que celle-ci peut ne tenir elle-même qu'à une seule qualité, et même qu'à une qualité accidentelle, passagere, ou imaginaire et supposée : mais d'après la force de l'usage, et plus encore d'après la connexion nécessaire ou sensible des idées partielles des choses, c'est l'idée des objets eux-mêmes, et non-seulement l'idée de l'une de leurs qualités, que les mots nous présentent; ils peignent leur objet tout entier, tel que nous pouvons le connoître, parce que l'image de l'objet tout entier est liée à l'idée particulière que la racine du mot indique ou rappelle. Chez les sauvages du Canada, par exemple, le son *poutou* reportoit l'esprit, par l'imitation du bruit d'un coup de fusil, sur l'européen armé, et faisant usage de ses armes : il n'y a qu'un trait de dessiné ; mais ce trait suffit pour rappeler l'image complete de son objet, à ceux à qui l'on parle. C'est donc mal-à-propos, que l'on voudroit restreindre la valeur réelle des mots, aux idées étymologiquement attachées au radical de ces mêmes mots. Les auteurs que nous refutons, concluoient de leur observation, que c'étoit par le défaut qu'ils reprochoient aux langues, que les mots sont pour les hommes, une source intarissable et perpétuelle d'erreurs. Ne pouvons-nous pas répondre encore que, s'il est vrai que les mots ne perpétuent que trop long-temps les erreurs qui ont, pour ainsi dire, présidé à leur formation ; il est moins ordinaire qu'on ne pense, qu'ils produisent de nouvelles erreurs dans la suite, si ce n'est pourtant lorsqu'ils passent trop inconsidérément dans des langues nouvelles, ainsi que nous l'avons observé ci-dessus ?

La valeur objective des mots est principale ou accessoire : tout ce que nous en avons dit jusqu'à présent, se rapporte sur-tout à celle qui est principale, puis qu'elle tient aux racines des mots, et qu'elle est fondamentale et inaliénable comme elles. Quant à celle qui n'est qu'accessoire, s'il est vrai qu'elle provient quelquefois de l'étymologie, ou du moins du matériel des mots, il est bien plus ordinaire de la voir dépendre tantôt de l'ancienneté ou de la nouveauté de ces mots, tantôt de l'usage qu'on est accoutumé d'en faire, du caractere particulier des mœurs publiques, de la nature des opinions nationales, de la délicatesse du goût, et de l'empire qu'il exerce, ou de mille autres causes semblables. C'est à cette valeur objective accessoire, que nous devons les classes des mots vieux ou nouveaux ; grossiers, bas, familiers, ou nobles ; naïfs, ingénus, plaisants, ou graves ; poétiques, ou prosaïques ; recherchés, ou naturels ; consacrés, techniques, ou communs, etc. C'est encore à cette même valeur, que l'on doit rapporter la signification figurée des mots que l'on appelle *tropes* ; c'est-à-dire, cette signification empruntée que les mots substituent si souvent à leur signification originaire, primitive, et naturelle, ou étymologique ; cette signification secondaire qu'ils n'adoptent qu'en vertu de quelque comparaison, analogie, liaison, association, dépendance, ou contrariété et opposition, soit réelle, soit supposée telle, entre l'idée dont on dépouille en quelque sorte le mot qui l'exprimoit, et l'autre idée à laquelle on consacre tout-à-coup et passagérement le même mot, d'après l'usage ou la tournure des esprits, ou le résultat des circonstances.

(47º.) C'est ici qu'il nous semble qu'on doit parler de la *compréhension* des mots ou des idées, et de leur *extension* ou *étendue de signi-fication*. Quiconque aura bien entendu tout ce qui précede, concevra facilement la différence essentielle qu'il y a entre rechercher quelles sont les idées qui concourent à former une idée complexe, et rechercher quels sont les êtres auxquels cette idée complexe peut être appliquée ; ou si l'on veut, entre nous donner la liste des idées que peut nous offrir le développement de la valeur objective d'un mot, et nous donner la liste des êtres ou especes d'êtres, dont ce mot peut devenir le nom. Les idées partielles, représentatives des qualités que l'on apperçoit dans l'objet, sont le but de la première de ces deux recherches, et forment entr'elles toutes, ce qu'on appelle la *compréhension de l'idée totale* ou du mot dont il s'agit : les idées qui ne tendent qu'à énumérer ou indiquer les individus auxquels on attribue la nature que présente la première, appartiennent à son *extension*. La compréhension est donc la totalité des idées partielles, qui réunies ensemble, forment la nature d'un objet, tel que nous le connoissons ; et son étendue de signification est la totalité des individus auxquels on attribue cette nature. On entend au reste par nature d'une chose, la réunion en un seul tout, des qualités constitutives de cette chose.

Les divers objets renferment plus ou moins de qualités les uns que les autres ; et ici les especes varient aussi bien que le nombre : nous n'avons sans doute à cet égard, qu'une connoissance incomplette même des objets qui nous sont les plus familiers : mais nous en voyons assez pour être convaincus, que le nom d'un individu, par exemple, en contient plus que le nom des especes ou des genres dont il releve ; et que ces derniers en renferment toujours moins, à mesure qu'ils s'éloignent s'éloignent de l'idée individuelle, et qu'ils s'élèvent à des notions plus générales : nous nous assurons de même, que l'extension d'un nom s'agrandit ou se resserre toujours, dans la même proportion que sa compréhension diminue ou augmente.

Ainsi le nom générique *être* a la compréhension la plus bornée qu'il se puisse, puisqu'elle se réduit à une seule idée, à l'idée de l'existence, soit réelle, soit possible, ou supposée ; tandis que l'extension du même mot embrasse tout ce qui est, tout ce qui a été, tout ce qui sera, et tout ce qu'on veut bien imaginer comme étant ou pouvant être. Si à cette première idée d'existence, on ajoute successivement d'autres idées qui se fondent avec elle, comme, par exemple, les idées de matière, d'organes, d'ame, d'intelligence, on verra à chacune de ces additions successives, la compréhension s'accroître, et l'extension diminuer dans les mots destinés à exprimer ces nouvelles aggrégations, c'est-à-dire, dans les noms *corps*, *corps organisé*, *animal*, *homme*. Que l'on continue de suivre cette marche progressive, on arrivera enfin à l'individu, dont le nom doit nécessairement présenter la plus grande compréhension et la plus petite extension qu'un nom puisse recevoir, vu que celle-là réunira toutes les qualités que peut admettre l'objet individuel dont il s'agira, et que celle-ci se trouvera restreinte à l'unité.

Nous avons dit que tous les êtres ne sont pas susceptibles d'une égale compréhension : c'est une suite évidente de la diversité que l'on observe par-tout. Il y a donc des êtres qui ont plus de qualités que d'autres ; comme il y en a qui ont des qualités toutes diverses. Ceux qui different entr'eux par les sortes de qualités qu'ils admettent, forment des classes d'êtres toujours étrangères entr'elles, des genres paralleles, si l'on peut s'exprimer ainsi ; c'est-à-dire, des genres qui jamais ne coïncideront en un même point. Ceux qui different par le nombre seulement, et dont par conséquent les qualités sont homogenes ou conciliables, nous donnent des classes subordonnées les unes aux autres, et rangées en échelons, les unes sous le nom de genres, et les autres sous le nom d'especes ou de sous-especes. C'est tout ensemble sur le nombre et le choix des qualités, qu'on apprécie la perfection des êtres : l'être qui réunit toutes celles qui sont desirables, et qui par conséquent a sous ce rapport, la plus grande compréhension possible, ne peut être que Dieu.

Nous avons cherché à développer ce point de doctrine philosophique sur la valeur des mots, parce que la plupart des sophismes et des erreurs où l'on peut tomber dans les raisonnements que l'on fait, proviennent de ce qu'on ignore, ou de ce qu'on oublie les distinctions que nous venons d'établir : mais il faut avertir ici, que l'on ne parle gueres de compréhension et d'extension d'idées, que quand il s'agit de mots propres à représenter la nature des choses. On ne remonte point à ces distinctions, lorsqu'il s'agit de mots uniquement consacrés à l'expression de nos simples affections, ou à des rapports particuliers d'idées ou de pensées, ou à des qualités soit concretes, soit abstraites. En effet, la compréhension de toutes ces sortes de mots est pour l'ordinaire peu importante à détailler ; et leur extension, toujours fortuite ou accidentelle, ne dépendant que de nos propres conceptions, ou des phénomenes qui nous environnent, mérite encore moins d'être si fidellement ou si exactement observée.

(48°.) Toutes les idées qui concernent la compréhension ou l'extension, soit qu'elles aient pour causes ou pour objets, nos sensations, nos affections, la nature, ou les qualités de choses, ou tout ce que les circonstances peuvent y annexer d'accessoire, les sens figurés des mots, les modifications qui peuvent résulter des opérations de nos esprits, ou du conflit ou du concours des événements; en un mot, tout ce qui peut constituer la valeur objective des mots, soit fondamentale et radicale, soit accidentelle, ne peut être encore que vague et indéterminé, tant que nous n'y donnons pas une forme précise et sensible. La valeur objective est, ainsi que nous l'avons vu, toute concentrée dans les parties radicales du mot, ou dans l'effet des circonstances : la valeur formelle n'existe que dans les parties additionelles et variables des mots; parties qui sont quelquefois initiales, rarement intercalées parmi les racines, et le plus souvent désinentielles et servant de terminaisons. Sans cette dernière valeur, sans la forme qui la donne, il n'y a point encore de mots ; il n'en existe que des éléments, ou les bases : sans cette forme, on n'exprime que idées si indéterminées, qu'il est impossible de les fixer nulle part, et de les appliquer à aucun objet : ce sont les additions faites à la syllabe *cap*, par exemple, qui font que je vois ici l'action de prendre, là l'idée d'être pris, et ailleurs la puissance qui prend, ou la chose qui est prise ; et ailleurs encore ces mêmes idées comme substances, qualités, modifications, etc. Ce sont donc ces additions qui décident de la forme des idées, qui déterminent celles-ci à être telles, et qui en marquent la valeur formelle, aussi bien que celle des mots, et qui enfin donnent l'existence aux langues, et l'activité à la raison humaine.

M 2

Jusqu'à quel point peut-on varier les formes dont une même idée radicale est susceptible ? Il seroit peut-être impossible de marquer le terme que l'industrie des hommes ne pourroit dépasser à cet égard : suivant le président de Brosses, toutes nos conceptions ne remontent pas à plus de quatre cents idées radicales : mais chacune de celles-ci peut se prêter à plus de trois cents formes différentes ; d'où il résulteroit qu'une langue assez bien organisée pour jouir de tous ses avantages, pourroit facilement, en n'admettant même qu'une seule syllabe radicale dans chaque mot, porter le nombre de ses mots à plus de cent vingt mille, ainsi que nous l'avons déjà dit ailleurs, et à sept ou huit cent mille au moins, si elle se prêtoit également à réunir à volonté dans un même terme, deux, trois, et quatre racines, ou plus.

C'est sur la valeur formelle des mots, que la Grammaire fonde la distinction si nécessaire des *parties d'oraison*, comme nous le verrons dans le chapitre suivant ; et c'est sur la valeur objective et la valeur formelle tout ensemble, que portent les variations que l'on appelle *accidents des mots*, et dont nous traiterons dans le troisième chapitre de cette partie. Ici, nous avons encore à résumer combien de sortes de sens ou de significations on distingue dans les mots ; tâche qui n'est pas sans quelque difficulté : car les différents aspects sous lesquels on peut considérer les mots, ont forcé les auteurs à recourir à un grand nombre d'expressions pour indiquer les différents sens dans lesquels on prend ces mots, selon les circonstances où on les emploie, ou selon ce qu'on veut dire ; et il est arrivé que l'on s'est peu accordé jusqu'ici sur la nomenclature qui en est résultée. Ce que nous pouvons en recueillir de plus clair ou de plus généralement convenu, c'est que si l'on veut s'énoncer avec une précision rigoureuse, on doit distinguer la *signification*, le *sens*, et *l'acception* du mot ; la *signification* pour marquer l'idée totale dont un mot est le signe d'après la décision de l'usage ; le *sens*, pour indiquer une autre idée, analogue ou accessoire à la signification générale et primitive, sur laquelle elle doit toujours être entée, mais qui est ou plus complexe, ou plus restreinte, ou même diverse, et qui souvent est moins déterminée par le mot même, que par sa combinaison avec le reste de la phrase ; et *l'acception*, pour annoncer un sens particulier, auquel la signification ordinaire du mot se trouve bornée, en conséquence du point de vue sous lequel on l'envisage dans l'emploi actuel qu'on en fait. Sa signification est *primitive* ou *accessoire* : celle-là est *objective*, ou *matérielle*, ou *étymologique* ; celle-ci est *formelle*. Il y a des significations qu'on appelle *distinctives*, en ce qu'elles concernent les homonymes, c'est-à-dire, les mots dont la signification objective varie.

Outre ces premières divisions, on compte encore le *sens propre*, lorsqu'on parle du sens que nous présente d'abord le mot prononcé seul ; et le *sens figuré*, lorsqu'on parle d'un sens autre que le sens propre, et attaché au mot par l'emploi de quelqu'un des tropes ; le *sens déterminé*, lorsqu'il est spécialement fixé par ce qui précède ou ce qui suit ; le *sens actif*, lorsqu'on ne doit rapporter l'idée qu'à l'être qui agit ; et le *sens passif*, lorsqu'on ne doit voir l'idée que dans l'objet qui en est le terme ; (on dit aussi *signification active, passive,* et *neutre* ;) le *sens absolu*, lorsque l'idée ne doit être considérée qu'en elle-même et sans relation à d'autres ; et le *sens relatif*, lorsque l'idée n'est présentée qu'avec rapport à d'autres idées ; le *sens collectif*, lorsqu'un nom de genre ou d'espece, ne doit être entendu que de la masse entière de son objet ; et le *sens distributif*, lorsqu'un nom semblable doit être appliqué à chaque individu de l'espece ; le *sens composé*, lorsque l'on peut regarder comme actuellement réunies, les idées diverses que l'expression renferme, comme dans, *l'homme naissant ne souffre pas encore, l'homme expirant ne souffre plus* ; et le *sens divisé*, lorsque ces diverses idées doivent être prises comme ayant été réunies, mais comme ne l'etant plus, comme lorsqu'on dit, *les aveugles voyent* ; le *sens littéral*, lorsqu'on s'arrète aux idées que le matériel du discours présente, conformément à l'usage établi ; et le *sens spirituel, moral, allégorique, analogique, et mystique*, lorsque les idées présentées par le texte ne sont que l'enveloppe d'autres idées qui s'y rapportent en vertu de quelque comparaison, analogie, allégorie, ou application, le plus ordinairement faite à des points de doctrine religieuse ; le *sens adapté*, lorsque pour un objet nouveau, on se sert de mots consacrés à d'autres idées, etc.

Enfin l'acception d'un mot est *déterminative*, lorsqu'on marque bien les objets auxquels on le rapporte ; *spécifique*, lorsqu'on l'étend à l'espece entière ; *universelle*, comme dans *tous les hommes* ; *particulière*, comme dans *quelque homme*, ou *quelques hommes* ; et *singulière* ou *individuelle*, comme dans *cet homme*, etc.

CHAPITRE II.

Des parties d'oraison.

(49°.) CEUX qui les premiers ont voulu s'occuper de l'étude des langues, n'ont pas tardé à remarquer toutes les sortes de métamorphoses qu'éprouvent les mots, selon la nature de leurs racines, selon la composition de ces racines entr'elles, selon les idées accessoires qu'on y ajoute à l'aide de certaines syllabes initiales, ou de diverses terminaisons, et selon les rapports que l'on établit dans le discours entre chaque mot et ceux auxquels on l'adjoint. Ces remarques faites mille fois et en toute occasion, ont multipliés les faits particuliers, au point que le nombre de ces faits, leurs différences à certains égards, et leurs ressemblances ou analogies à d'autres, ont dû bientôt embarrasser nos observateurs. En y revenant sans cesse, dans le desir d'y établir un ordre convenable, ils ont dû parvenir à rassembler comme en autant de grouppes, les mots où ils ont apperçu des racines communes, les mots qui sont dérivés les uns des autres, ou dérivés d'un même mot primitif; et c'est ainsi qu'ils auront découvert une première famille de mots. Après avoir bien observé ce phénomene si remarquable, ils auront reporté leurs regards sur la masse effrayante de tous les objets de leurs précédentes remarques; et par-tout ils auront trouvé des familles pareilles à la première. Dans chacune de ces familles, ils auront toujours vu une idée commune et foncière ou fondamentale, une valeur objective et radicale, qui se trouve successivement soumise aux formes diverses que le besoin a rendues nécessaires, d'après le jeu de ces événements, et l'association de nos idées. Une chose qui n'aura pu dès-lors leur échapper, c'est que ces formes, quelque nombreuses qu'elles soient, se retrouvent les mêmes en général dans toutes les familles. Frappés d'ailleurs et antérieurement, de la nécessité de partager les mots en certaines classes pour pouvoir mettre à profit leurs observations particulières, en les ramenant à des principes généraux ; bien convaincus par mille essais infructueux, que leurs principes seroient inutiles ou dangereux, s'ils n'étoient également vrais, justes, et faciles à saisir ; forcés de conclure de là, que les classes de mots qu'ils pouvoient imaginer devoient essentiellement être fondées sur la nature même de ces mots, ainsi que sur celle de nos opérations intellectuelles ; ils ont enfin compris que la division des mots en diverses classes, devoit se fonder, non sur la valeur objective que les mots nous présentent, mais sur leur valeur formelle ; et c'est ainsi qu'ils sont parvenus à donner à la science grammaticale sa base la plus essentielle, la base sans laquelle il eût été impossible d'établir aucune regle, aucun ordre, aucune vérité générale, propre à nous faire retirer quelque profit, du nombre infini d'observations particulières, que nous offrent la pratique et l'étude des langues. Or ce sont ces classes de mots, ainsi fondées sur leurs formes grammaticales, que l'on appelle *parties d'oraison.*

L'*oraison*, telle qu'on l'entend ici, est la manifestation orale des idées ou des pensées prises isolément, et considérées seulement dans leurs rapports avec les expressions dont nous nous servons. Il y a donc une grande et importante différence, en termes de Grammaire, entre l'*oraison* et le *discours :* car ce dernier terme indique une suite de pensées formant un tout, et considérées, non pas uniquement quant à la manière dont l'*oraison* les exprime, chacune séparément, mais sur-tout sous les rapports qu'elles ont entr'elles, et dans l'effet qu'elles peuvent ou doivent produire sur les esprits. Les idées et les pensées sont bien la matière, le sujet, et l'objet de l'*oraison* et du *discours :* mais là on ne s'en occupe que pour les présenter sous une forme déterminé ; et ici, on ne s'en occupe que lorsque l'*oraison* leur a déjà donné cette forme. Un *discours* peut donc être foncièrement le même dans différentes langues, tandis que tout ce qui en fait partie, subira forcément des variations sensibles d'une langue à l'autre, en tout ce qui tient aux formes et à l'*oraison ;* et que même ces variations seront toujours plus frappantes, à mesure que ces langues seront plus différentes l'une de l'autre dans leurs procédés. Si, par exemple, on veut soumettre le *discours* et l'*oraison* aux loix de l'analyse, c'est-à-dire, à cette décomposition qui présente successivement les diverses parties d'un tout, afin de faire mieux connoître ce tout par la connoissance détaillée de ses parties et de leurs combinaisons ; alors on aura deux ouvrages et deux résultats entièrement différents l'un de l'autre. D'une part, ce sera une analyse didactique, critique, et toute rationelle, qui ne fixera notre esprit que sur le choix et la nature des pensées, sur leur justesse, leur convenance, leur accord, leurs liaisons, leur ordre, et leurs développements : de l'autre part, ce sera une analyse purement grammaticale, qui ne nous fera parcourir et examiner que les phrases, les classes de mots, leurs formes, les regles du langage, et tout ce qui tient au génie particulier de la langue qu'on emploie.

On sent néanmoins que ces deux analyses ont souvent besoin l'une de l'autre ; et qu'en particulier on ne réussira pas à bien faire la seconde, si on n'est pas suffisamment exercé à faire la première. En effet, comment juger des formes, les apprécier, les distribuer, si on ne connoît pas assez bien les objets qu'on veut en revêtir ? Que dire des mots, ainsi que nous l'avons déjà observé précédemment. (Voyez n°. 17°.) Si l'on ne sait pas discerner les idées qu'ils doivent retracer ? Que dire des phrases, si l'on ne se rend pas un compte exact des pensées qu'elles doivent exprimer ? Que dire des langues enfin et de leurs regles, si l'on ignore tout ce qui concerne nos opérations intellectuelles, dont les langues ne sont que la transmission et le tableau ?

Après avoir ainsi justifié la division des mots en plusieurs classes, et même la vieille expression de *parties d'oraison*, que l'on n'a cherché à décrier de nos jours, que parce qu'on a espéré de faire tomber les ridicules de l'ignorance et de la suffisance, sur des choses raisonnables et nécessaires ; il nous reste à parcourir en détail, les classes dont il s'agit, et à tâcher d'en donner des notions aussi justes, aussi précises, aussi claires, et aussi simples qu'il nous sera possible. Nous traiterons d'abord de celles que les grammairiens reconnoissent le plus généralement : ensuite nous examinerons s'il est à propos d'en augmenter ou diminuer le nombre, comme quelques auteurs le prétendent. Ce plan nous fournit neuf paragraphes, l'un sur les *substantifs*, un autre sur les *adjectifs*, un troisième sur les *pronoms*, un quatrième sur les *verbes*, un cinquième sur les *adverbes*, un sixième sur les *prépositions*, un septième sur les *conjonctions*, un huitième sur les *interjections*, et un neuvième sur les classes que quelques auteurs veulent ajouter à celles-ci, ou en retrancher.

Paragraphe premier.

Du substantif.

(50°.) La forme que les grammairiens ont dû remarquer la première, est celle qui nous présente une idée objective comme exprimant la substance d'une chose, ou d'un être, soit réel ou supposé, soit physique ou abstrait; c'est-à-dire, qui nous présente cette idée comme contenant la totalité des qualités constitutives de cette chose ou de cet être, autant que nous pouvons les connoître, mais réunies en un seul tout, lequel devient à nos yeux, ce qu'on appelle *la nature de l'objet*.

Devons-nous appeller cette première classe de mots, classe des *noms*, ou classe des *substantifs?* C'est le sujet d'une longue dispute assez peu utile, et non encore terminée. Beauzée qui comme tant 'd'autres, les appelle des *noms*, cherche à justifier son opinion par l'étymologie, et observe que *nom* vient de *nomen*, qu'il fait descendre de *notamen*; ce qui lui fournit deux racines, *men*, (une chose) et *nota*, (qui fait distinguer). Mrs. de Port-Royal et tous ceux qui emploient le mot de *substantifs*, disent qu'il s'agit ici d'un mot qui *subsiste* par lui-même dans le discours; de même que la chose qu'il exprime, *subsiste* par elle-même dans le système réel ou idéal. On *dénomme*, ainsi qu'ils l'observent, la chose et la qualité: d'où il suit que *l'adjectif* et le *substantif* sont également des *noms*, et que ce dernier mot est un terme générique qui embrasse les deux autres : mais ajoutent-ils, il n'y a que les choses qui *subsistent par elles-mêmes*; les qualités ne *subsistent* que dans les choses : *arbre* est donc un *substantif*; et *vert* est un *adjectif*.... Nous avouons que nous voyons peu d'avantage à préférer l'une ou l'autre de ces deux expressions : le seul point essentiel est de s'entendre.

Si le substantif indique un être existant réellement et par lui-même, ou au moins supposé tel, on le nomme *réel* ou *physique* : s'il n'exprime qu'une qualité conçue et considérée sous la forme d'une substance, on l'appelle *substantif abstrait*; et il prend la dénomination *d'actionnel*, ou *verbal*, lorsqu'il présente sous la même forme, de simples idées ou images d'actions ou d'événements.

Les *substantifs* qui désignent leurs objets par l'idée singuliere d'une nature individuelle, c'est-à-dire, d'une nature qui est supposée ne convenir qu'à un seul être, et qu'à celui que l'on indique, s'appellent *noms propres*; comme *Espagne*, *Rome*, *Danube*, *Cromwel*, etc.

Ceux qui désignent leurs objets par l'idée générale d'une nature, qui est supposée convenir à tous les individus d'une même espece de choses, s'appellent *noms communs* ou *appellatifs*; comme *royaume*, *ville*, *fleuve*, *homme*, etc.

Les noms propres des hommes devenant presque toujours des noms de famille, on a été obligé, pour distinguer les parents les uns des autres, de recourir à de nouveaux moyens : de-là les noms multipliés que l'on a réunis pour désigner un seul homme. Les Latins ont eu à cet égard le *prænomen*, celui que l'on place le premier, et qui est absolument personnel; le *nomen*, qui vient ensuite, et qui est le nom propre de la famille; et *l'agnomen*, qui suit les autres, et qui est le

nom propre de la branche de la famille à laquelle
l'individu appartient : quelquefois ils ont aussi
pris le nom propre de la famille de la mere ; c'est-
à-dire, le *cognomen*. Les surnoms qui prove-
noient de quelque belle action , s'appelloient
aussi *prænomina* ; mais ils se plaçoient communément après les autres. Exemples... *Marcus
Tullius Cicero : Marcus Accius Plautus : Scipio
Africanus :* etc. Les Grecs avoient recours à des
adjectifs propres à caractériser les personnes ;
comme le *pieux Enée , le prudent Ulysse , le sage
Nestor*, etc. Dans les temps modernes , on a
employé le nom du lieu où la personne étoit née ,
ou bien celui de la terre qui lui appartenoit. Les
chrétiens ont eu de plus les noms de baptême.
Les Russes réunissent au nom de baptême de
la personne dont ils parlent, le nom de baptême
de son pere, et disent , par exemple , Jean fils de
Pierre , Iwan Petrowitz, etc.

On ne donne gueres de noms propres qu'aux
personnes, ou aux choses qu'on a intérêt de distinguer individuellement : hors de là, on se contente de désigner par des noms communs ou
appellatifs, les êtres dont on veut parler ; comme
dans *un grain de sable, une pierre, une perdrix,
une mouche, un cheval, une plante*, etc.

On sous-divise quelquefois les noms propres
en plusieurs classes, selon qu'ils désignent des
Dieux, des hommes, des nations, des animaux ;
ou bien encore selon qu'ils indiquent des lieux
particuliers, des régions, des provinces, des cantons, des montagnes, des fleuves, des rivières,
des lacs, etc. Mais ces divisions que l'on applique
aussi aux noms communs, ne concernent que la
signification objective des mots, et intéressent
peu la Grammaire, qui n'y puise aucune regle
importante, quoique d'ailleurs elles puissent être

utiles dans l'étude des sciences où l'on traite des objets de ces mêmes noms.

On demande si dans la formation des langues, les hommes ont dû avoir des noms propres avant de se former des noms appellatifs ; ou s'ils ont dû commencer par établir ceux-ci avant de remonter à ceux-là. J. J. Rousseau, Diderot, Scaliger, et beaucoup d'autres auteurs pensent que les premiers noms admis et connus ont été des noms propres : Girard soutient l'opinion contraire : et Beauzée prouve par d'amples détails, que les noms propres ne sont originairement ou étymologiquement que des noms appellatifs ; c'est-à-dire, qu'ils ne retracent au fond que des qualités ou natures communes. Il nous semble qu'il est possible de concilier tous ces avis, quelqu'opposés qu'ils soient entr'eux... L'enfant qui commence à connoître et à parler, débute sans doute par ne voir que des individus, dans les especes qui sont à sa portée ; et dès-lors les noms qu'il leur donnera, ne seront pour lui et dans sa pensée, que des noms propres. Mais cet enfant n'aura encore observé dans ces individus, que les qualités sensibles les plus frappantes ; c'est-à-dire, des qualités physiques, qui prises chacune à part, sont toutes en général du nombre des qualités communes. Ainsi les premiers noms qu'il donnera aux objets, seront d'abord des noms propres dans sa langue particulière, et des noms communs selon leur valeur étymologique, puisqu'on n'y retrouvera que des images de qualités communes. Aussi cet enfant venant ensuite à connoître d'autres individus semblables aux premiers, ne manquera pas de leur donner les mêmes noms, qui de cette sorte deviendront insensiblement même chez lui, autant de noms appellatifs, tels qu'ils l'étoient déjà, même avant sa naissance, dans la langue où il les a puisés, et qu'il a trouvée toute établie. Mais ceux qui ont créé cette langue, ont été des hommes tout formés : ils n'ont pu se méprendre ainsi sur les objets, et croire qu'il n'y en eût qu'un seul dans chaque espece : quelque bornés qu'ils fussent du côté des connoissances et de l'esprit, ils ont dû avoir l'idée de choses communes ; et dès-lors en leur donnant des noms, ce sont des noms appell- atifs qu'ils ont eu intention d'établir. Que par la suite, ces mêmes noms deviennent noms pro- pres par l'effet de quelques circonstances parti- culières ; ou qu'on en compose, qu'on en dérive quelques noms nouveaux, qui ne soient consa- crés qu'à des individus ; on verra, comme le dit Beauzée, des noms propres dont les racines ne nous présentent que des qualités communes.

Les noms appellatifs, selon ce dernier auteur, ne sont que des noms *abstraits*, que l'on a besoin de déterminer par quelques adjectifs, par quel- ques phrases incidentes, par quelques autres sortes de complément, ou enfin par quelques circonstances.... Je crains bien qu'il n'y ait plus de subtilité que de bonne philosophie à nous présenter cette assertion comme toujours et né- cessairement vraie ; mais avant de mettre le lec- teur à portée d'en juger par lui-même, je dois avertir que je comprends également dans les idées que je pense devoir réfuter ici, le système de ceux qui regardent ces mêmes noms appella- tifs ou communs, comme autant d'adjectifs.... Et d'abord, la division des mots en toutes ces classes qu'on appelle *parties d'oraison*, a-t-elle, peut-elle avoir d'autre base, que la forme que ces mots donnent à leur idée objective et fonda- mentale ; c'est-à-dire, que le point de vue sous lequel nous concevons et présentons aux autres cette même idée objective ? Si donc cette forme consiste à présenter cette idée comme étant la nature d'une chose, le mot est nécessairement un *susbtantif*: si au contraire, la forme annonce que l'idée objective n'est vue que comme une qualité de quelqu'autre objet, le mot est nécessairement et évidemment un *adjectif*. Or, qu'est-ce qu'un nom appellatif, sinon celui qui sert à dénommer des choses qui sont supposées semblables, quoique l'une ne soit pas l'autre ? Mais la ressemblance des choses ne dénote-t-elle pas l'unité de nature ? Et cette unité de nature ne justifie-t-elle pas l'unité de dénomination ? Et dès qu'un mot est par sa forme, consacré à présenter son idée objective, comme exprimant la nature d'une ou de plusieurs choses, ce mot n'est-il pas nécessairement un *substantif*? Que d'ailleurs des objets semblables aient des qualités distinctives qui établissent entr'eux des différences individuelles que les noms appellatifs n'expriment pas, et pour lesquels par conséquent il faille recourir à d'autres mots ; c'est un vide sans doute ; mais ce vide détruit-il la ressemblance et la nature commune ? qu'à l'époque de la formation des langues, il y ait ou des lacunes de cette sorte dans plusieurs noms, même pour des qualités qui tiennent à la ressemblance, mais qui n'ayant pas encore été apperçues, n'auront pas été reportées à la racine des mots, est-ce toujours et nécessairement l'effet d'une abstraction de notre esprit ? Non, ce n'est souvent que le fruit de notre ignorance. Il n'y a donc pas en général et toujours plus d'abstraction ici, que *d'adjectifs* là. Ce n'est au reste que pour établir plus de justesse et plus de précision dans toute cette doctrine, que j'ai combattu Bauzée sur ce point: car je conviens que

nous

nous pouvons aussi former des idées générales
par abstraction ; et que nous en avons un très-
grand nombre qui n'ont été formées que de cette
sorte : je conviens de plus que toute idée qui est
abstraite, est par-là même une idée générale ; et
que le caractere de généralité est un effet naturel
de l'abstraction proprement dite : je conviens
qu'au fond les unes et les autres ont à cet égard
les mêmes traits, et qu'il n'y a aucun inconvénient
à les considérer également comme si toutes étoient
toujours des résultats d'une véritable abstraction :
aussi est-ce ainsi que j'en ai souvent usé moi-
même, lorsque j'ai eu à parler, soit d'idées générales, soit d'idées abstraites.

Quant à la seconde opinion que j'ai attaquée,
je concluerai que si un même mot, sans même
changer de forme, est quelquefois employé pour
désigner une nature commune à toute une espece
de choses , et quelquefois restreint à joindre
l'idée d'une qualité particulière à un autre nom ;
il s'ensuit que ce mot est là un nom *appellatif*,
et ici un *adjectif*; mais qu'à la rigueur on ne peut
pas plus le regarder comme *adjectif* dans le premier cas, que soutenir qu'il est encore *appellatif*
dans le second. Beauzée répete souvent comme maxime incontestable, que la nature des mots ne peut
pas changer ; maxime qui n'est vraie, qu'autant
que les mots restent les mêmes pour leur valeur
objective et formelle, aussi bien que pour leurs
éléments matériels ; et c'est faute d'avoir songé
à cette restriction, qu'il a plus d'une fois abusé
de ce principe , qui devient faux quand on le
prend dans un sens trop absolu.

Certainement il y a souvent dans les langues ,
et il devroit toujours y avoir des formes maté-
rielles et sensibles , propres à faire distinguer
les mots d'une classe , des mots des autres classes :

mais au fond ce n'est point essentiellement et seulement à ces formes matérielles, que tient la classification des mots : il peut suffire à l'essence de cette classification, qu'elle soit établie dans tous les esprits, et suivie dans les usages de la langue. Si donc les loix de l'usage décident que tel mot, qui reste matériellement le même, a toujours telle valeur ou signification formelle dans telle circonstance, et telle autre valeur formelle ailleurs ; ce mot sera réellement de telle classe dans le premier cas, et de telle autre classe dans le second. Si on veut contester cette vérité importante, il ne sera plus possible de s'entendre, et les classes des mots n'auront plus aucun fondement raisonnable. C'est donc avec une juste confiance, que nous opposons à la maxime fausse et hazardée à laquelle Beauzée revient à ce sujet, ces vérités qu'on ne sauroit trop inculquer ; savoir, 1°. que les classes des mots ne portent nullement sur la valeur objective de ces mots ; 2°. qu'il n'y a que leur valeur formelle qui puisse nous guider à cet égard ; 3°. et que cette valeur tient à la forme que l'on donne aux idées, plus encore qu'à la forme toujours variable que les mots peuvent prendre ou retenir. Le principe de Beauzée est d'autant plus funeste, qu'il a souvent mis cet auteur dans la nécessité de recourir, pour répondre aux difficultés qu'il fait naître, à des ellypses longues, fastidieuses, recherchées, peu naturelles, et insuffisantes, qui embarrassent et embrouillent la science, au lieu de l'éclaircir et d'en rendre la marche facile.

(51°.) Une chose plus importante aux yeux du grammairien que toutes les discussions précédentes, c'est la distinction des noms *collectifs*. (Voyez n°. 25°.) En général, on appelle *collectifs* tous les noms qui présentent à l'esprit, sous l'idée de l'unité, une quantité déterminée ou indéterminée, de choses semblables ou supposées telles, ayant chacune leur existence propre, soit réelle, soit supposée ; toujours considérées comme réunies, quoique souvent éparses et disséminées, et ne faisant enfin grammaticalement qu'une masse ou qu'un objet.

Si le nombre des choses comprises dans le nom *collectif* est déterminé, il en résulte une classe particulière que l'on désigne ordinairement par l'expression de *noms de nombre*. Ces noms de nombre sont *multiples* ou *distributifs*, ou *proportionnels*. Les *multiples* sont ceux qui expriment une quantité fixe et déterminée, de choses comme formant un tout réel ou supposé : tels sont les mots une *paire*, une *douzaine*, une *centaine*, un *millier*, un *million*, etc. Les *distributifs* sont ceux qui expriment des parties déterminées et fixes de l'unité ; comme une *moitié*, un *tiers*, le *quart*, la *dixme*, etc. Les *proportionnels* sont ceux qui expriment la quantité de fois qu'une grandeur est déterminément contenue dans celle dont on veut parler ; comme le *double*, le *triple*, le *centuple*, etc. Au reste, ce ne sont pas ces premières sortes de noms *collectifs*, que la Grammaire a le plus besoin de distinguer : elle donne beaucoup plus d'attention à ceux qui conservent plus spécialement la dénomination commune à tous, et qui ont pour objet de signification, une quantité indéterminée de choses semblables. On sous-divise ces derniers noms *collectifs*, d'abord en *collectifs réels*, et en *collectifs supposés* ; et ensuite les collectifs réels en *collectifs généraux*, et en *collectifs partitifs*.

Les *collectifs généraux* sont des noms qui présentent une quantité indéterminée de choses semblables, réellement distinctes, mais conçues comme réunies en un seul tout... Tels sont les mots *forêt*, *ville*, *régiment*, *armée*, *peuple*, *nation*, etc.

Les *collectifs partitifs* sont ceux qui présentent une quantité indéterminée de choses semblables, considérées comme réunies, mais ne formant qu'une partie du tout dont on a l'idée dans l'esprit: tels sont les mots *la plupart*, une *troupe*, un *nombre*, une *quantité*, une *multitude*, etc. Les *collectifs généraux* renferment l'idée des objets qu'ils présentent comme réunis: les *partitifs* ne renferment que la seule idée d'une quantité indéterminée, mais plus ou moins considérable, de choses dont ils n'offrent point l'idée, et qu'il faut par conséquent exprimer à part. Dans le mot *ville*, vous voyez des maisons; vous voyez des arbres dans le mot *forêt*, des hommes dans le mot *nation*, etc. Mais dans le mot *la plupart*, vous ne voyez que le plus grand nombre de choses non désignées: il faut y ajouter *des hommes*, si c'est des hommes, que l'on veut parler.

Les *collectifs supposés* sont ceux qui représentent toute une espece de choses dont les parties, soit physiques, soit imaginées et conçues à l'imitation des parties physiques, sont ordinairement considérées comme éparses, et comme n'ayant pas à nos yeux, des différences assez sensibles ou assez connues, pour nous conduire à la distinction des individus : tels sont les noms des aromates, des minéraux, et une foule de noms abstraits que l'esprit humain se figure à-peu-près de la même manière, comme les noms des qualités morales de l'homme, les noms des vices, des vertus, des perfections ou talents, des défauts ou imperfections ; à quoi l'on doit ajouter les mots, *la gloire*, *la renommée*, *la honte*, *la diffamation*, *le repos*, *le travail*, *le sommeil*, *l'action*, *la course , le pardon , la vengeance , le blâme , le boire et le manger , le vrai , le beau , l'utile , l'agréable , le superflu ,* et une infinité d'autres mots semblables.

PARAGRAPHE II.

Des Adjectifs.

(52°.) La seconde forme que nous donnions aux mots , est celle qui nous présente l'idée fondamentale d'un mot comme servant à mieux indiquer l'objet dont on parle , soit par quelque qualité , soit par quelque autre marque déterminative.

Les mots destinés à remplir ces vues , sont ceux qui composent la classe des *adjectifs* , ainsi nommés parce qu'ils doivent naturellement être ajoutés aux *substantifs* , de même que leur idée est ajoutée à l'idée de la nature des objets : car *adjectif* signifie , *qui sert à ajouter.* Pour l'ordinaire , on se contente de dire que les *adjectifs* expriment *les qualités des choses :* expression qu'on ne peut bien entendre , si on ne se rappelle ce que c'est que *nature d'une chose* , et ensuite ce que c'est qu'une *qualité.*

Nous avons vu que l'on entend par *nature* d'une chose , la totalité des qualités constitutives de cette chose , qualités qui réunies ensemble ne forment qu'un tout que le substantif exprime : une observation importante à faire à ce sujet , c'est que la nature d'une chose, telle que le substantif l'exprime, ne contient gueres que les qualités essentielles à cette chose; tandis que souvent les objets ont des qualités accidentelles ou de circonstance , qu'il importe de faire remarquer. Nous observerons encore que souvent il est utile

N 3

d'exprimer à part, des qualités même essentielles, soit parce que le substantif ne nous les retrace pas avec assez de force, soit parce qu'en général on ne les connoît pas assez ; et nous concluerons, de ces deux remarques, que puisqu'il importe quelquefois d'exprimer formellement une qualité qui est déjà implicitement comprise dans le nom substantif, ou même une idée qui ne s'y trouve adjointe qu'accidentellement, il est faux que le noms propres ne doivent jamais prendre d'*adjectifs* : nous dirons qu'il faut au contraire leur en donner, lorsque l'on a de puissantes raisons de faire plus particulièrement ressortir, des qualités qu'ils n'indiquent que confusément, et cumulativement avec toutes les autres ; et lorsqu'il est essentiel de faire remarquer des qualités qui ne sont que surajoutées à leur nature.

Mais qu'est-ce qu'une *qualité*?.. Peut-être n'est-il pas possible de bien définir ce mot ; peut-être aussi n'a-t-il pas besoin qu'on le définisse. On nous dit que *c'est ce qui fait qu'un objet est tel :* or le mot *qualité* n'est-il pas encore plus facile à comprendre que cette sorte de battologie? Si toutefois on desire que nous développions, du moins aussi brièvement que nous le pouvons, ce que nous entendons par ce mot, nous dirons que si une idée, quelle qu'elle soit, se trouve figurée dans notre esprit, comme faisant partie d'une autre idée, (que dès-lors on suppose complexe); si la première est unie à la seconde comme y appartenant, comme concourant à en former la compréhension, et à faire distinguer cette idée complexe des autres idées plus ou moins semblables ; alors, si l'idée complexe représente un objet, la première en représente une qualité ; et par conséquent si toutes deux sont exprimées chacune par un seul mot, le mot qui exprimera la qualité sera un *adjectif*, lorsque le mot qui exprimera l'idée complexe sera un *substantif*.

Les qualités des objets sont comme autant de traits particuliers dans un tableau, dont elles constituent la nature et le caractere par leur réunion. Mais, ajoute-t-on, elles n'y appartiennent pas toutes au même titre : car les unes proviennent des objets eux-mêmes, et les autres ne proviennent que de quelques causes extérieures aux objets : les premières, toutes inhérentes à leurs objets, y sont ou permanentes, ou seulement passageres, ou même accidentelles : les secondes ne résultent que des rapports plus ou moins variables que les objets ont entr'eux ou avec nous ; ou bien elles ne sont que la suite de notre manière de considérer les choses. C'est ici que se présentent les difficultés. Les idées qui ne nous viennent que des rapports apperçus entre les choses, forment-elles de véritables *qualités?* On peut répondre que toujours on les a considérées comme telles. Mais les idées qui ne sont que le résultat de notre manière de voir, seront-elles encore honorées du même titre? Je fixe mes regards sur un arbre, par exemple, et je vois qu'il est *veineux*, *branchu*, etc. ; qualités qui y sont inhérentes et permanentes : je vois de plus qu'il est *sain*, *vert*, *chargé* de fruits, etc. ; qualités qui proviennent aussi de sa propre nature, mais qui cependant ne sont que temporaires et accidentelles : je vois encore que dans l'alignement où il se présente à moi, il est le plus *éloigné* ou le plus *proche* de tous ceux que j'apperçois en même temps, etc. ; circonstances étrangeres à la nature de cet arbre, et que néanmoins, par un effet singulier de mon imagination, j'assimile aux *qualités* précédentes, et que je transporte dans l'idée de l'arbre comme *qualités* véritables, quoiqu'elles ne tiennent qu'à des rapports absolument extérieurs. Et ne voit-on pas déjà quelque chose , sinon de semblable , au moins d'analogue, dans les *adjectifs* qui attribuent aux objets des qualités qui n'y sont réellement pas, des qualités dont les objets n'ont réellement à nous offrir que la cause ou l'effet , ou quelqu'autre circonstance? lorsqu'on dit, par exemple, *pallida mors*, n'est-il pas vrai que l'adjectif *pallida* n'indique que l'effet visible que la mort produit sur ceux qu'elle frappe? Dans *travail utile* , ce dernier mot n'indique-t-il pas bien plus l'effet que le travail doit produire , qu'il n'indique les propriétés qui dans le travail même déterminent cet effet? Dans *papier blanc*, le mot *blanc* ne retrace-t-il pas plus directement encore l'impression que le papier fait sur nos yeux , qu'il ne nous instruit de la dispositon des parties par où le papier fait cette impression? On conçoit combien ces adjectifs diffèrent véritablement de ceux qui ne servent qu'à peindre l'objet lui-même , tels que les mots *compacte* , *fluide*, *rond* , *triangulaire* , etc. En effet , la valeur de ceux-ci ne consiste que dans des qualités qui existent tout entières dans les objets eux-mêmes , et qui ne nous frappent que là ; tandis que la valeur de ceux-là consiste dans des qualités qui sont ailleurs. Mais lorsque je vous parle de l'arbre cité dans ma supposition précédente, si je le désigne comme un objet déterminé ; si je ne le présente que sous un point de vue indéterminé ; si dans ma phrase, je l'emploie comme sujet, comme attribut, ou comme complément , etc. Toutes ces déterminations , qui n'existent réellement que dans mon esprit ; et d'après ma façon de voir, sont-elles aussi des *qualités* , ou doit-on les regarder comme telles ? Parmi ces mots déterminatifs, il y en a qui outre l'annonce de la détermination, renferment une idée particulière et connotative, ainsi que nous le verrons bientôt, et qui pour cette raison s'appellent ou *universels*, ou *partitifs*, ou *numériques*, ou *possessifs*, ou *démonstratifs* : cette idée connotative équivaut aux idées qui naissent des rapports que les objets ont entr'eux ; ainsi l'on peut très-bien ranger ces sortes de *déterminatifs* au nombre des *adjectifs*, de même que *prochain*, *éloigné*, etc. Il ne reste donc que *le, la, les* : mais ceux-ci se rapportent aux substantifs de la même manière que *beau*, *grand*, *rouge*, etc. ; c'est-à-dire, qu'ils ont les mêmes accidents, et suivent les mêmes regles de concordance : ils sont donc de la même classe, de la classe des *adjectifs* : comme néanmoins ils n'expriment que des déterminations, il faudra dire que les *adjectifs* sont des mots institués pour être joints aux substantifs, parce que les idées qu'ils renferment, s'unissent à l'idée des objets pour ne former avec celle-ci, qu'une seule et même chose, qu'une idée unique et totale, que ces *adjectifs* spécifient, les uns par des qualités réelles, d'autres par des rapports particuliers, et d'autres par de simples déterminations.

Tous ces *adjectifs* ne forment, dans les vues de la Grammaire, que deux branches, savoir, ceux dont l'idée fait partie de la compréhension du nom auquel on les rapporte ; et ceux qui sans affecter la compréhension du nom, servent à faire distinguer l'objet dont on parle, en le déterminant d'une ou d'autre manière, et avec plus ou moins de précision. Les adjectifs de la première de ces deux classes, sont ceux que l'on appelle *adjectifs physiques*, sans doute parce qu'ils concernent la nature même de leurs objets : les autres, qui n'affectent que l'extension ou étendue de signification des noms qu'ils accompagnent, ont été nommés *adjectifs métaphysiques*, ou *prono-minaux*, ou *articles*.

L'adjectif ne nous présente qu'un seul et même objet avec son substantif : ce dernier nomme cet objet ; et l'adjectif le détermine ou en exprime une qualité. Il y a donc identité entre ces deux mots, quoique l'idée partielle énoncée par l'un, soit naturellement très-différente de l'idée totale énoncée par l'autre. Les choses subsistent par elles-mêmes : les qualités ne subsistent que dans les choses ; les rapports n'existent qu'entre les objets ; et les déterminations n'ont lieu que dans notre pensée.

Il s'ensuit de ce qui précéde, que si l'adjectif ne partage point avec le substantif, l'avantage de nous rappeller les objets en nous les retraçant par l'idée dé leur nature, il nous les rappelle néanmoins et nécessairement d'une manière in-directe et vague, par l'idée précise de la qualité, ou du rapport, ou de la détermination qu'il ex-prime ; et c'est pour celà en partie, que l'on dit aussi fréquemment *nom adjectif*, que *nom subs-tantif*. C'est à cause de cette indication d'un objet, quel qu'il soit, que MM. de Port-Royal ont distingué deux significations dans les adjec-tifs physiques sur-tout, une signification *confuse*, *indirecte*, et *oblique*, qui est celle de l'objet, et qu'ils ont nommée *connotation ;* et une significa-tion *distincte* et *directe*, qui est celle de la qua-lité qu'ils expriment. La même signification dont on vient de parler, donne lieu aux mêmes au-teurs, d'expliquer comment se forment les idées abstraites : dans l'adjectif *bon*, disent-ils, l'objet que l'on a en vue, est présenté à l'esprit par la signification confuse ; et la qualité qu'on lui attribue, l'est par la signification distincte. Or dans le substantif abstrait *bonté*, cette même

qualité perd sa signification confuse ou connotative, et ne nous offre plus que sa signification
objective et directe : ce même mot *bonté* ne rappelle donc plus aucun autre objet qui lui serve
d'appui et dans lequel elle existe : la qualité
d'être *bon* ne s'y montre à nous que sous la
forme d'une chose que l'on suppose existante, et
que l'on ne considere plus que comme telle. Le
rien, le *néant*, et tant d'autres mots semblables
ont bien le même privilége, quoique nous ne
puissions y attacher qu'une idée négative.

Nous observerons ici 1°. que parmi les adjectifs,
il n'y a que ceux qu'on nomme *physiques* et ceux
qu'on appelle *actionnels* ou *verbaux*, qui en général nous fournissent des noms abstraits, parce
qu'il n'y a que ceux-là qui en se dépouillant de
leur valeur connotative, conservent une signification ou idée assez sensible pour pouvoir paroître
sous la forme d'un être imaginé ou comme réel :
on dit bien la *rondeur*, l'*élasticité*, la *molesse*,
la *blancheur*, la *beauté*, etc. ; on dit également
bien la *vengeance*, le *pardon*, le *blâme*, la
louange, la *course*, etc. Mais quelle prise trou-
vera-t-on dans les adjectifs qui n'entrent point
dans la compréhension des noms, dans ceux
qui n'expriment que de simples rapports des
objets, ou des vues particulières de l'esprit, tels
que *le*, *la*, *les*, et autres semblables ? Quelle
prise pourront-ils nous offrir encore, si nous en
retranchons l'idée qui les rapproche des individus qu'ils déterminent ? Puisqu'ils n'expriment
qu'une idée simple, il est évident qu'on n'en peut
rien retrancher sans les annuller entièrement.

2°. Nous observerons que les adjectifs physiques et verbaux ne se bornent pas à nous fournir
des dérivés qui deviennent des noms abstraits ;
mais que de plus ils figurent souvent eux-mêmes

comme tels, ainsi qu'on le voit par les expressions le *vrai*, le *vû* d'une sentence, etc. en quoi les verbes usent de la même faculté, comme dans *le boire, le dormir,* etc.

3°. Qu'il faut abandonner comme oiseuse la question de savoir, si on a pu avoir des substantifs avant d'avoir des adjectifs, puisqu'il est très-possible que l'on se soit formé l'idée de la nature d'une chose, et qu'on lui ait donné un nom, avant d'avoir dénommé les qualités qu'on y aura d'abord apperçues. Car d'ailleurs il est juste de convenir que ce qui nous frappe avant tout dans les objets, ce sont leurs qualités les plus sensibles, et qu'ainsi avant de connoître la nature de ces objets, nous en connoisons diverses qualités ; que ce n'est qu'en acquérant successivement la connoissance de celles-ci, que nous parvenons à la connoissance de celles-là ; et que même le substantif ne fait que réunir en un seul tout, les qualités connues d'un objet, sans y rien ajouter de plus ; raison pour laquelle Diderot a dit que l'adjectif est tout, et que le substantif n'est rien.

(53°.) La seconde classe grammaticale des adjectifs, celle des *articles*, a pour caractere spécial, de n'ajouter aucune idée à la compréhension du nom qu'ils accompagnent, de n'y point entrer, de n'en exprimer aucune qualité physique, et de ne servir qu'à faire disparoître l'abstraction des individus, en indiquant positivement l'application que l'on fait du nom, à ceux des individus auxquels il convient dans les circonstances où est celui qui parle.

On divise et l'on sous-divise les articles en plusieurs classes : on compte 1°. ceux qui réduits à eux-mêmes, et indépendamment de toutes circonstances, ne font qu'indiquer que l'on a en vue les individus, sans d'ailleurs comprendre

aucune autre détermination plus précise de ceux
qu'on a en vue : tels sont les mots *le*, *la*, *les*, que
l'on nomme *articles indicatifs* : 2°. ceux qui
ajoutent à cette indication vague et générale,
quelqu'idée étrangere à la nature de l'objet, mais
qui y donne plus de précision, en faisant connoître par quelques traits particuliers, l'individu
ou les individus dont on parle ; articles auxquels
on a donné, à cause de cette addition, le nom d'*articles connotatifs*, et que l'on sous-divise en toutes
les classes subalternes qui nous restent à indiquer ;
savoir, 3°. les *articles connotatifs universels*,
dans lesquels l'idée particulière qui en fixe plus
spécialement l'application, consiste à embrasser
tous les individus qui appartiennent à l'extension
du nom que ces articles accompagnent ; articles
qui sont 4°. les uns *positifs*, c'est-à-dire, ne pouvant servir dans les phrases négatives, qu'autant
qu'on y joint les mots, qui par eux-mêmes établissent la négation par-tout où on les emploie ;
et 5°. les autres *négatifs*, ou qui, tels que le mot
nul, tendent toujours à rendre négative la phrase
où ils figurent ; 6°. les articles universels positifs
collectifs, qui comme le mot *tout* quand il ne
signifie pas la totalité de l'objet, marquent tous
les individus de l'espece considérés ensemble et
sous le même aspect ; et 7°. les articles universels
positifs *distributifs*, qui comme le mot *chaque*,
marquent tous les individus considérés séparément un à un, et en y supposant des différences
distinctives : 8°. les articles connotatifs *partitifs*,
ou qui ne désignent qu'une partie des individus
de l'espece, et qui sont, ou bien 9°. *indéfinis*,
ne déterminant avec une entière précision, ni
le nombre ni la qualité des individus qu'ils indiquent partiellement, comme *plusieurs*, *aucun*,
quelque, *certain* et *tel* ; ou bien 10°. *partitifs*

définis, qui déterminent formellement par quelque trait distinctif les individus qu'ils ont à désigner ; trait distinctif qui nous donne 11°. les
numériques, lorsqu'il consiste à assigner juste
la quotité des individus dont on veut parler ;
12°. les *possessifs*, lorsque le trait particulier
consiste à marquer dans les individus dont on
parle, une dépendance relative à quelques personnes ; et 13°. les *démonstratifs*, qui sont, ou
14°. *purement démonstratifs*, comme *ce*, *cet* ;
ou 15°. *démonstratifs conjonctifs*, comme *qui*,
que, etc. Toute cette classification au reste a été
empruntée de la langue françoise, parce qu'on
trouve moins de sortes d'articles dans les autres
langues, où d'ailleurs ils ont été jusqu'ici moins
recherchés, et moins connus.

PARAGRAPHE III.

Des Pronoms.

(54°.) Il ne peut y avoir de langage, qu'il n'y
ait quelqu'un qui parle, ou qui soit censé parler :
il est absurde d'imaginer que l'on parle, et que
l'on ne parle à personne : enfin il est impossible
de parler réellement, et de ne parler de rien.
C'est donc la nature même des choses et la nécessité, qui donnent au langage, le caractere d'une
espece de scêne théatrale, où l'on voit figurer
trois sortes de personnages ; une espece de scêne
où l'on met en relation, et pour ainsi dire, en
présence, trois classes d'acteurs, savoir, 1°. ceux
qui parlent ou qui sont supposés parler ; 2°. ceux
à qui la parole est adressée réellement ou par
supposition ; et 3°. ceux de qui l'on parle. Ainsi
nous avons nécessairement dans les langues trois
rôles à établir ; trois rôles dont on ressent le

besoin absolu dès que l'on veut parler ; dont il
est par conséquent indispensable d'admettre et
de reconnoître la distinction dans l'analyse du
discours ; et à l'expression, à l'indication desquels, les langues sont tenues de pourvoir. Or
ce sont les mots destinés à l'expression et à l'indication de ces rôles, que l'on appelle *pronoms.*

Beauzée définit le *pronom,* un mot qui rappelle
à l'esprit un objet indéterminé, en le désignant
par l'idée précise du rôle dont cet objet est chargé
dans le discours. Cette définition ne distingue
point la valeur objective de la valeur formelle ;
et il faut convenir que ces deux valeurs ne sont
pas faciles à discerner dans cette classe de mots.
Le *pronom,* dit Beauzée, rappelle à l'esprit un
objet indéterminé : mais il ne le rappelle qu'indirectement et obliquement, par une simple connotation vague et confuse, comme MM. de Port-
Royal ont remarqué que les adjectifs rappellent
leurs substantifs. Cette connotation oblique et
confuse, ne peut être ni l'une ni l'autre des deux
valeurs que nous cherchons, parce que ces deux
valeurs doivent être directes et précises : elle ne
peut tout au plus que faire partie ou suite de
l'une ou de l'autre, comme dans l'adjectif, elle
ne fait que suite ou conséquence de la valeur
formelle. Cependant lorsque dans un pronom,
on a retranché cette idée de connotation, on ne
peut plus y retrouver que celle de telle rôle, qui
par-là semble être tout-à-la-fois, et la valeur
objective et la valeur formelle.

Dans la famille des mots qui, par exemple,
nous fournit le verbe *aimer,* le substantif *amitié,*
et l'adjectif *aimable,* on retrouve par-tout une
signification radicale ou fondamentale, qui est
toujours la même, et très-différente des valeurs
formelles dont on peut successivement la revêtir ;

au lieu que dans le *pronom,* tout semble disparoître dès qu'on y supprime l'idée de rôle. Telle est la difficulté à laquelle aucun grammairien n'a jusqu'ici point encore songé à répondre. Mais ne peut-on pas dire, que l'idée de rôle, ou même de tel rôle, peut être vaguement l'idée objective, laquelle ne sera précisément déclarée applicable ou appliquée à quelqu'objet déterminé, que par la valeur formelle? De cette sorte les mots *tutoyer, tutoyement,* et *tu* seront de la même famille, et auront la même valeur radicale, l'idée vague du second rôle au singulier; tandis que par leurs valeurs formelles, l'un sera verbe, l'autre substantif, et le troisième pronom? Ainsi l'idée de second rôle au singulier sera successivement prise dans *tutoyer,* comme centre des rapports qui constituent une pensée; dans *tutoyement,* comme nature d'un être abstrait; et dans le pronom *tu,* comme étant actuellement et dans l'ordre grammatical de la phrase, appliqué ou applicable à un objet déterminé.

Il est assez naturel de croire que c'est à cause de cette presque identité de la valeur objective et de la valeur formelle des *pronoms,* que les grammairiens et le public sont tombés, sur cette partie d'oraison, dans tant d'erreurs, qui ont singulièrement allongé un chapitre ou paragraphe, qui devoit être fort court.

En effet, on n'a su comment définir les *pronoms;* ou plutôt on les a définis au hazard; et delà il est arrivé que 1°. les uns ne voyant dans le nom qu'une simple désignation des personnes ou des choses, ont reporté les *pronoms* dans la classe des substantifs; ne considérant pas que la désignation des individus se forme dans les substantifs, par l'idée de la nature même des choses; et que dans les *pronoms,* elle ne résulte que de

l'application

l'application que l'on fait de tel ou tel rôle ;
d'où il suit que dans les uns, la désignation est
complette, directe, et invariable ; et que dans les
autres, elle n'est qu'accidentelle, toujours variable,
et très-partielle, n'ayant de rapport qu'à une
vue momentanée de l'esprit... 2°. d'autres auteurs
disent que le *pronom* n'est qu'un *vice-gérant* du
nom, ne se donnant pas la peine d'examiner ou
de discuter ce que l'on doit entendre par le mot
de *vice-gérant* : sans doute le pronom doit rappeler un nom à l'esprit, au moins d'une manière
vague et indéterminée. Si ce rappel n'a pas lieu,
le discours n'est plus construit selon les principes
des langues, et dès-lors il n'offre plus de sens :
mais le pronom ne remplace point complettement
le nom, les fonctions de l'un étant toujours
essentiellement différentes des fonctions de l'autre : dans *il faut*, *il pleut*, *il* est certainement
pronom ; mais comme on ne le prend que dans
un sens vague et général, il n'est *vice-gérant*
d'aucun nom que l'on puisse citer. Lorsque dans
les actes judiciaires ou publics, on dit... « *Je*
» *soussigné N. déclare* » etc. ; et lorsqu'un orateur
s'écrie ;.... « *et vous*, *hommes de bonne foi*,
dites, etc. , les mots *je* , *vous*, sont encore bien de
vrais *pronoms*, quoique réunis aux noms auxquels
on les rapporte, et bien éloignés par conséquent
de les remplacer. Lorsqu'en parlant d'un individu, je dis.... « *il est parti ce matin*, » ce mot
il s'applique dans mon esprit à l'individu dont
il s'agit ; et cette application se fait de même
dans l'esprit de ceux qui m'entendent, pourvu
qu'elle ait été antérieurement annoncée et convenue : mais ces applications ne sont que des idées
accessoires, passageres, et indirectement annexées à ces *pronoms*. Le *pronom* en un mot n'énonce
par lui-même, que tel rôle actuellement appliqué

Tome I.   O

ou applicable dans la phrase, à tel ou tel objet : cette application doit être énoncée ou convenue à part ; et lorsqu'elle l'a été, le pronom suffit pour rappeler l'objet auquel elle a été faite. Ainsi le remplacement du nom de cet objet n'est qu'accidentel, et affaire de convention.

3°. Presque tous croyant devoir reconnoître des pronoms dans tous les mots qui leur sembloient rappeler ainsi quelque nom, nous ont, plus péniblement encore que savamment, distingué des *pronoms personnels*, comme s'il pouvoit y en avoir d'autres ; des *pronoms relatifs*, comme si tous n'avoient pas également rapport aux choses auxquelles on assigne les rôles qu'ils expriment ; ou comme si ces *pronoms* pouvoient avoir d'autres relations générales et caractéristiques ; des *pronoms indéfinis*, comme si jamais un pronom devoit être défini par lui-même, ou suppléer à ce qu'il y aura peut-être de vague dans le nom auquel on l'adjoindra ; et des *pronoms démonstratifs*, comme si le rapport du pronom à l'objet auquel il se trouve appartenir, ne devoit pas être par-tout clairement indiqué ou démontré.

Quelques auteurs même, comme Fréron, ont pensé que l'idée de troisième rôle, ou de troisième personne, fait partie de la signification des substantifs : ce qui les a induits en erreur, c'est que nous voyons à chaque instant, les noms employés à la troisième personne, sans que néanmoins ils soient accompagnés d'aucun pronom : mais il faut observer que les hommes seuls peuvent parler ; et qu'eux seuls, pour l'ordinaire, figurent comme interlocuteurs dans le discours ; et que de cette sorte tous les noms de choses n'y paroissent communément que pour y avoir le troisième rôle. Or il est aisé de concevoir combien le nombre des noms de choses l'emporte sur le nombre des noms d'hommes. Il étoit donc, à tous égards, dans l'ordre de cette sage économie que la nature nous offre par-tout, de supprimer comme inutile, le pronom devant le nom, lorsque celui-ci n'est employé qu'à cette même personne qu'il a le plus souvent; principalement lorsqu'il est établi que dans tous les autres cas, ou aux autres personnes, l'un sera régulièrement adjoint à l'autre. Ainsi il reste toujours vrai, que l'idée de rôle ne fait point partie de la valeur des substantifs, qui par eux-mêmes sont aussi indifférents au premier, qu'au second, ou au troisième. Cette indifférence est si réelle, que lorsque le nom et le pronom sont réunis dans une même phrase et pour un même objet, c'est toujours le nom qui décide du genre, et le pronom seul qui décide de la personne.

Puisqu'il ne peut y avoir de *pronoms*, que pour indiquer les rôles qui se jouent sur la scène du langage, il semble d'abord qu'on ne devroit en admettre que trois, un pour la première personne, un pour la seconde, et un pour la troisième; sauf à en varier les formes pour distinguer le pluriel du singulier, et pour marquer les cas et les genres. Mais les usages des langues sont sujets à tant de variations sur tous les points, qu'on ne doit pas être surpris de trouver ici comme ailleurs, une sorte de richesse à laquelle on ne s'attend pas. C'est ainsi que la langue françoise et la langue latine, par exemple, ont deux sortes de *pronoms*; l'une de *pronoms directs*, et l'autre de *pronoms réfléchis*; les premiers se bornant à énoncer simplement le rôle ou la personne; et les seconds correspondants toujours à un autre pronom de la même personne, déjà exprimé ou sous-entendu dans la même phrase, auquel ils se rapportent, en indiquant un retour de l'objet mis en scène sur lui-même. Comme ces pronoms réfléchis ne peuvent ainsi se reporter que sur un rôle déjà énoncé, on voit qu'ils présupposent toujours, et suivent naturellement l'expression du sujet, et ne peuvent par conséquent jamais en faire la fonction.

PARAGRAPHE IV.

Du Verbe.

(55°.) La quatrième forme est celle qui nous présente l'idée radicale ou objective, comme servant à rattacher entr'elles, les autres idées qui composent une même pensée ; comme le centre autour duquel elles viennent se ranger, d'où elles partent, et où elles aboutissent : en un mot, comme un lien commun et principal, qui n'en fait qu'un tout, les complette l'une par l'autre, et devient ainsi l'ame des jugements que nous prononçons, et la classe des mots que l'on appelle *verbes*, c'est-à-dire, *parole* par excellence.

Les savants de Port-Royal et la foule de ceux qui les ont suivis, ont cru que l'*affirmation* étoit le trait caractéristique du *verbe*. C'étoit chercher la définition de cette classe de mots, dans ce qui distingue le *mode* qu'on nomme *indicatif.* D'ailleurs les bons esprits seront toujours étonnés d'entendre dire, que l'*affirmation* est le vrai caractere distinctif du verbe *nier*, par exemple ; outre que l'on ne conçoit pas trop comment ce caractere peut se retrouver dans les verbes *affirmer* et *nier*, autrement ou plutôt que dans *oui* et *non*, qui ne sont pourtant pas des verbes.

Girard frappé de ces difficultés, crut trouver une définition plus exacte du verbe, en nous présentant cette espece de mots, comme spécialement chargés de donner à nos idées, la forme d'*actions* ou d'*événements*. Mais quelle idée d'action ou d'événement appercevons-nous dans *courir* ou *aimer*, dans *couru* ou *aimant*, que nous n'appercevions pas également dans *course*, *amitié*, *coureur*, et *ami*? Le caractere de chose mise en action, est-il bien frappant et vraiment caractéristique dans les verbes neutres, et surtout dans le verbe *être*, lorsqu'il ne sert qu'à exprimer l'identité que nous découvrons entre un objet et une de ses qualités? Si celà étoit, il n'y auroit aucun rapport entre nos idées, que nous ne pussions nous figurer comme *action*, ou au moins comme *événement*. Ainsi, selon l'abbé Girard, tous les mots qui expriment des rapports, pourroient être élevés au rang des verbes.

Beauzée a espéré terminer tous ces débats, en réduisant le *verbe* à nous présenter l'idée de l'existence intellectuelle d'un sujet indéterminé, avec rapport à un attribut, déterminé ou non. Il nous semble d'abord que pour rendre cette définition plus facile à comprendre, Beauzée auroit dû, avant tout, nous donner une notion bien précise de ce qu'il entend par *sujet* et par *attribut* : or, ces notions, il ne les cherche que dans d'autres endroits de son traité. Une autre chose qui nous paroît devoir l'embarrasser bien davantage, c'est qu'on lui demandera si tous les mots ne nous indiquent pas l'existence intellectuelle de leurs objets ; si dans le discours, ces objets n'ont pas tous et toujours des rapports entr'eux ; si le terme antécédant de ces rapports ne pourroit pas, à toute rigueur, être appelé le *sujet* de ce rapport, et le terme conséquent l'*attribut*; et si, par exemple, on ne définiroit pas également bien la *préposition*, « un mot qui ex-

» prime l'idée de l'existence intellectuelle d'un
» sujet avec rapport à un attribut » ?

. Les reproches que l'on est fondé à faire à toutes
ces définitions, ont engagé le citoyen Domergue
à faire de nouvelles recherches, qui n'ont pas eu
tout le succès qu'il pouvait en espérer : en partant du principe, que toute proposition peut se
réduire à trois parties intégrantes et essentielles,
le *sujet*, le *verbe*, et l'*attribut* ; il a cru que
toutes les difficultés seroient levées, si l'on dé-
signoit ces trois parties, par des mots si expres-
sifs et si précis, que personne ne pût plus s'y
tromper. Il a regardé les anciens mots *sujet*,
verbe, et *attribut*, comme vagues, insignifiants,
ou faux ; et enfin il y a substitué les mots *judicande*, *judicateur*, et *judicat*; le premier, pour
désigner l'objet principal de la phrase, celui qui
appelle tout le reste à sa suite, sur lequel en un
mot on prononce ; le second, pour désigner l'expression par laquelle on juge, on prononce ; et
le troisième, pour désigner ce que l'on prononce.
Cette manière d'analyser la pensée joint au mérite de la simplicité, celui de la justesse ; de sorte
que si l'on ne pouvoit pas réussir à donner une
définition exacte et regulière du *verbe*, on pourroit
y suppléer par cette courte exposition. Cependant,
outre la répugnance que l'on éprouve à renoncer
ainsi à une véritable définition de cette partie
essentielle de l'oraison, tandis qu'on en a de
très-satisfaisantes pour les autres classes de mots ;
plusieurs personnes se sont déclarées contre les
mots *judicande*, *judicateur*, et *judicat*, et les
ont présentés au public comme des termes inso-
lites, que l'oreille souffre à entendre.

Un autre homme de mérite, le citoyen Madget,
irlandois de naissance, et naturalisé françois,
réduit tout le système grammatical à une simpli-

cité plus grande encore : il observe d'abord que les mots ne peuvent nous retracer que les _choses_, ou les _rapports_ qu'elles ont entr'elles ; la nature elle-même ne contenant rien de plus : c'est en partant de ce principe, que cherchant à découvrir les fonctions des mots, selon la classe à laquelle ils appartiennent, il nous dit que le nom substantif, l'adjectif, et le pronom nous présentent les choses ; le premier par l'idée de leur nature, le second par l'expression de quelqu'une de leurs qualités ou circonstances déterminatives, et le troisième par l'indication de leur rôle dans la phrase ; tandis que tous les autres mots ne sont déstinés, qu'à nous indiquer les rapports que ceux-là peuvent avoir entr'eux ; c'est-à-dire, que le _verbe_ exprime le rapport que l'on apperçoit entre un nom ou pronom et un adjectif ; la _préposition_, le rapport que l'on apperçoit entre deux noms substantifs ou pronoms ; l'_adverbe_, le rapport qui peut exister entre deux adjectifs ; et la _conjonction_, le rapport que l'on veut établir entre d'autres rapports. Ce système a quelque chose de frappant, je dirois presque, de sublime dans sa justesse et sa simplicité : s'il peut soutenir l'épreuve d'un examen plus approfondi et suffisamment détaillé, il ne seroit pas surprenant qu'à la fin il l'emportât sur tous les autres. Mais obligés en attendant, de donner une notion précise et déterminée du _verbe_, nous dirons....

Qu'il n'est pas douteux que ce mot si important n'exprime des rapports ; raison pour laquelle les logiciens lui ont si souvent donné le nom de _copule ;_ que néanmoins il renferme presque toujours de plus, le second terme de ces rapports, le terme que les grammairiens nomment l'_attribut ;_ et que comme il est évident qu'il y a plu-

sieurs sortes de rapports qu'il n'exprime pas,
nous pensons contribuer plus essentiellement à
la satisfaction des bons esprits, et aux progrès
de la science grammaticale, en nous élevant à
une notion plus philosophique, c'est-à-dire, plus
lumineuse et plus directe, ou moins nominale ;
et pour cela en faisant remarquer que dans chaque
pensée, il y a nécessairement un rapport plus
essentiel, qui est comme le nœud de cette même
pensée, qui en embrasse les parties intégrantes
et fondamentales ; que les autres sortes de rapports peuvent facilement être distingués de celui-
ci, en ce qu'ils ne sont dans nos jugements, que
1°. partiels et secondaires, tels que ceux que l'on
trouve dans les régimes, et que l'on exprime par
des prépositions ou par des cas obliques ; ou bien
2°. que ces autres rapports ne sont qu'extérieurs
et comme placés en dehors des pensées, tels que
ceux qui nécessitent l'emploi des conjonctions ;
ou bien enfin 3°. qu'ils ne sont qu'implicitement
employés ou indiqués, tels que ceux qui résultent
du rapprochement des mots mis en concordance,
où l'identité les annonce sans les énoncer ; que
ces trois dernières sortes de rapports renferment
tous ceux que le verbe n'exprime pas ; et que de
cette sorte et d'après toutes ces distinctions, nous
croyons devoir définir le verbe, « une classe de
» mots destinés à exprimer dans nos jugements
» formels et développés, le rapport général et
» principal qui constitue la nature de tout juge-
» ment, et en lie entr'elles les parties essentielles
» et intégrantes. » Nous disons *jugements formels et développés*, vu que nous n'avons pas deux
mots unis ensemble dans une même expression,
qui ne tiennent l'un à l'autre par une liaison
particulière, qui donneroit lieu à un jugement
et à une véritable proposition, si on la dévelop-

poit davantage ; liaison par conséquent fondée sur un rapport qui n'a besoin que de ce développement, pour devenir principal et direct, et pour être exprimé par un *verbe :* c'est ce que l'on concevra facilement si l'on se rappelle ce que nous avons dit de la décomposition de nos idées ou pensées (n°. 24).

Avancer que la décomposition analytique de nos pensées produit et constitue nos jugements ; que le trait distinctif de tout jugement est l'acte, par lequel l'esprit prononce formellement un rapport entre les idées intégrantes et principales qu'il rapproche et combine ensemble ; et que dans nos phrases, qui ne sont que l'expression de de nos jugements, les verbes sont l'expression particulière de ce même acte ; n'est-ce pas dire, et reconnoître qu'il ne peut y avoir de phrase sans *verbe* ; qu'il n'y a point de verbe dans le discours, qu'il n'y ait aussi un jugement au moins annoncé, et une phrase au moins indiquée ; et qu'enfin le *verbe* est, ainsi que nous l'avons déjà dit plusieurs fois, le lieu, le centre, l'ame de nos phrases et de nos jugements, le pivôt sur lequel nos pensées tournent et s'appuient ? Faut-il donc s'étonner que cette partie d'oraison attirant toutes les autres à elle, ait été plus spécialement chargée qu'aucune autre, de nous retracer toutes les circonstances propres à répandre dans le discours, la clarté et la précision convenables ? Faut-il s'étonner qu'en conséquence, le *verbe* ait été rendu susceptible de tant de sortes de variations dans ses formes, ainsi que nous le verrons en parlant des accidents des mots ?

PARAGRAPHE V.

De l'Adverbe.

(56°.) La cinquième forme, celle qui constitue l'*adverbe*, consiste à nous présenter la valeur objective du mot, comme servant à modifier quelqu'autre idée.

A ne consulter que l'étymologie du mot *adverbe*; on n'y verra que la destination spéciale d'être placé *auprès du verbe*; destination que Beauzée admet comme fondée, mais seulement en prenant le mot *verbe* dans le sens général qu'on lui donne souvent, et par exemple, dans l'expression *verbum verbo reddere*. Ainsi, selon Beauzée, l'*adverbe* pourroit se joindre à toutes sortes de mots, même à des substantifs; ce qui pourtant ne s'est jamais vu, à moins que ces substantifs ne fussent pris adjectivement. Au reste, le même auteur observe ensuite et avec raison, que ce n'est pas toujours dans l'étymologie, qu'il faut aller chercher la définition juste et précise des mots.

Presque tous les grammairiens, même les plus célèbres, n'ont vu dans *l'adverbe qu'un équivalent* de la préposition et de son complément, ou régime, ou terme conséquent. « Il n'a que cette » valeur, dit Dumarsais : c'est un mot qui abrége. » Duclos, Froment, Beauzée, et cent autres en ont pensé de même. Ce dernier va jusqu'à se persuader que la préposition est à l'*adverbe,* ce que le verbe abstrait est aux verbes concrets; et que l'on feroit bien de réunir dans une même classe ou partie d'oraison, les deux premières de ces quatre sortes de mots, comme deux classes sous-divisées; de même qu'on a réuni les deux autres sous le titre

général de *verbes*. « Alors, dit-il, les prépositions
» seroient des adverbes simplement *indicatifs*,
» et nos anciens adverbes seroient des adverbes
» *connotatifs*. »

Ces notions sont-elles assez justes, et assez
bien établies, pour pouvoir enfin être admises
et transformées en principes?.... Qu'il me soit
au moins permis d'exposer mes doutes sur ce
point; et que l'on me pardonne d'aimer assez la
vérité, pour m'élever au-dessus de toute défé-
rence lâche et pusillanime, envers des maîtres
que j'estimerai et respecterai toujours.

Si j'examine quel est, envers les autres hommes,
notre devoir dans les jugements que nous avons
à prononcer, je vois d'abord que nous ne devons
prononcer que des jugements conformes à la justice : j'appelle *équité*, la disposition où nous
devons être à cet égard; et je dis que *nos jugements* doivent être *équitables*; que nous devons
juger avec équité; ou que nous devons *juger
équitablement*. Ces trois expressions disent à-peu-
près la même chose; mais ne la disent pas de la
même manière : là c'est un adjectif qui se diver-
sifie selon le genre et le nombre du nom qu'il
accompagne; ici ce sont des mots qui ne sont
assujétis à aucune loi étrangere, pour la détermination de leurs formes. Mais pourquoi ne peut-
on pas dire *jugements avec équité*, ou *jugements
équitablement*? C'est que les noms ayant des
genres et des nombres, il convient que les mots
qui ne servent qu'à les qualifier, se revêtent,
pour ainsi-dire, de leur livrée, afin de nous
présenter dans le mode de l'expression même,
l'identité qu'il y a entre la qualité et l'objet qualifié. Or ces moyens de convenance ne peuvent
avoir lieu, lorsque l'idée dont il s'agit, tombe
sur un verbe ou sur un adjectif, ou sur un autre

adverbe, parce que ces derniers mots ne pourroient pas déterminer dans d'autres mots, des
formes qu'ils ne connoissent pas eux-mêmes,
et moins encore établir les signes d'une identité
qui n'existeroit plus.

Mais si nous convenons qu'il y a une différence
réelle entre l'adverbe, ou la préposition avec son
complément d'une part, et l'adjectif de l'autre ;
pouvons-nous en établir une aussi sensible, entre
les deux premières expressions ? Beauzée, qui
appuie de toutes ses forces, l'avis de ceux qui regardent ces deux manières de s'exprimer comme
synonymes, avoue cependant ensuite, qu'il seroit
assez porté à croire que, s'il s'agit de mettre un
acte en opposition avec une habitude, *l'adverbe*
est plus propre à marquer l'habitude, et que la
préposition avec son complément convient mieux
pour n'indiquer qu'un acte simple ; et qu'il diroit,
par exemple, « qu'un homme qui se conduit *sa-*
» *gement*, ne peut pas se promettre que toutes
» ses actions seront faites *avec sagesse*. »

Cette différence si juste que Beauzée remarque
et avoue lui-même, ne seroit-elle qu'un caprice
de l'usage ? Ici on peut répondre que l'analogie
est un des premiers principes du langage ; et que
comme nous voyons pour l'ordinaire, que les
objets physiques se rapprochent toujours davantage, à mesure qu'ils ont entr'eux des rapports
plus essentiels ; nous rapprochons aussi toujours
plus les mots, à mesure qu'ils se lient plus intimement les uns aux autres ; d'où il arrive d'un
autre côté, que les mots qui sont plus proches
voisins, nous paroissent plus étroitement liés
dans l'ordre de nos pensées. Or le complément
de la préposition est éloigné du terme antécédant, de tout l'espace que la préposition occupe ;
au lieu que dans l'*adverbe*, l'idée exprimée par

ce complément, est comme contiguë à celle que nous offre ce terme antécédant : ainsi il est naturel que l'*adverbe* nous présente cette idée comme plus inhérente, telle que l'est une habitude ; et que la préposition avec son complément ne l'exprime que comme accidentelle et presque fortuite, telle que l'est un acte particulier et passager.

Une autre différence qui mérite bien encore quelqu'attention, c'est qu'il n'est pas vrai que la préposition avec son complément, puisse toujours, ainsi qu'on nous l'assure, être remplacée par l'*adverbe*. Dans cette phrase, *je m'entretiens avec Platon*, il n'y a point d'*adverbe* qui puisse remplacer ces deux derniers mots ; et cela, non-seulement parce qu'il ne s'y agit que d'une chose considérée comme un acte particulier, mais encore parce qu'on ne peut substituer l'adverbe qu'à des mots abstractifs, c'est-à-dire, qu'à des mots qui expriment quelque qualité, ou qui soient employés comme tels : ainsi l'on peut dire *fortement* pour *avec force*, parce que *force* a la même idée objective que l'adjectif *fort*. Si on dit *platoniquement*, c'est parce qu'antérieurement on a eu l'adjectif *platonique*, lequel n'a point la même idée fondamentale que *Platon*, puisqu'il n'exprime qu'une certaine manière de faire, où l'on observe, comme circonstance accidentelle, que c'est la manière de Platon : en un mot, dans *platonique* et dans *platoniquement*, l'idée de *Platon* n'est qu'indirecte ; tandis que dans *fort* et *fortement*, l'idée de *force* est directe et principale.

On voit par tout ce qui précéde, que ce n'est souvent qu'imparfaitement, que l'on remplace l'un par l'autre, l'*adverbe* et la préposition avec son complément ; et que même il arrive quelquefois que cet échange n'est pas plus facile, que ne seroit celui de l'un ou de l'autre contre l'adjectif. La synonymie entre ces expressions n'est donc point réelle, ou du moins elle n'est point complete. D'ailleurs, pour peu que l'on réfléchisse sur la sagesse et l'économie de la nature dans tout ce qui nous vient d'elle, peut-on imaginer qu'elle ait constamment fait admettre dans toutes les langues, une classe entière de mots, qui ne seroient que des synonymes parasites, qu'une superfétation vaine et plus embarrassante qu'utile, ou en tout cas, une classe entière de mots qui ne serviroient qu'à nous épargner quelquefois les frais d'une syllabe de plus dans le discours? N'est-il pas démontré par cette seule considération, que l'on a mal jugé les mots que nous appellons *adverbes*; et que pour s'en faire une plus juste idée, il faut commencer par les regarder comme nécessaires au parfait développement de nos pensées?

En rejetant les définitions que nous en ont données les Dumarsais, les Beauzée, les Condillac, et tous ceux qui ont adopté la doctrine de ces illustres grammairiens; et sans nous arrêter aux notions encore moins satisfaisantes, que l'on trouve sur le même sujet, dans le Pere Buffier, Restaut, et autres auteurs moins profonds que les précédents; essayons de développer ce qu'en a dit l'abbé Girard.

« *L'adverbe*, dit ce dernier, est un mot destiné » à énoncer les modifications différentes dont » l'action et la qualification sont susceptibles ». Retranchons de cette définition, ce qui concerne l'*action* et la *qualification*, qui n'y sont placées que pour nous faire comprendre que l'*adverbe* se joint aux verbes aussi bien qu'aux adjectifs : retranchons cet article, parce que de plus ces deux mots ne suffisent pas pour indiquer toutes les fonctions de l'adverbe, puisqu'il est vrai que souvent des adverbes modifient d'autres adverbes, comme on le verra bientôt : de cette sorte, la définition de l'abbé Girard se réduira à celle que nous avons donnée d'abord.

Mais qu'est-ce que *modifier*, ou si l'on veut, qu'est-ce qu'on appelle *modification*, et quelles sont les parties d'oraison qui peuvent en être susceptibles ?

Quand on parle des qualités d'un objet, on entend en général et pour l'ordinaire, quelque chose qui semble être durable, permanent, inhérent, et intime : les qualités proprement dites affectent intrinséquement les choses : nous ne devons gueres les nôtres qu'à nous-mêmes et le plus souvent qu'à notre nature : il est du moins vrai qu'en général elles font partie de la compréhension des noms ; et que si elles ne viennent pas toujours de la nature de l'objet, elles y tiennent néanmoins d'assez près, pour se confondre avec elle. On voit que nous ne parlons ici que des qualités exprimées par les mots que nous avons nommés *adjectifs physiques :* aussi n'est-ce sans doute que par abus, et au défaut d'expression plus convenable, que l'on range les articles parmi les mots qui *qualifient*, puisque ces articles ne tombent que sur l'extension des substantifs qu'ils déterminent, et qu'à la rigueur ils ne les qualifient nullement. Quoiqu'il en soit, les *modes* different des qualités proprement dites, en ce qu'ils sont plus accidentels, plus variables, et plus extérieurs, ou plus indifférents à la nature des objets. Les *modes* ne proviennent gueres que de causes étrangeres ou externes ; et semblent ne toucher et ne tenir qu'à la superficie, sans jamais rien ajouter à la nature des choses :

ils indiquent quelque circonstance particulière de la qualité à laquelle ils se rapportent, ou le degré auquel cette qualité s'élève : ils se bornent en un mot à désigner la manière dont les qualités qui composent la nature d'un objet existent, agissent, et se montrent.

Si on admet cette distinction, on dira que les substantifs seuls peuvent être accompagnés des *adjectifs* dont il s'agit, aussi bien que des autres adjectifs, parce qu'ils sont les seuls mots qui nous retracent la nature des choses, laquelle ne se compose que des qualités que ces choses renferment ; et qu'ainsi par-tout où l'on veut placer une qualité, il faut présupposer une nature qui la reçoive ; c'est-à-dire, que par-tout où l'on veut employer un adjectif physique, il faut y trouver ou placer un substantif qui en soit l'appui.

Le substantif, tant qu'il reste tel, ne peut donc point admettre de modificatifs, puisque la nature des choses ne peut contenir que des qualités : mais ces qualités elles-mêmes varient dans leur intensité, dans leur manière d'être, dans leur manière d'agir et de se montrer ; c'est-à-dire, que les qualités peuvent être modifiées, soit en elles-mêmes, soit dans les circonstances qui s'y rapportent : ainsi ce sont les mots destinés à rappeller les qualités des objets, qui peuvent prendre des *adverbes* à leur service, et qui en ont souvent besoin. Or les mots qui nous rappellent les qualités des objets, sont 1°. les adjectifs physiques, qui les expriment formellement ; 2°. les verbes appellatifs qui les renferment dans la valeur de leurs attributs ; et 3°. les *adverbes* eux-mêmes, qui les indiquent en ce qu'ils en énoncent des modifications. C'est ainsi que l'on dit, et qu'il faut dire, *un chant mélodieux*, et *vous chantez mélodieusement : évitons les termes durs, et ne parlons*

parlons point durement : bonté extrême, et extrêmement bon : il parle lentement, et il parle trop lentement.

Tout ce qui précede prouve sans doute que, loin d'être une partie d'oraison oiseuse ou peu utile, l'adverbe est indispensable pour le plus parfait développement, et l'entière énonciation de nos pensées ; qu'il ne varie point ses formes, parce qu'il ne peut se rapporter qu'à des mots qui ne variant les leurs qu'en vertu de loix étrangeres, n'ont à cet égard aucun joug à imposer ; que la possibilité de remplacer une classe de mots par des équivalens incomplets et souvent insuffisants, n'ôte rien à ces mots de leur importance, et ne suffit pas pour en déterminer et marquer la nature ; puisqu'il n'est aucune sorte de mots que l'on ne puisse successivement remplacer de la même manière ; et qu'enfin ce n'est pas par cette prétendue synonymie, qu'il peut être permis de définir les parties d'oraison.

Une même idée fondamentale peut prendre une forme qui la présente, comme *qualité* de quelque objet ; ou bien une autre forme qui la présente comme *mode* ou *modification* de quelque qualité ; ou encore comme *nature* d'une chose réelle ou supposée : c'est ainsi que l'idée fondamentale de *homme* se retrouve diversement figurée dans l'adjectif *humain*, dans l'adverbe *humainement*, et dans le substantif abstrait *humanité ;* sans compter le verbe *humaniser*, etc. La *qualité* faisant partie de son objet, l'*adjectif* se joint par les liens les plus étroits que la langue puisse comporter, au *substantif* auquel il se rapporte : le *mode* ne pouvant être qu'une idée subalterne, plus accidentelle, et moins intrinseque, l'*adverbe* s'unit d'une manière moins étroite aux mots qu'il modifie ; enfin la *nature* d'une chose ne pouvant être identique avec la *nature* d'une autre chose, le *substantif* ne peut avoir que de simples relations avec un autre *substantif*; relations qui existent souvent entre des objets éloignés, et toujours entre des objets considérés comme très-distincts; ce qui fait que ces mêmes relations ne s'expriment que par des cas ou par des prépositions.

Si nous nous rappellons ici le systême grammatical du citoyen Madjet, nous verrons que l'article des *adverbes* est un de ceux où l'application s'en trouve moins facile à faire : en effet, il faut pour cela, décomposer les adverbes et leurs termes antécédants, de manière à distinguer dans les premiers l'idée principale qui forme le rapport de modification, et l'idée d'une qualité formant le second terme de ce rapport ; et dans les seconds, outre l'idée fondamentale, un autre adjectif qui soit l'objet sur lequel cette modification tombe directement, et auquel elle appartienne. Ce n'est que par cette double opération, que l'on peut s'assurer que l'*adverbe* exprime les rapports que nous appercevons entre des adjectifs : *il parle lentement* se traduira par, *il est* PARLANT *d'une manière* LENTE, etc. Mais la nécessité de recourir si souvent à ces sortes de décompositions, a deux inconvénients très-graves ; savoir, les longueurs fatigantes où elles nous jetent, et la marche arbitraire qu'elles autorisent, et qui laisse quelquefois plus d'inquiétude que de persuasion dans les esprits.

Il peut y avoir dans chaque langue autant d'especes d'adverbes, qu'il y a de manières de modifier une qualité : les grammairiens en ont ordinairement distingué huit; 1º. celle des adverbes qui expriment la manière dont une chose se fait, espece qui est presque aussi nombreuse que celle des adjectifs physiques, et que l'on dérive de ces mêmes adjectifs ; 2°. celle des adverbes qui indiquent l'ordre ou l'arrangement ; 3°. celle de ceux qui désignent le lieu ; 4°. celle de ceux qui désignent le temps ; 5°. celle de ceux qui ont pour objet la quantité ; 6°. celle de ceux qui nous donnent de l'assurance ou du doute ; 7°. celle de ceux qui présentent une idée d'égalité, de ressemblance, ou de différence ; et 8°. enfin celle de ceux qui retracent la cause ou le motif. Ces distinctions sont de peu d'importance dans la science grammaticale : cependant nous pensons devoir ajouter au tableau que nous venons d'en présenter, celui que Beauzée y a substitué, en y joignant des exemples latins plutôt que des exemples françois, sans doute parce qu'il a regardé la langue latine comme plus riche à cet égard que la nôtre, où l'on est si souvent réduit à n'avoir pour ce service, que des expressions composées, que notre auteur appelle *expressions adverbiales*. On a donc, selon Beauzée, 1°. les adverbes de lieu ; 2°. ceux de temps ; 3°. ceux de quantité ; 4°. ceux de qualité ; 5°. ceux de manière ; 6°. ceux de nombre ; 7°. ceux de diminution ; 8°. ceux de réunion ; 9°. ceux de ressemblance ; 10°. ceux de diversité ; 11°. ceux d'exception ; 12°. ceux de division ; 13°. ceux de plus grande ou moindre intensité ; 14°. ceux de comparaison ; 15°. ceux d'interrogation ; 16°. ceux de doute ; 17°. ceux d'affirmation ; et 18°. ceux de négation.

Il y a dans les langues des mots que divers auteurs rangent dans différentes classes, et qui sont adverbes selon les uns, et conjonctions, pronoms, ou même articles, selon les autres : ce sont des objets de détail qu'il faut renvoyer aux Grammaires particulières. Mais il est très-possible qu'un même mot serve en même-temps à en modifier d'autres, et à lier deux phrases ensemble; et nous pensons qu'en ce cas, on ne doit pas faire difficulté de les regarder comme des adverbes conjonctifs : tels sont par exemple en latin, *quia*, *quapropter*, etc.

Une autre remarque, c'est que souvent les grammairiens donnent pour *adverbes*, des expressions composées, qui à la vérité font la même fonction que les adverbes, mais qu'il n'est pas moins absurde de placer dans une classe de mots simples : telles sont les expressions *à cause*, *à travers*, *en bas*, *à la fin*, etc.

Nous voyons souvent des *adjectifs* employées comme *adverbes*; par exemple, dans il *sent bon*, il *voit clair*, il *chante faux*, il *parle bas*, il se *fait fort de vous convaincre*, etc. On ne peut pas être surpris de cette sorte de prêt qu'une classe de mots fait à l'autre, pour peu que l'on se rappelle que ces deux classes ne diffèrent que par une nuance très-délicate dans leur valeur formelle; le *mode* ne cessant d'être présenté comme *qualité*, qu'en conséquence de quelque autre changement léger dans la phrase.

La même affinité suffit également pour justifier quelques autres usages assez fréquents; comme celui de former des adverbes de tous les adjectifs physiques, moyennant un foible changement dans le matériel des mots; celui d'accorder à l'adverbe la propriété qu'ont les adjectifs physiques dont ils dérivent, de marquer les divers dégrés de signification; celui de conserver à l'adverbe le même régime ou complément qu'à l'adjectif d'où on l'a formé, lorsque cet adjectif en a un; et encore celui de modifier d'autres adverbes, lorsque la modification exprimée par celui-là, peut affecter la modification que ceux-ci expriment :

car si les modifications sont inconciliables, les
adverbes le sont aussi.

P a r a g r a p h è VI.

De la Préposition.

(57°.) Outre le rapport identique, commun,
et central qui nous a fait regarder le verbe comme
l'ame de la pensée, nous avons dans le discours,
d'autres rapports plus bornés, et qui n'ont lieu
qu'entre des parties subalternes ou secondaires :
ces derniers rapports n'ont pas d'autre objet, que
de lier ensemble deux idées, qui dans le jugement
et la phrase où elles figurent, ne s'appellent l'une
l'autre que sous un point de vue subordonné ; et
ce sont les mots qui expriment ces mêmes rapports, que l'on a nommés *prépositions.* Une chose
à laquelle on n'a pas fait assez d'attention, c'est
que ces *prépositions* ont, ainsi que les autres
mots, outre leur valeur formelle, une valeur
objective qu'il importe de bien connoître : on
s'est trop souvent contenté d'y considérer la valeur ou le rapport qui en constitue l'espece ; d'où
il est arrivé, qu'en voulant définir les prépositions
d'après cette dernière valeur, à laquelle aucune
autre idée ne sembloit servir de base ou d'appui,
on a erré dans le vague, et l'on a confondu et
brouillé les choses les plus diverses. C'est ainsi
que Beauzée nous dit que les rapports exprimés
par les prépositions, sont entre nos idées, ce
que *l'exposant* est dans les proportions mathé-
matiques : « Prenez, dit-il, les expressions, *les*
» *desirs de l'homme, utile à la nation, penser*
» *avec justesse ;* vous verrez que les prépositions
» *de, à, avec,* ne sont entre les idées *desirs* et
» *homme, utile* et *nation, penser* et *justesse,*
» que ce que sont *deux* entre *cinq* et *dix, trois*

» entre *neuf* et *vingt-sept*, ou *six* entre *sept* et
» *quarante-deux*, etc. ». Certes, ce raisonnement,
et la comparaison sur laquelle on l'appuie, ne
sont propres ni à éclaircir la nature des *prépositions*, ni à diriger dans l'emploi qu'on en peut
faire. L'exposant, dans les proportions arithmé-
tiques, ne sert qu'à montrer une identité cachée,
mais réelle, entre deux nombres dont l'un contient l'autre un certain nombre de fois ; et nos
prépositions ont un tout autre objet : *chez*, par
exemple, renferme une idée de *domicile*, qui
devient le fond d'un rapport entre *vous* et *moi*,
lorsque je dis que *je suis chez vous* ; et ce rapport n'a absolument rien de commun avec le
calcul, ni avec les quantités et leurs exposants.

C'est pour toutes ces raisons, que nous définirons les *prépositions*, une classe de mots qui
présentent leur idée objective, comme formant
un rappport particulier entre deux idées que ces
prépositions ne renferment pas ; rapport qui
n'offre qu'un point de vue subordonné ou partiel
dans la phrase.

Puisque les *prépositions* ne renferment aucun
des deux termes qu'elles mettent en rapport, et
que par conséquent ces deux termes, qu'il faut
exprimer à part, restent toujours au choix de
celui qui parle ; il est naturel de regarder les
rapports dont il s'agit, comme étant à cet égard,
généraux, ou communs à toutes les idées qui en
sont susceptibles : mais on a eu tort de dire qu'ils
sont généraux en eux-mêmes, et quant à leur
valeur particulière. . . . .

Quatre questions propres à répandre un jour
utile sur cette partie d'oraison, se présentent
ici, et nous demandent chacune une solution
satisfaisante.

Première question. Quels sont plus spéciale-

-ment les rapports que les *prépositions* sont char-gées d'exprimer ?... On a déjà vu que ce sont ceux que nous découvrons entre deux idées qui ne paroissent qu'en sous-ordre dans la phrase; le rapport essentiel et central appartenant au verbe seul, lorsque la pensée est formelle ou suffisamment décomposée. Ces rapports secon-daires sont par-tout un objet de concordance et de régime : dans les langues transpositives, il est naturel d'employer les déclinaisons pour les ex-primer, autant du moins que ces déclinaisons y peuvent suffire : dans les langues analogues, on supplée au défaut de ce moyen, par le secours des prépositions, que l'on retrouve également dans les langues de la première classe, lorsque les déclinaisons ne suffisent pas pour tous les rapports dont nous parlons. Nous concluerons ici que les *prépositions* ont en général dans chaque langue, un service d'autant plus fréquent et plus nécessaire, que les autres moyens y sont plus imparfaits.

On a de tout temps essayé de ramener à un petit nombre de classes particulières tous les rapports qui peuvent devenir l'objet de quelque préposi-tion; et l'on s'est assez accordé à les réduire, 1°. à la classe de ceux que l'on appelle *rapports de lieu*; 2°. à celle des *rapports d'ordre*; 3°. à celle des *rapports d'union*; 4°. à celle des *rap-ports de séparation*; 5°. à celle des *rapports d'opposition*; 6°. à celle des *rapports de but*; et 7°. à celle des *rapports de spécification*. Mais quelques efforts que l'on ait faits, pour tirer un avantage réel et bien sensible de ces sortes de classifications, on n'est parvenu qu'à se con-vaincre qu'il y a peu de profit à en attendre. C'est pour cela sans doute, que l'abbé de Dangeau a cherché à s'ouvrir une autre route : il a pensé qu'il seroit plus utile de suivre toutes les prépositions d'une même langue l'une après l'autre, et d'en ramener les divers usages à une seule et même idée ou valeur, pour chaque préposition : il a pensé qu'elles ne devoient avoir chacune qu'une seule signification, que l'on devoit nécessairement retrouver par-tout où on les emploie ; et il a cité comme preuve de son opinion, la préposition *après*, qui en effet nous offre constamment une *postériorité*, soit de lieu ou de temps, soit entre des personnes ou des choses.

Vers le temps où l'abbé de Dangeau cherchoit ainsi à concentrer en une seule, toutes les significations de chaque préposition ; l'abbé Girard employoit toute la sagacité de son esprit, à recueillir toutes les sortes de rapports qu'il croyoit appercevoir dans les mêmes mots ; et il nous définissoit jusqu'à quinze significations différentes dans la préposition *en*, vingt-cinq dans la préposition *à*, et cinquante dans la préposition *de*. Nous ne voyons pas que celui-ci ait, quant à cet article de sa Grammaire, beaucoup de partisans, malgré toute la finesse d'esprit qu'il y déploye : c'est qu'en effet, il faut toujours en revenir à ce qui est vraisemblable et facile à suivre ; et l'on a pressenti qu'un mot ne signifieroit plus rien, si l'on vouloit lui faire signifier tant de choses ; outre que d'ailleurs, il est bien plus utile à ceux qu'on veut instruire, de retrouver dans une même idée tous les usages d'un même mot, que de s'enfoncer dans des labyrinthes où l'on risque trop de se perdre.

Deuxième question. Quels sont les mots que l'on peut ranger parmi les prépositions?... On ne peut évidemment y ranger que des mots simples ; et c'est également à tort, que divers auteurs y comprennent les syllabes qu'ils appellent *pré-*

positions *inséparables*, et les expressions auxquelles ils donnent le nom de *prépositions composées*. Les premières qu'on nomme aussi *particules* et *préfixes*, sont des syllabes qui se placent à la tête de certains mots, de manière à en faire partie, et qui ajoutent ainsi l'idée accessoire dont elles sont le signe, à l'idée primitive du mot auquel on les adapte : on en compte plus ou moins dans chaque langue ; et la langue françoise en a beaucoup, qui la plupart dérivent du latin, comme on le voit dans *adjoint*, *abstrait*, etc.

Les expressions auxquelles on a donné le nom de *prépositions composées*, sont des réunions de mots qui présentent l'idée de quelques rapports, et tiennent lieu d'autant de véritables prépositions ou adverbes, qui manquent à la langue : on y trouve presque toujours une préposition usitée réunie à un substantif : aussi sont-elles le plus souvent suivies en françois de la préposition *de ;* comme on peut en juger par *vis-à-vis*, *au-dehors*, *en présence*, etc. C'est confondre les notions les plus claires, que de présenter de simples syllabes, ou des mots réunis ensemble, comme devant ou pouvant appartenir à une partie d'oraison ; et c'est une chose fâcheuse que l'usage établi de donner le même nom aux unes et aux autres.

Troisième question. Quelles sont les classes de mots qui peuvent servir de termes antécédants, ou de termes conséquents, aux rapports énoncés par les véritables prépositions?... Les rapports dont il s'agit, ne peuvent exister qu'entre des mots qui nous retracent des êtres, soit réels, soit supposés: or les mots ne nous retracent des êtres, qu'en nous en offrant l'image, ou qu'en nous les désignant par leur rôle, ou par quelque qualité ou modification qui leur appartienne : ainsi les substantifs, les pronoms, les adjectifs, les verbes qui renferment leur attribut, lequel est toujours ou un adjectif, ou un mot pris adjectivement, et les adverbes sont les seuls mots qui aux yeux de la raison, puissent jamais prendre des prépositions ou les compléter. Mais les usages des langues sont à cet égard moins hardis que les conceptions spéculatives : car, par exemple, nous voyons que si les *pronoms* peuvent servir de *régimes* aux *pré-positions* ; et si les *adverbes* peuvent figurer comme *termes antécédents* des mêmes mots ; il est pourtant vrai que chez nous aucune *préposition* n'a ni un *pronom* pour premier terme, ni un *ad-verbe* pour terme conséquent. Le citoyen Madjet *p. 214.* n'admet même que des substantifs pour ces deux services : mais lorsqu'il veut concilier sa doctrine avec les usages des langues, il est forcé de recourir à des renversements ou interprétations de phrases, qui fatiguent l'esprit et persuadent peu : la nécessité de substituer par-tout des substantifs à des adjectifs, verbes, ou adverbes le jetant dans des longueurs qui semblent peu nécessaires, et le ramenant a des procédés qui paroissent arbitraires et peu naturels.

Quatrième question. Quelle peut être l'utilité des *prépositions* dans les langues?... Le véritable objet de la parole est bien moins de manifester nos idées, que de faire connoître les rapports que nous appercevons entr'elles, la manière dont nous les combinons, et les jugements qui sont le résultat de ces sortes de combinaisons. La vérité ne consiste pas seulement dans les idées, qui sont assez généralement les mêmes par-tout, au moins pour les choses sensibles ou usuelles : la vérité dépend principalement de la convenance ou disconvenance que nous appercevons entre nos idées. La découverte de cette convenance ou disconvenance est l'objet essentiel des sciences, et le vrai but des recherches philosophiques : c'est aussi le motif des combinaisons que nous faisons de nos idées, et des rapports que nous y établissons : or le nombre des unes et des autres est en quelque sorte infini, comme on le voit par toutes les variations admises dans les langues, par toutes les déclinaisons, conjugaisons, inflexions, et dérivations des mots, et par les tours de phrase, et les regles de syntaxe et de construction ; toutes choses auxquelles on n'a recours que pour parvenir à faire connoître les rapports dont nous parlons. Mais quelque féconds que soient les moyens que nous avons su nous procurer pour remplir ces vues, quelque multipliés que soient les services que les langues peuvent en obtenir ; combien de fois n'avons-nous pas encore la pénible conviction de notre impuissance ! Combien de fois nos langues, malgré tant de richesses et de ressources, ne nous livrent-elles pas à l'équivoque ou à l'obscurité, lorsqu'il s'agit de rapprocher un certain nombre d'idées les unes des autres ! Combien donc ne seroient-elles pas pauvres et insuffisantes, si elles n'avoient pas le secours des *prépositions* ! Ce n'est pas que le rapport exprimé par une *préposition*, ne puisse être rendu autrement : tout ici dépend du choix des mots et du tour de la phrase : changez celui-ci ou ceux-là, et vous exprimerez la même pensée avec une autre préposition, ou même sans aucune préposition. C'est ainsi que l'on dit également... *il parle avec vivacité*, et *il parle vivement : il est franc*, et *il a de la franchise : nous devons nos sciences à nos besoins ; nos sciences sont nées de nos besoins ; et nos besoins ont fait naître nos sciences*, etc.

Il faut néanmoins convenir que nos *préposi-tions* ne sont pas à tous égards le moyen le plus parfait que les langues aient pour exprimer les rapports qui peuvent exister entre nos idées : il est vrai qu'elles semblent porter plus de clarté, un ordre plus marqué, et une précision plus frappante dans le langage, ne fût-ce que parce qu'elles décomposent plus sensiblement nos pensées, et font mieux distinguer les idées en les isolant davantage : mais elles produisent des longueurs ; elles rendent la marche de l'esprit plus lente ; elles embarrassent même souvent le discours, et peuvent lui faire perdre de sa vivacité, et surtout de sa chaleur et de ses agréments. D'ailleurs est-il aussi bien prouvé qu'on se le persuade, qu'elles nous soient si nécessaires ou si utiles ? Les verbes, qui à l'aide de leurs inflexions, expriment un si grand nombre d'idées accessoires, causent-ils donc un embarras, ou une obscurité bien réelle ? Si, par exemple, la langue latine est moins précise, et a moins de netteté que la langue françoise ; celà ne provient-il pas surtout de ce que les Latins n'avoient pas d'articles ? Peut-on attribuer cette différence à l'usage plus fréquent que nous faisons des *prépositions* ? Quelques auteurs concluent de toutes ces discussions, qu'à la rigueur, les *prépositions* ne sont qu'un supplément au défaut des autres moyens d'indiquer les rapports que nos idées ont entr'elles ; et que de cette sorte, elles prouvent plutôt la disette ou l'imperfection des langues, que leur abondance et leur régularité. La philosophie, dit-on, sait en tirer un avantage précieux, en ce que ses leçons en sont plus claires, et ses conceptions plus développées : mais combien le goût et la passion n'ont-ils pas à s'en plaindre ! On cite au reste, la langue basque, pour prouver

qu'on peut entièrement se passer de cette classe
de mots ; et en effet, les Basques expriment tous
les rapports des mots par des terminaisons que
l'on peut regarder comme autant de cas différents.

Quoiqu'il en soit, l'usage des prépositions est
d'autant plus fréquent dans les langues, que
celles-ci sont plus rigoureusement analogues.
Lès Latins les employoient plus rarement que
nous ; et encore peut-on leur reprocher de n'avoir
pas assez profité de leurs déclinaisons, qui leur
donnoient le moyen de s'en passer plus souvent ;
en quoi j'avoue ne pas deviner la raison pour laquelle Beauzée semble ne devoir admettre aucun
accusatif en latin, qu'en y adjoignant la préposition *secundùm* ou autre semblable, comme toujours sous-entendue, quand elle n'y est pas exprimée. Chez nous, les *prépositions* sont char-
gées, non-seulement du service des prépositions
latines, mais de plus, de tous les rapports qui
étoient l'objet des déclinaisons. Ce qu'il importe
d'observer ici, c'est que l'étude des *prépositions*
est naturellement et toujours plus longue et plus
nécessaire dans les langues analogues, que dans
les langues transpositives.

Paragraphe VII.

Des Conjonctions.

(58°.) La *conjonction* est un mot dont la forme
consiste à présenter sa valeur objective comme
servant de rapport, et établissant une liaison entre
deux ou plusieurs pensées.

Les conjonctions, dit l'abbé Girard, sont proprement la partie systématique du discours ;
puisque c'est par leur moyen, qu'on assemble les
phrases, qu'on lie les sens, et que l'on compose

un tout de plusieurs portions, qui sans cette espece de mots, ne paroîtroient que comme des énumérations, ou des listes de phrases, et non comme un ouvrage suivi et affermi par les liens de l'analogie. C'est ce service rendu aux langues par les *conjonctions*, qui a déterminé Beauzée à distinguer cette classe de mots, par la dénomination de *mots discussifs*, lesquels donnent la vie, la force, et l'ame à nos discours, par la même qu'ils sont les liens des diverses parties de nos raisonnements.

Jusqu'à ce qu'on soit parvenu à saisir le vrai caractere de cette classe de mots, les grammairiens même les plus estimables ont singulièrement divagué dans tout ce qu'ils en ont dit : que l'on consulte à ce sujet les grammaires de Port-Royal, de Girard, et de même de Dumarsais, qui au reste n'a, pour ainsi dire, que copié, sur ce point, l'auteur des synonymes ; et l'on verra, non sans une vraie surprise, combien sont vagues, insuffisantes, obscures, et inconciliables, les notions dont ils ont cru pouvoir se contenter. En effet, qu'y a-t-il de moins précis que cette définition qui, dans la première de ces Grammaires, nous dit que « ces particules ne signifient que » l'opération même de notre esprit, qui joint ou » disjoint les choses, qui les nie, qui les consi- » dere absolument ou avec condition ? » Sera-t-on plus instruit, quand on aura lu dans les deux autres, que « ce sont de petits mots, qui mar- » quent que l'esprit, outre la perception qu'il a » de deux objets, apperçoit entre ces objets, un » rapport ou d'accompagnement ou d'opposition, » ou de quelque autre espece ? « Otez de la première le mot de *particules* qui n'y convient pas, et vous l'appliquerez sans peine aux différents *modes* des verbes ; de même que vous pourrez appliquer la seconde aux prépositions, et même aux adverbes.

Nous disons donc que les *conjonctions* servent *à lier nos pensées* entr'elles, par l'expression des rapports que nous y appercevons : nous ne disons point avec Beauzée, qu'elles servent à *lier les propositions* : car la *proposition* est l'expression d'une *pensée développée ;* et les *conjonctions* s'emploient même entre les pensées non développées, qui ne donnent point encore lieu à des propositions distinctes et formelles, comme nous le verrons dans la suite. Cette distinction de pensées qui sont ou ne sont pas formellement développées, est tout ce qui a manqué aux savants de Port-Royal, à Girard, et à Dumarsais, pour parvenir à la juste définition de cette classe de mots : elle leur auroit fait concevoir comment et pourquoi, par exemple, *et* et *ni* figurent aussi bien dans, *vous* ET *lui avez eu raison :* NI *l'un* NI *l'autre n'est arrivé;* que dans ces autres phrases : *il l'avoit dit,* ET *nous l'avions entendu : je ne conviendrai jamais,* NI *que je l'aye entendu,* NI *que je l'aye répété,* etc.

Le systéme du citoyen Madjet s'applique ici sans aucune difficulté : car la pensée n'étant que l'apperçu d'un rapport central entre diverses idées, le mot qui indique un rapport entre deux pensées semblables, indique évidemment ce rapport entre deux autres rapports.

On a divisé les *conjonctions,* aussi bien que les prépositions, en *simples,* et en *composées;* et cette division ne peut pas plus être admise ici, que dans le paragraphe précédent. Cependant il y a des langues, telles que la langue françoise, où l'on a trop peu de *conjonctions simples,* c'est-à-dire, de véritables *conjonctions*, pour ne pas recourir très-souvent aux expressions composées qui en tiennent lieu.

On trouve quelquefois dans les Grammaires, des disputes longues et difficiles à terminer, sur certains mots que les uns rangent parmi les *conjonctions*, et que d'autres reportent au nombre des adverbes, ou des prépositions. Comme ces sortes de discussions ne concernent que les Grammaires particulières, nous nous bornerons à observer, que si un même mot ne sert dans quelques circonstances qu'à modifier une autre idée, ou qu'à marquer un simple rapport accessoire entre deux idées partielles et secondaires, tandis qu'en d'autres occasions il indique un rapport particulier entre deux pensées ou jugements; on a sans doute le droit de le considérer, là comme adverbe ou comme préposition ; et ici comme *conjonction*: si même ce mot remplit à-la-fois les deux fonctions, on peut encore légitimement et sans risque, la qualifier *d'adverbe conjonctif*, ou de *préposition conjonctive*. On le peut d'autant plus, que nous avons d'autres mots qui deviennent incontestablement *conjonctifs* en certaines rencontres. Beauzée pose à ce sujet, un principe que nous avons déjà dit être faux dans le sens absolu où il se prend : il soutient qu'un mot qui appartient bien véritablement à une classe, ne peut jamais figurer dans une autre classe : c'est là une de ces maximes qu'il est bon de connoître et de respecter en général, mais qu'il ne faut jamais appliquer avec trop de rigueur et de sévérité. Beauzée lui-même convient qu'il y a des mots où l'on retrouve toute la valeur de l'adverbe, et de plus l'idée de liaison entre deux propositions : comment donc, en concluant

que

que ce sont des *conjonctions*, peut-il penser que ce ne sont pas des adverbes ?

On distingue jusqu'à douze especes de conjonctions ; savoir,

1°. Les *copulatives*, qui désignent entre des pensées semblables, une liaison d'unité fondée sur leur similitude : (*et*, *ni*, par exemple, etc.)

2°. Les *augmentatives*, qui lient deux phrases, en désignant l'une comme addition, accroissement, ou augmentation de ce qui est dit dans l'autre ; tels que (*d'ailleurs*, *de plus*, etc.)

3°. Les *disjonctives* ou *alternatives*, qui désignent entre deux pensées incompatibles , une liaison de choix fondée sur leur incompatibilité ; comme (*tantôt*, *sinon*, etc.)

4°. Les *adversatives*, qui désignent entre des pensées opposées à quelques égards, une liaison d'unité fondée sur leur compatibilité intrinséque : telles sont (*mais*, *quoique*, etc.)

5°. Les *explicatives*, qui désignent entre deux pensées, une liaison d'identité fondée sur ce que l'une est le développement de l'autre : on cite ici, (*savoir*, *sur-tout*, etc.)

6°. Les *périodiques* ou *temporaires*, qui désignent entre les pensées, une liaison d'existence, fondée sur leur relation à une même époque ; comme, (*quand*, *lorsque*, etc.)

7°. Les *conditionnelles* ou *hypothétiques*, qui désignent entre les pensées, une liaison conditionnelle d'existence, fondée sur ce que l'une est une suite de l'autre ; par exemple, (*pourvu que*, *à moins que*, etc.)

8°. Les *conclusives*, qui désignent entre les pensées, une liaison nécessaire d'existence, fondée sur ce que l'une est éminemment renfermée dans l'autre ; ainsi qu'on le voit dans, (*donc*, *partant*, etc.)

Tome I.   Q

9°. Les *motivales*, qui désignent entre les pensées, une liaison fondée sur ce que l'une présente la cause, le motif, ou le but de l'autre : exemples, (*car*, *parce que*, etc.)

11°. Les *transitives*, qui désignent entre les pensées, une liaison fondée sur ce que l'une sert à conduire à l'autre, qui néanmoins en differe à quelques égards : telles que sont, (*or*, *quant*, etc.)

11°. Les *extensives*, qui lient deux pensées, en présentant l'une comme étendant le sens de l'autre : c'est ainsi qu'on emploie, (*encore*, *aussi*, etc.)

12°. Enfin les *conductives* ou *déterminatives*, qui lient deux pensées, en présentant l'une comme destinée à déterminer le sens vague de l'autre, et à le conduire à sa perfection : tel est en françois le mot *que*, lorsqu'il marque une chose comme subséquente à une autre, ainsi qu'on le voit, dans... *il faut* QUE *vous lui parliez;* ou lorsqu'il indique une comparaison, telle que dans... *elle a autant d'esprit* QUE *lui;* ou encore lorsque dans les phrases négatives, il annonce une restriction, comme dans... *il ne fait* QUE *jouer*, etc.

PARAGRAPHE VIII.

Des Interjections.

(59°.) Les *interjections* sont des mots qui expriment les sensations ou les sentiments dont nous sommes ou voulons paroître affectés. On leur a donné ce nom d'*interjections*, parce que le plus souvent nous sommes libres de les placer ou jeter dans l'intérieur de la phrase, et entre les parties qui la composent.

Les interjections, expressions naturelles des mouvements de l'ame, sont dans le langage, des mots de première nécessité; et sous ce rapport, elles devroient avoir la première place entre les parties d'oraison; d'autant plus que les besoins du cœur sont plus importants et plus impérieux que ceux de l'esprit : mais par-là même que c'est la nature qui les fournit, et qui en dirige l'emploi, le grammairien n'a lieu de s'en occuper que pour en donner une notion générale, et pour observer que comme nos sentiments sont toujours très-distincts, et n'ont rien de commun entr'eux, elles n'ont ni dérivation, ni composition, ni progression factice, ni variations de formes accessoires ou accidentelles; raisons pour lesquelles on les a naturellement renvoyées à la fin du tableau des différentes classes de mots.

Lorsqu'on nous dit que les *interjections* sont des expressions naturelles, on ne parle pas seulement des syllabes dont elles se composent : on y comprend même le ton ou l'accent particulier dont chacune d'elles demande à être accompagnée : en effet, leur caractere et leur véritable expression tient encore plus de ce ton ou de cet accent, que des sons qu'elles renferment : aussi voyons-nous que le même mot affectif, ou la même *interjection* matériellement prise, indique souvent des affections toutes diverses, ou même contraires, lorsqu'on les prononce d'un ton différent. C'est en particulier pour cela qu'il est assez inutile et fort difficile de les rassembler, et de chercher à les distribuer en classes spécifiques bien caractérisées.

On a demandé si les *interjections* doivent être comptées parmi les parties d'oraison. Mais l'*oraison* est-elle autre chose que la manifestation faite par la voix, de tout ce qui appartient à l'état et aux opérations de notre ame? Or, les affections vives que les interjections expriment, ces sensations intérieures que nous faisons connoître par des sons particuliers que la nature nous indique, sont-elles donc étrangeres à l'état de l'ame, et à l'exercice de ses facultés? Sanctius se prévalant de ce que les *interjections* sont regardées comme autant d'expressions naturelles, le rejete du nombre des parties d'oraison, qui selon Aristote, sont toujours d'institution arbitraire. Mais qui a dit à Aristote, que nous ne pouvions pas avoir des expressions naturelles, même pour nos pensées et nos idées, aussi bien que pour nos affections?

Il est bien plus conforme à la saine raison, de convenir avec l'abbé Girard, et avec ceux qui ensuite ont su apprécier sa doctrine, que nous avons des parties d'oraison de deux especes, l'une qui nous fournit les signes naturels de nos sentiments, et l'autre qui nous présente les signes arbitraires de nos idées; celle-là, partie affective, qui constitue le langage du cœur; et celle-ci, partie toute discursive, qui forme le langage de l'esprit.

Le même auteur divise les *interjections* en trois classes; savoir, 1°. la classe des *exclamatives*, qui expriment la situation de l'ame en elle-même, c'est-à-dire, ses affections de plaisir, de douleur, de joie, de chagrin, de désagrément, d'impatience, de surprise, et ses mouvements d'invocation, etc.: 2°. la classe des *acclamatives*, qui marquent la situation et les affections de l'ame, par rapport à quelque objet étranger, vers lequel elle se porte, ou qu'elle veut fuir; ce qui occasionne le desir, le rebut, la bienveillance, l'applaudissement, le consentement, et l'agacerie, etc.: et 3°. la classe des *imprécatives*, dont on se sert pour prendre un ton de colere, ou de résolution, afin d'en imposer; interjections parmi lesquelles il en est peu de décentes.

En écartant tous ces détails qui intéressent peu la Grammaire philosophique, nous nous bornerons à dire avec le président de Brosses, que les premières causes qui excitent l'homme à faire usage de sa voix, sont les sentiments intérieurs qui l'affectent; qu'aussi nous voyons que les interjections en général ne sont point des mots que nous ayons besoin d'apprendre, presque toutes n'étant que l'effet d'un mouvement machinal; qu'il est naturel en conséquence de ce principe, qu'on les retrouve dans toutes les langues, et que par-tout elles soient aussi intelligibles que courtes; que l'on peut observer que la voix de la douleur frappe sur les basses cordes de l'instrument vocal, et qu'elle est traînée, aspirée, et profondément gutturale; que si la douleur n'est qu'afflictive, la voix, quoique toujours profonde, devient nasale; que la voix de la surprise touche sur une division plus haute, et devient franche et rapide; que celle de la joie est de plus fréquentative, et moins breve; que la voix du dégoût et de l'aversion est labiale, ce qui la rend articulée; que la voix du dissentiment et du doute est ordinairement nasale; et qu'enfin si l'on veut accorder une sorte de langage aux animaux, on conviendra sans peine, que ce langage est tout interjectif, semblable à celui des enfants, qui n'ayant encore aucune idée, n'ont à exprimer que leurs affections et leurs besoins.

PARAGRAPHE IX.

Des diverses opinions des grammairiens sur le nombre et le choix des différentes classes de mots.

La division que nous avons donnée des mots en diverses parties d'oraison, est la plus généralement suivie : mais tous les grammairiens ne l'admettent néanmoins pas, sans entreprendre d'y faire quelques changements : les uns ont prétendu que nous devions faire une classe à part des mots que l'on appelle *adjectifs métaphysiques* ou *articles :* d'autres ont accordé le même privilege à ceux que l'on nomme *participes :* d'autres encore ont pensé qu'il convenoit de traiter séparément des mots auxquels ils donnent le nom de *particules ;* tandis que d'un autre côté, il s'en est trouvé qui se sont persuadés que les *pronoms* ne forment point une classe distincte des substantifs ; et que même Beauzée, ainsi que nous l'avons vu, voudroit que l'on réunît sous un même titre, les prépositions et les adverbes : nous ne nous arrêterons point aux motifs sur lesquels on cherche à fonder toutes ces innovations ; parce que nous sommes convaincus que ces sortes de discussions sont peu importantes : nous ne disconvenons pas qu'elles ne soient quelquefois traitées avec une subtilité remarquable : mais cette subtilité est plutôt chicannière qu'utile : les divisions nouvelles qu'on voudroit nous faire adopter, rentrent naturellement dans celles que nous donnons ; et elles y reparoissent très-convenablement comme sous-divisions. Nous pensons qu'en pareil cas, il est aussi dangereux de se fatiguer à trop diviser, qu'il est nécessaire de diviser en général : quand on est parvenu à pouvoir établir un ordre régulier et facile dans la matière que l'on traite, il faut savoir s'arrêter : le surplus n'est souvent que perte de temps et fatigue.

(60°.) Parmi les classes de mots que nous rejetons, il en est une néanmoins qui paroît mériter quelqu'attention, à cause du grand usage qu'en ont fait les auteurs classiques : ce sont les *particules*. Ceux qui en ont parlé comme d'une classe distincte et spéciale, n'ont pas vu qu'ils faisoient un double emploi : car tous les mots qu'ils ont voulu rapporter à cette prétendue classe, appartiennent déjà nécessairement à quelqu'autre branche ou espece ; et cette seule considération prouve qu'ils ont tort. Girard, Dangeau, et Beauzée, sont ceux qui se sont plus particulièrement attachés à nous présenter les *particules* sous un jour instructif et lumineux : mais ils n'ont pas obtenu les succès qu'ils s'étoient promis de leurs efforts ; sans doute parce qu'ils ont eu trop d'égards pour les erreurs accréditées avant eux. Les *particules interjectives* ou *discursives* qu'ils ont recueillies avec tant de soins, ne sont uniquement que des *interjections*, ou des prépositions, des adverbes, des conjonctions, des adjectifs, ou même des substantifs. C'est ainsi que les autres classes de mots revendiquent et leur enlevent tous les petits mots, que Dangeau y place avec tant de complaisance, comme *au*, *aux*, *du*, *des*, *en*, *y*, *dont*, et le mot *sauf*, et même la fameuse particule *on*.

Il s'ensuit de ce qui précede, que si l'on veut conserver le mot *particule*, dans la science grammaticale, et y attacher une signification juste et précise, on doit en borner l'emploi à désigner les syllabes qu'on appelle *enclitiques* ; c'est-à-dire, les syllabes qui ne forment point de mots à elles seules, mais que l'usage unit à divers mots, et qui alors deviennent véritablement significatives ; telles que sont en françois *là* dans *voilà*, *dà* dans *ouidà*, etc. ; et en latin *que*, *ve*, *ne*, dans *frater sororve, cœlum terraque, paterne dedit ?* etc.

Quelques auteurs ont encore fait une sorte de classe nouvelle, pour les mots qu'ils ont qualifiés de *mots douteux*. C'est un objet qui mérite une attention particulière dans les Grammaires spéciales de chaque langue, mais qui ne peut entrer dans un cours de Grammaire philosophique.

CHAPITRE III.

Des accidents que peuvent subir les mots.

(61°.) On appelle *accidents*, en termes de Grammaire, certaines variations que les mots peuvent admettre sans perdre leur caractere distinctif ; variations qui sont propres à modifier la valeur essentielle des mots, sans néanmoins faire partie de cette valeur, mais qui ont uniquement pour objet , d'y ajouter quelques idées particulières, dépendantes des circonstances , et le plus souvent de la construction grammaticale. On distingue deux sortes d'*accidents* , les uns qu'on appelle *communs*, et les autres qui ont le nom d'*accidents particuliers :* les uns et les autres se manifestent ordinairement dans le matériel des mots , et par divers changements sensibles, qui toutefois sont indépendants des traits formels ou fondamentaux.

Les accidents *communs* sont ceux qui en général peuvent également appartenir à des mots de toutes

les classes : ils tiennent sur-tout à la formation
originaire des mots, ou à leurs dérivations, à
leurs accens, et à leur composition usuelle. Ainsi
tout ce qu'on peut en dire, se rapporte ou à l'étymologie, ou au génie particulier et aux procédés
propres de chaque langue ; raisons pour lesquelles
nous ne nous y arrêterons pas davantage.

Les accidents *particuliers*, qu'il est bien plus
important de faire connoître, sont ceux qui n'ap-
partienent qu'aux mots de quelques classes seulement, et qui ajoutent à la valeur objective et
formelle de ces mots, diverses idées nouvelles, qui
n'y sont annexées que d'une manière accessoire,
ou passagérement et circonstantiellement, d'après
le point de vue particulier et précis, sous lequel
ces mots sont considérés. Quand on observe combien ces modifications contribuent à la clarté, à
l'énergie, et à la briéveté du discours, en accu-
mulant ainsi des idées qu'on ne pourroit exprimer
autrement, sans se jeter dans les longueurs les
moins soutenables ; on ne peut que bénir les génies heureux qui dans la création et l'organisation des langues, nous ont procuré le secours de
ces formes accidentelles.

Une remarque essentielle à faire sur cette seconde sorte d'accidents, c'est que les prépositions, les conjonctions, et les interjections n'en
ont point. Aussi les appelle-t-on *invariables*.
Nous en dirions autant des adverbes, si, comme
on le verra bientôt, la plupart n'admettoient les
dégrés de signification qu'on appelle ordinairement *dégrés de comparaison*. Ainsi les substantifs, les pronoms, les adjectifs, soit physiques,
soit articles, sont avec les adverbes, et les verbes,
les seules classes de mots qui soient reconnus
susceptibles d'accidents particuliers. Mais toutes
ces classes n'admettent pas les mêmes : les verbes

sur-tout en ont plusieurs qui n'appartiennent qu'à eux, et qui exigent beaucoup de détails : c'est ce qui nous détermine à diviser ce chapitre en deux paragraphes, l'un sur les accidents des noms, pronoms, adjectifs, et adverbes; et l'autre sur les accidents des verbes.

PARAGRAPHE PREMIER.

Des accidents des substantifs, des pronoms, des adjectifs, et des adverbes.

Les accidents particuliers que les trois premières de ces classes de mots peuvent avoir, sont 1°. les nombres; 2°. les genres ; 3°. les cas ou déclinaisons ; outre 4°. les dégrés de signification ou de comparaison, que les adverbes peuvent également et uniquement prendre. Tâchons de donner une notion juste de ces divers accidents, en examinant en autant de sections, l'usage que les langues peuvent en faire.

SECTION PREMIÈRE.

Des Nombres.

(62°.) On appelle *nombre*, en termes de Grammaire, un accident particulier qui ajoute l'idée de la *quotité* à la valeur principale ou objective et formelle du mot. Il n'y a que le substantif, l'adjectif, le pronom, et le verbe, qui soient susceptibles de cet accident, parce qu'il n'y a, dit Beauzée, que ces quatre sortes de mots qui expriment des êtres, et qu'il n'y a évidemment que les êtres que l'on puisse nombrer... Il nous paroît que si le verbe exprime des êtres d'une manière plus directe que la préposition, ce n'est que parce que l'attribut du verbe est toujours un adjectif, d'où il suit qu'il est naturel de le rapporter au sujet ; ce qui n'a pu que conduire à une véritable identité entre ces deux parties de la phrase, et avec le verbe qui les place l'une dans l'autre ; au lieu que le régime de la préposition étant un substantif, ou un mot pris substantivement, cette même conception d'identité y auroit été absurde. C'est ainsi que les prépositions n'ont point les accidents particuliers dont nous parlons, parce que toujours distinctes, et à égale distance de leurs antécédents et de leurs conséquents, elles ne peuvent, pour aucune raison valable, recevoir la loi de ceux-là, plutôt que de ceux-ci.

Les quatre classes de mots qui marquent le *nombre*, ne le marquent pas toutes de la même manière et aux mêmes titres. C'est de leur propre valeur, que les substantifs en tirent l'idée ; car ils expriment déterminément, formellement, et directement des êtres. Les trois autres classes ne reçoivent l'idée du *nombre*, que de la valeur des substantifs auxquels on les rapporte, et dont ils dépendent ; savoir, les pronoms, de la quotité des êtres qu'ils désignent par leurs rôles ; les adjectifs, de la quotité des êtres dont ils nous rétracent les qualités ou déterminations ; et les verbes, de la quotité des êtres dont ils énoncent le rapport avec leurs attributs. Ce sont donc les substantifs, exprimés ou sous-entendus, qui donnent ici la loi, que les autres classes ne font que subir.

Dans la plupart des langues, on ne connoît que deux *nombres*, le singulier, qui indique qu'on ne parle que d'un seul être ou individu ; et le *pluriel*, qui avertit que l'on parle de plusieurs, sans en fixer la quantité. Quelques langues, comme l'hébreu, le grec, et le polonois, ont un troisième *nombre*, qu'on nomme le *duel*, et qui annonce que l'on parle de deux seulement. L'abbé l'Advocat, dans sa Grammaire hébraïque, dit que ce *duel*, chez les hébreux, ne s'emploie que pour les choses qui sont naturellement ou conventionnellement doubles ou par paires, comme les mains, les yeux, etc. Il a dû sans doute en être originairement de même chez les Grecs et en Pologne : car sans cela, quel motif plausible eût pu faire adopter une forme particulière pour le nombre de deux, plutôt que pour celui de trois, ou de quatre, etc. ?

S'il y a des noms dont la signification propre et particulière consiste à ne présenter à l'esprit qu'une certaine unité, ou qu'un assemblage de choses que l'on considere comme ne formant qu'un tout véritablement unique, certainement ces sortes de noms ne peuvent point admettre le pluriel, à moins qu'ils ne renferment d'ailleurs quelque irregularité : c'est ainsi qu'en général, les véritables noms propres n'admettent que le singulier ; sauf néanmoins les exceptions que l'usage oppose si souvent, même aux principes les plus sûrs. Chez les Latins, par exemple, les noms propres des familles s'employoient très-bien au pluriel, et l'on disoit *gens Fabiorum* ; *Scipiones*, etc. En françois, nous disons *les deux Corneille*, *les deux Racine* ; mais sans aucune marque du pluriel, à moins qu'il ne s'agisse de noms célebres, que l'on prend pour désigner tous ceux qui se sont distingués par les mêmes talents, ou par les mêmes actions, comme lorsqu'on dit *les Cicérons et les Démosthenes*, *les Homeres et les Virgiles*, *les Euripides et les Sophocles*, *les Xantiphes*, *les Zoïles*, etc. Mais on voit qu'en ce dernier cas, ces noms deviennent de véritables noms communs.

Une autre exception bien plus singulière, c'est que nous avons des noms propres qui n'ont que le pluriel, sur-tout parmi les noms propres de lieux; comme *Parisii*, *Lingones*, *Athenæ*; les *Vosges*, les *Alpes*, les *Pyrénées*, etc. Ce sont des noms qui originairement ont été communs, et qui ne sont devenus des noms propres que pour indiquer une certaine collection de choses semblables.

On ne peut donner aucune regle qui soit applicable à toutes les langues, pour la formation des singuliers et des pluriels : chaque langue a des formes toutes particulières à cet égard, non-seulement pour les noms, mais encore pour les adjectifs, les pronoms, et les verbes. Au reste, comme ces dernières classes de mots ont un rapport d'identité avec le substantif ou les substantifs auxquels on les enchaîne dans la phrase, on conçoit que c'est toujours à ces substantifs, à décider du nombre qu'ils doivent prendre ; et que pour ce point, ils ne peuvent qu'en suivre la loi ; comme d'un autre côté, c'est le pronom qui nous montre quel rôle on leur donne ; et comme encore c'est le verbe qui marque le temps, ainsi que nous le verrons au paragraphe suivant.

SECTION II.

Des Genres.

(63°.) Chez les philosophes on appelle *genres*, toutes les classes d'objets semblables, considérés sous le point de vue commun et propre qui les rend semblables : pour l'ordinaire, on réserve ce nom aux classes assez générales pour pouvoir être sou-divisées en d'autres classes subalternes, qu'on dit en être les *especes*. En termes de Grammaire, les *genres* forment un accident *particulier*, qui a pour objet spécial, de tirer de la désignation des sexes, un nouveau moyen de marquer les rapports d'identité, que les mots ont entr'eux dans le discours. Les *nombres* dont nous venons de parler, tendent déjà au même but : mais le desir et le besoin d'écarter du langage les obscurités et les équivoques, on fait multiplier ces moyens, autant que le génie des langues et l'industrie de l'homme l'ont permis.

Les grammairiens ont eu à distinguer dans les langues, 1°. le genre *masculin*, lorsque le mot nous présente l'idée accessoire de rapport à l'espece mâle ; 2°. le genre *féminin*, lorsque le mot joint à sa valeur foncière, l'idée accessoire de rapport à l'espece femelle ; 3°. le genre *neutre*, lorsque le mot nous annonce en quelque sorte qu'il est également étranger aux deux premières classes : ces trois premiers *genres* au surplus s'appellent *genres déterminés*, lorsque l'usage a bien décidé auquel des trois appartient le mot que l'on examine ; 4°. le genre *epicène*, lorsqu'il s'agit d'un nom d'animal, et que ce nom conserve toujours le même rapport à l'idée de sexe, soit que l'on parle du mâle ou de la femelle ; comme on le voit dans les noms *vulpes, renard, vespertilio, chauve-souris*, etc. ; 5°. le genre *commun*, lorsque l'usage laisse au choix de celui qui parle, la liberté d'employer le nom avec rapport à tel ou tel sexe, selon les convenances des idées ; comme l'on en use pour le mot latin *bos*, et pour le mot françois *enfant* ; 6°. le genre *douteux*, lorsqu'on rapporte d'une manière aussi légitime, un mot à tel genre qu'à tel autre, comme les mots *dies, finis, automne, équivoque* ; 7°. et enfin le genre *hétérogène*, lorsque le même mot change de genre en changeant de nombre ; comme sont en latin *cœlum, cœli, tartarus, tartara,* et en françois *délice, délices,* etc.

L'étude de toutes les langues démontre que si la distinction des sexes a fourni la première idée de cet accident particulier, c'est trop souvent le caprice ou le hazard, ou du moins des considérations accidentelles, qui en ont réglé l'emploi ; et c'est ce qui nous a jetés dans des irrégularités si fatigantes, que Duclos s'est persuadé que l'institution des genres étoit plus nuisible qu'utile ou nécessaire.

Si l'on recherche la véritable cause de l'institution des *genres,* on ne tarde pas à observer que les adjectifs étant par leur nature applicables à toutes sortes de substantifs, il a fallu, pour éviter les méprises, établir divers moyens de marquer à quel substantif, chaque adjectif se rapporte, dans la phrase où on l'emploie : on a donc divisé les substantifs en plusieurs classes ou *genres,* et l'on a varié les terminaisons des adjectifs selon qu'on les rapportoit à l'un ou à l'autre de ces *genres.* L'homme en cette circonstance s'est considéré lui-même, et a cru ne pouvoir mieux régler les *genres* ou classes dont nous parlons, qu'en les fondant sur la distinction des sexes. Le genre se marque donc dans l'adjectif par différentes terminaisons qui n'ont pas d'autre objet : mais dans les substantifs, l'idée accessoire du *genre* ne se désigne en général par aucune variation de forme grammaticale : il ne se démêle que dans la valeur objective du mot, ou dans les loix de l'usage ; et c'est ici où l'on desireroit avec Duclos, que le génie qui a enrichi les langues de cette distinction importante, eût confié à la raison le soin d'en faire l'application : alors tout nom qui renferme dans sa valeur fondamentale et formelle, l'idée de l'un ou de l'autre des deux sexes, en auroit invariablement le genre ; et lorsque le nom employé n'auroit aucun rapport aux sexes, on l'auroit en conséquence et toujours rejeté dans la classe du genre *neutre*. Par malheur, les langues même les plus anciennes se sont singulièrement écartées à cet égard, de ce que la raison leur prescrivoit : les causes les plus frivoles y ont souvent décidé des *genres* des noms ; et tout y a été bouleversé et confondu. Quant aux langues modernes, on conçoit qu'ici comme en tant d'autres branches, elles ont hérité de toutes les défectuosités de celles d'où elles dérivent.

Ainsi nous avons des langues, comme la langue françoise, qui n'ont que les deux premiers genres, et chez lesquelles on a placé tous les noms qui devroient être neutres, les uns parmi les noms masculins, et les autres parmi les féminins ; toujours d'après des analogies peu valables ou même imaginaires. Nous avons d'autres langues qui, comme la langue angloise, non contentes de n'admettre que deux genres, ne permettent qu'à leur seul article de les désigner. etc....

Parmi les causes qui ont déterminé à rendre les uns *masculins*, et les autres *féminins*, les substantifs qui auroient dû être toujours neutres, on peut distinguer celles qui tiennent aux mœurs, au génie, et à la religion des anciens peuples : car de-là nous sont venues des analogies réelles ou supposées, et prochaines ou éloignées, qui ont eu la plus grande influence sur les langues.

Les opinions des anciens sur les objets consacrés à leurs dieux et à leurs déesses, ont de cette sorte déterminé le *genre* de presque tous ces objets : les vents, les fleuves, les vertus, les maladies, les sciences, les arts, les passions ont
donc

donc été plus communément du genre *masculin* ou du *féminin*, selon que toutes ces choses relevoient du domaine de tel dieu, ou de telle déesse ; les noms des objets stériles ont de même été rangés parmi les noms *neutres* : tout ce qui a pu être considéré comme mere nourricière, la terre, les villes, lès régions, les isles, les arbres à fruits, ont plus ordinairement été du *genre féminin* ; au lieu que les arbres sauvages, les minéraux, les crimes, les monstres, ont dû être placés ou parmi les noms masculins, ou parmi les noms neutres. D'autres considérations aussi arbitraires ont également décidé du genre des noms abstraits ; et enfin le caprice a exercé de toute part son influence sur cet objet, et a laissé par-tout les traces de l'arbitraire, les irrégularités, et les trop nombreuses exceptions.

Section III.

Des Déclinaisons.

(64°.) Les cas sont des désinences ou terminaisons particulières, consacrées à certaines classes de mots, et destinées à indiquer les fonctions que ces mots ont à remplir dans l'ordre analytique et grammatical du discours ; c'est-à-dire, à indiquer les rapports soit d'identité, soit de régime, que ces mots ont avec tels ou tels autres mots de la même phrase. Il n'y a en général que les noms, les pronoms, et les adjectifs, physiques, articles, et participes, qui soient susceptibles de cette sorte d'accidents *particuliers* ; et l'on *décline* les mots de ces diverses classes, quand on récite par ordre, toutes les désinences de cette espece que l'usage leur attribue.

Les déclinaisons n'ont pas lieu dans toutes les

langues. L'hébreu, le syriaque, le caldéen, le françois, l'italien, le portugais, l'espagnol, l'anglois, et plusieurs autres langues, que l'on nomme langues *analogues*, ainsi que nous l'avons dit ailleurs, sont privées de ce secours, qui est réservé aux langues appellées *transpositives*, telles que la langue latine, la grecque, etc.

Toutes les langues transpositives n'ont ni un même nombre de cas, ni les mêmes déclinaisons. Elles n'assignent pas non plus toujours les mêmes fonctions aux cas qu'elles admettent : la langue latine, par exemple, qui a six cas, tant au singulier qu'au pluriel, nous offre mille caprices dans les loix qu'elle s'est prescrites pour les cinq déclinaisons qu'elle a adoptées ; et elle ne nous en offre gueres moins dans les regles qui décident du choix et de la valeur des cas que doivent prendre les noms, selon les diverses positions où ils se trouvent placés. En effet, quelque sagacité que les grammairiens aient apportée à concilier ces loix et ces regles, nous voyons que rien n'a pu les sauver du cahos des exceptions les plus nombreuses et les plus bizarres.

Nous venons de dire que les Latins ont six cas : mais les Grecs n'en ont que cinq, les Allemands n'en ont que quatre, et les Arabes n'en ont que trois ; tandis que les Arméniens en ont dix, et les Lapons quatorze ; tandis encore que les Péruviens les remplacent par des syllabes prépositives et enclytiques.

Quant à la valeur de ces cas, tout ce que l'on peut dire de plus juste de ceux des Latins, c'est qu'en général, le *nominatif* présente l'objet comme dirigeant le reste de la phrase, ou comme ayant les autres mots à sa suite et sous sa dépendance ; que le *génitif* présente l'objet comme ayant produit celui dont le nom le régit, et comme produisant lui-même les cas qui suivent; que le *datif* présente l'objet comme étant la chose à laquelle on attribue ce qui est exprimé par les mots sous le régime desquels il se trouve; que l'*accusatif* présente l'objet comme chose attribuée et déclarée; que le *vocatif* présente l'objet comme réunissant à la fonction du *nominatif*, l'idée d'être interpellé et mis directement en scène; et que l'*ablatif* présente l'objet comme chose de laquelle on ôte ce qui est exprimé par les autres mots qui y ont rapport. Ajoutons que le *nominatif* et le *vocatif* sont appellés *cas directs*, et que les quatre autres sont nommées *cas obliques*.

Ces deux mots *cas* et *déclinaisons* prouvent qu'il ne s'agit ici que de la chûte des mots, ou des lettres par où on les termine. Aussi donne-t-on le nom d'*indéclinables* à tous les mots dont la désinence ne varie point, et par conséquent aux noms des langues analogues, ainsi qu'à ceux qui par quelque raison que ce soit, ont la même invariabilité dans les langues transpositives, comme, par exemple, en latin *fas*, *nefas*, *cornu*, etc.

Les grammairiens italiens, espagnols, et françois ont long-temps disputé avant de reconnoître que leurs noms et leurs adjectifs ne se déclinoient pas : il a fallu de longs raisonnements et beaucoup de redites, pour leur arracher cet aveu tardif; et ils ont encore continué de décliner, long-temps après leur défaite, tant l'habitude a d'empire sur les hommes.

SECTION IV.

Des dégrés de signification ou de comparaison.

(65°.) Les *dégrés de signification ou de comparaison* forment une sorte d'*accidents particu-*

liers, établis pour marquer, dans les qualités ou modifications dont on parle, le plus ou le moins d'ampliation, d'intensité, de perfection, de supériorité, ou de défauts contraires à ces dégrés.

Les mots qui expriment des êtres réels ou supposés tels, peuvent avoir quelquefois à nous présenter ces êtres avec l'idée accessoire de plus ou de moins de grandeur, de masse, de volume, de poids, d'étendue, etc. Mais nous avons vu en traitant de l'adverbe, (voyez n°. 56.), que ces idées accessoires ne peuvent s'adjoindre aux substantifs que par des adjectifs, parce qu'elles y deviennent de véritables qualités : cependant il y a ici une exception à remarquer pour les mots qui alors, au lieu d'en appeller d'autres à leur secours, s'incorporent ces idées accessoires, et les désignent par quelque changements dans leurs syllabes élémentaires, dans leurs formes matérielles : c'est à cette exception, qu'il faut rapporter les augmentatifs, les diminutifs, les fréquentatifs, les réduplicatifs, les négatifs, les exclusifs, et autres mots semblables, qui lorsqu'ils sont admis dans les langues, y jetent une si grande richesse, en y multipliant, sous les noms de *dérivés*, ou de *composés*, des accidents qui appartiennent à la classe des *accidents communs*.

Non-seulement ces sortes d'accidents ou de variations se manifestent dans les substantifs, ainsi qu'on vient de le dire : on les retrouve également dans les autres mots qui dérivent de ces mêmes substantifs, et qui ne nous rappellent plus des êtres réels ou supposés, que d'une manière indirecte, et par quelque qualité, modification, ou action qui en dépend : ainsi les langues ont des augmentatifs, des diminutifs, des négatifs, des privatifs,

des inchoatifs, des fréquentatifs, des réduplicatifs, etc. Dans la classe des adjectifs, des adverbes, et des verbes, de même que dans celle
des substantifs ; pourvu néanmoins que dans
toutes ces classes, les idées accessoires qui donnent lieu à ces nuances, se trouvent fondues
dans la valeur fondamentale des mots : c'est de
cette sorte, par exemple, que si nous disons *retour* aussi bien que *tour*, et *intempérance* aussi
bien que *tempérance* ; nous disons également *in-
soucieux* aussi bien que *soucieux*, *trembloter*
aussi bien que *trembler*, et *immodérément* aussi
bien que *modérément*, etc.

Mais indépendamment de ces nuances qui tiennent à la valeur objective, il y a dans ces dernières classes de mots, d'autres idées accessoires
qui ne sont que passageres, accidentelles, et en
quelque sorte locales ; et ce sont celles dont il
s'agit dans cette section.

Pour parvenir à s'en faire une idée juste, il
faut observer que les mêmes qualités, les mêmes
modifications, les mêmes actions que nous appercevons dans un objet, se retrouvent souvent
dans beaucoup d'autres objets différents ; et
qu'elles peuvent y être au même dégré, ou à des
dégrés supérieurs ou inférieurs : il arrive même
que telle qualité, modification, ou action, nous
offre dans le même objet, des dégrés différents
en des temps successifs, comme elle nous en offre
en même-temps en différents objets. Or ce sont
toutes ces variations, qu'il est souvent très-im-
portant d'exprimer, et que l'on désigne par les
accidents particuliers des *dégrés de signification* ou *de comparaison*.

Il y a ici deux choses essentielles à distinguer,
les dégrés de *signification*, et les dégrés de *comparaison* : on peut avoir à marquer les premiers

dans les objets que l'on ne considere qu'isolément, c'est-à-dire, que l'on ne compare réellement à aucun autre ; et l'on peut avoir à désigner les seconds toutes les fois quel'on s'attache moins à ce que la chose est en elle-même , qu'à ce qu'elle est comparativement à d'autres avec lesquelles on la confronte. Il est nécessaire de bien saisir cette première distinction , et d'observer que souvent nous avons à exprimer, non-seulement la qualité d'un objet , mais le dégré soit d'intensité, soit de foiblesse, auquel cette qualité se trouve portée ; quoique d'ailleurs il ne soit question d'aucune sorte de comparaison. Il faut même ajouter que lorsque ces deux choses sont réunies dans une même pensée, nous pouvons les considérer séparément et les exprimer chacune à part: en un mot, l'une est à la rigueur étrangere à l'autre. Ainsi lorsque Properce dit de Vénus, *præ se formosis invidiosa* , il énonce le dégré de comparaison par les deux mots *præ se* , et laisse l'adjectif *formosis* au positif. Lorsque Virgile dit, *Pigmalion scelere ante alios immanior omnes ;* et lorsque Ovide dit, *inter omnes maximus ;* on voit que la comparaison est marquée par *ante alios omnes* , et par *inter omnes ;* tandis que les adjectifs *immanior* et *maximus* expriment les dégrés d'intensité. Telle étoit la pensée de Sanctius , qui déclare que dans ces circonstances (1), « la force ou valeur de » la comparaison est dans la préposition , et » nullement dans le nom. » Si l'on objecte que tout rapport suppose une comparaison , nous répondrons d'abord, que dans cet adage si cher à tant de philosophes modernes , on emploie souvent mal-à-propos le mot *comparer* , au lieu

____

(1) *Vis comparationis non est in nomine, sed in præpositione.*

du mot *confronter;* et ensuite que l'acte de l'esprit qui compare, n'est point le dégré d'intensité sur lequel la comparaison peut être appuyée; que la comparaison n'existe que chez nous ; tandis que l'intensité existe dans les choses ; si bien que si nous ne nous occupons point de celle-là, nous n'en voyons pas moins celle-ci, telle qu'elle est dans les objets.

Ces diverses considérations ont fait distinguer deux sortes de dégrés, ceux de *signification*, et ceux de *comparaison*, c'est-à-dire, les dégrés *absolus*, et les dégrés *relatifs*. Les premiers marquent ampliation ou foiblesse dans la qualité, dans la modification, ou dans l'action : les seconds marquent égalité, supériorité, ou infériorité d'une chose relativement à une autre. Lorsque l'adjectif, l'adverbe, et le verbe expriment simplement l'idée qu'ils ont à nous transmettre, on ne peut pas dire que ces mots sont à un dégré quel qu'il soit: il y a contradiction à ranger au nombre des dégrés, *le positif*, qui consiste à exprimer une qualité ou une modification, sans présenter aucune idée d'intensité. Cependant on a raison de faire mention de ce *positif*, lorsqu'on traite des dégrés de signification ou de comparaison, attendu qu'il faut bien présenter les mots dans leur expression simple, avant d'indiquer les idées accessoires que l'on peut y ajouter.

Les dégrés de signification absolue sont à la suite du *positif*, *l'ampliatif*, et *le diminutif*; *l'ampliatif*, qui ajoute à l'idée fondamentale, l'idée accessoire d'une intensité digne d'être remarquée ; et le *diminutif*, qui ajoute à la même idée fondamentale, l'idée accessoire d'une foiblesse sensible.

Les dégrés de signification relative ou de comparaison, sont le dégré d'*égalité*, celui de *supé-*

riorité, et celui d'*inferiorité*. Ainsi *sage*, *sagement*, sont deux *positifs*, qui ont pour *ampliatifs*, *très-sage* et *très-sagement*; et pour *diminutifs*, *peu sage*, *peu sagement*: les deux mêmes mots auront pour *comparatifs d'égalité*, *aussi sage*, *aussi sagement*; pour *comparatifs de supériorité*, *plus sage*, *plus sagement*; et pour *comparatifs d'infériorité*, *moins sage*, *moins sagement*; etc.

Mais il faut observer que les dégrés marquent quelquefois une intensité qui est moins d'*ampliation* que de *perfection*; et qu'alors l'expression change : on dit, par exemple, *aussi bien aimé*, *mieux aimé*, *moins bien aimé*; et dans les dégrés absolus, *bien aimé* ou *très-aimé*, ou *fort aimé*, et *mal aimé*, etc.

Il nous reste ici quelques observations importantes à faire ; la première, que jamais les dégrés absolus ne font attendre de second terme, tant ils sont étrangers à toute idée de comparaison ; au lieu que les dégrés relatifs exigent toujours à leur suite, un second terme, que l'on n'est dispensé d'exprimer formellement, que lorsque les circonstances et le reste du discours l'indiquent suffisamment : à quoi nous ajouterons qu'il ne peut y avoir de comparaison qu'entre des objets homogènes, c'est-à-dire, qu'entre des objets analogues, ou qui aient quelque chose de commun sous quelque point de vue.

La seconde observation est que, quoique l'on se soit accordé à ne diviser que par les idées générales de plus ou de moins, les divers dégrés dont il s'agit ici ; il y a cependant plusieurs langues où l'on distingue des nuances particulières et plus délicates ; telles que la langue françoise, dans laquelle on a, par exemple, l'ampliatif *bien sage*, qui dit moins que *fort sage*, lequel présente encore moins d'intensité que *très-sage*.

La troisième, que l'on a toujours distingué deux dégrés relatifs ou comparatifs de supériorité ; l'un que les grammairiens nomment simplement *comparatif*, et que Beauzée appelle *comparatif individuel*, vu qu'il n'a jamais pour second terme, que des individus ; et l'autre qui a toujours eu le nom de *superlatif*, et auquel Beauzée donne celui de *comparatif universel*, parce que le second terme n'y est autre que l'universalité des êtres, sur lesquels il est possible d'étendre la comparaison : c'est ce que l'on voit dans les expressions *plus beau que l'autre, pulchrior altero* ; *le plus beau de tous, pulcherrimus omnium*.

La quatrième, qu'il y a des langues où l'on n'a qu'une seule et même forme pour exprimer certains dégrés absolus, et pour exprimer les dégrés relatifs qui y correspondent ; d'où il résulte que les mots consacrés à ce double emploi étant les mêmes, on a quelquefois bien de la peine à déviner dans lequel de ces deux sens on doit les prendre : c'est une sorte d'équivoques ou d'incertitudes que l'on rencontre assez souvent dans les superlatifs et dans les comparatifs latins, par exemple.

La cinquième, qu'il y a quelques dégrés pour lesquels les langues connues n'ont que des expressions composées de plusieurs mots ; tels que sont les comparatifs d'égalité et ceux d'infériorité.

La sixième enfin, qu'en général, les verbes que nous avons mis au nombre des mots susceptibles de tous ces dégrés, et qui le sont en effet, lorsqu'ils renferment leurs attributs, n'ont cependant point de formes propres à les exprimer dans quelque langue cultivée que ce soit ; sauf un très-petit nombre de verbes particuliers, tels que sont en latin, *adamo*, ampliatif de *amo*; *malo*, ampliatif de *volo*, etc.

PARAGRAPHE II.

Des accidents particuliers des Verbes.

(65°.) Lorsqu'on forme un jugement, et qu'on le développe assez pour donner lieu à une phrase, l'esprit voit d'abord, et comme en avant du rapport central qui le frappe, un objet principal qui en est le sujet, le judicande, ou le nominatif; un objet qui est la chose dont on juge, à laquelle on attribue ce qui suit dans l'ordre de l'analyse. Mais ce premier objet est-il celui qui parle, ou celui à qui l'on parle? n'est-il ni l'un ni l'autre? En un mot, quel est le rôle qui lui est assigné dans le discours? Il importe d'écarter toute incertitude sur ce point; et dès-lors il convient d'indiquer par des formes précises et déterminées, et même par une concordance sensible et manifeste, quel est cet acteur auquel le verbe se rapporte. Il étoit donc naturel que les verbes eussent des accidents propres à faire connoître et distinguer les *personnes*.

Le sujet ou la personne du verbe peut n'embrasser qu'un seul être, ou en embrasser plusieurs; nouvelle circonstance qui exige que, non-seulement dans le sujet ou la personne du verbe, mais que dans le verbe même, on distingue le singulier et le pluriel; c'est-à-dire, que l'on recoure à tous les moyens de rappel et de concordance que l'on peut annexer au verbe, pour faire connoître si son sujet est unique ou multiple.

Comme tous les verbes, hormis un seul, renferment en eux-mêmes leurs attributs ou seconds termes, et que cette circonstance insere dans les verbes, tantôt une idée de simple qualité, tantôt une idée d'action ; ne convenoit-il pas de donner aux verbes des formes qui annonçassent ces nouvelles idées accessoires, avec autant de précision que la clarté pouvoit le faire desirer ? Ne falloit-il donc pas des accidents particuliers, ou des changements de formes, qui nous fissent distinguer les différentes especes des verbes ?

S'il y a des jugements qui se présentent à nous comme toujours et nécessairement vrais, combien n'y en a-t-il pas d'autres, qui ne peuvent être admis comme tels, qu'autant qu'on les rapporte uniquement à telles époques plus ou moins déterminées ? Or quel autre mot que le verbe devoit avoir à indiquer ainsi, les temps auxquels se rapportent les jugements qu'il exprime ? Quel autre mot que le verbe, devoit être soumis à des accidents consacrés à ce service ?

Tout jugement conçu et développé dans notre esprit, et ensuite émis ou énoncé dans une phrase, est ou isolé et absolu, ou combiné avec d'autres jugements qui y ont quelque rapport : dans le premier cas, ce jugement est direct et positif ; il n'a besoin que d'être exprimé, pour s'offrir dans son intégrité et son indépendance. Dans le second cas, il est ou celui auquel les autres sont subordonnés, ou rabaissé lui-même au rang des jugements dépendants et soumis à des conditions ou loix étrangeres ; ou bien encore n'ayant subi dans notre esprit, qu'une analyse partielle, et demeurant comme inséré dans d'autres jugements, où il sert de partie intégrante ou de simple complément, il ne paroît être qu'indiqué plutôt que complétement ou suffisamment développé : or ne faut-il pas des formes connues qui nous annoncent le caractere de liberté et d'indépendance, que doit avoir le verbe dans les phrases principales ou directes ? Ne faut-il pas d'autres formes également déterminées, pour nous avertir que les phrases sont subordonnées, soit parce qu'elles dépendent de quelque condition , soit parce qu'elles servent de régimes ? Enfin ne faut - il pas également nous dire par quelques autres moyens semblables , que les verbes dans le troisième cas , ne constituent que des phrases indiquées ? Voilà donc dans la marche, la suite, l'ordre, les combinaisons , et la subordination du discours , diverses manières d'employer les verbes, et les jugements qu'ils nous transmettent ; manières auxquelles on a consacré la dénomination de *modes*, quoique ce mot eût pu , selon son étymologie , servir également à désigner tous les autres accidents dont nous venons de parler.

Ce sont ces mêmes accidents que nous avons a faire connoître dans ce paragraphe , et sur lesquels nous allons recueillir les observations les plus essentielles , en traitant en quatre sections successives ; 1°. des différentes sortes de verbes ; 2°. des modes des verbes ; 3°. des temps auxquels on peut les rapporter ; et 4°. des diverses conjugaisons. Nous ne nous arrêterons point à ce qui concerne les personnes, les nombres, et les genres ; vu que les nombres et les personnes nous offrent peu de remarques importantes à ajouter à ce que nous en avons déjà dit , et à ce que nous aurons à en dire en parlant des conjugaisons ; et que les verbes n'indiquent les genres que dans les *participes*, sur lesquels nous aurons ailleurs un article particulier.

S E C T I O N P R E M I È R E.

Des différentes sortes de Verbes.

(66°.) Si l'on n'avoit compris dans le verbe, que l'expression du rapport principal et central de la phrase, sans y renfermer 'en même-temps le second terme de ce rapport, ou l'attribut, il n'y auroit naturellement eu qu'un seul verbe dans chaque langue, puisqu'il n'y auroit jamais eu qu'une seule idée simple et toujours la même, à exprimer par cette classe de mots. Aussi observe-t-on que chez tous les peuples, on ne retrouve qu'un seul verbe de cette espece, le verbe *esse* ou *étre*, que l'on appelle verbe *substantif*, ou *abstrait*, parce qu'il ne contient ordinairement que l'essence ou la substance de ce qu'on nomme *verbe* en général, et qu'il fait abstraction de toutes les autres idées qui peuvent entrer dans sa valeur fondamentale.

Nous avons donc plusieurs verbes, parce que tous, hormis un seul, ont une signification composée, et qu'ils renferment, outre l'idée du rapport central, l'idée du second terme de ce rapport, du terme que l'on nomme *attribut*, que le citoyen Domergue appelle *judicat*, et que le citoyen Madjet dit être toujours un adjectif. Ce sont ces verbes dont la nature est ainsi composée, que l'on distingue du verbe substantif ou abstrait, par la dénomination de verbes *concrets* ou *adjectifs*. Mais on ne tarde pas à être forcé de les partager eux-mêmes en plusieurs classes subalternes, selon la sorte particulière d'idée que l'attribut y ajoute : en effet, on remarque, tantôt que cet attribut nous présente l'idée d'une action, quelle qu'elle soit ; et que tantôt il nous offre l'idée de quelque qualité pèrmanente, et propre à désigner ou caractériser l'état du sujet ou du premier terme du rapport.

D'abord, on observe que les verbes qui contiennent l'idée d'une action, peuvent nous la représenter comme produite par leur premier terme ou par le sujet ; ou bien comme y aboutissant, quel qu'en soit l'auteur : là, le premier terme ou sujet est *agissant :* ici, il est *patient* ; ce qui nous donne deux sortes de verbes, celle des verbes *actifs,* et celle des verbes *passifs ;* ou bien celle des verbes qui ont la *voix active,* et celle des verbes qui ont la *voix passive.*

Les verbes qui ne peuvent être rangés ni sous l'une ni sous l'autre de ces deux *voix,* parce que leur attribut ne marque que l'état du sujet, ou une qualité permanente, et qui n'est point une *action,* forment une troisième classe, que l'on désigne par le nom de *verbes neutres.*

Ici se présente une contestation entre les grammairiens... L'action que tant de verbes expriment, n'est pas toujours de la même espece : souvent elle passe hors de celui qui la produit, et va aboutir à un terme autre que lui : souvent aussi elle ne porte que sur celui qui en est l'auteur ; c'est-à-dire, que l'agent n'y agit qu'en lui-même et sur lui-même. Il y a donc deux especes de verbes qui expriment des actions ; l'une que l'on distingue par la dénomination de *verbes transitifs ;* et l'autre qu'on nomme *verbes intransitifs.* Or, on demande si les uns et les autres peuvent être compris parmi les *verbes actifs.* ... Il est bien évident que les *intransitifs* n'ont point la *voix passive,* puisquè l'agent et le patient y sont toujours le même être ; et que par conséquent il n'y a point de patient distinct de l'être qui produit l'action. Mais d'un autre côté, il semble que les

deux mots *actif* et *passif* étant corrélatifs, on ne
devroit donner la première de ces deux dénominations, qu'aux verbes qui sont susceptibles de
la forme caractéristique de la seconde. Aussi
voit-on que plusieurs anciens grammairiens ont
rangé les verbes *intransitifs* dans la classe des
verbes *neutres*.

Parmi ces mêmes verbes *intransitifs*, on en a
remarqué plusieurs qui dans quelques langues,
indiquent le terme où aboutit leur action, par
un pronom de la même personne que leur sujet,
pronom qui sert alors de régime, soit primitif,
objectif, et direct; soit indirect, et secondaire :
on a même remarqué que les verbes *transitifs*
pouvoient aussi en quelques circonstances, être
considérés et employés de la même maniere; et
l'on a distingué ceux-ci et ceux-là d'avec tous
les autres verbes, en leur donnant le nom de
verbes pronominaux. Mais le pronom qui les
accompagne ne fait pas toujours le même service
auprès d'eux : quelquefois ce pronom régime retombe simplement sur l'auteur de l'action, comme
dans les verbes françois, *se blesser*, *s'égarer*, etc.,
qui alors s'appellent *verbes réfléchis :* quelquefois
le verbe a plusieurs sujets, et le pronom indique
que l'action produite par l'un, retombe sur
l'autre; ce qui établit entre les sujets une réci-
procité, qui a fait donner à ces verbes, le nom
de *verbes réciproques*, comme dans, *ils se sont
trompés l'un l'autre*, *ils se sont battus en duel*,
etc. : quelquefois encore, le pronom régime,
établi par l'usage, ne semble gueres plus indiquer, au moins d'une manière sensible, le retour
sur soi-même, que l'alternative entre les sujets,
comme dans *se repentir*, etc.; circonstance qui
a fait donner à ces derniers verbes, le nom
simple et plus général de *verbes pronominaux*.

Il y a aussi quelques langues, où l'on a des verbes qui ont la signification *active* et la forme *passive* : les Latins, qui ont un grand nombre de ces verbes, les ont nommés *verbes déponents*, parce que, dit-on, l'usage leur a peu-à-peu fait déposer ou quitter la signification passive qu'ils avoient eue d'abord.

Nous renvoyons à la quatrième section, la recherche des classes des verbes, dont la distinction ne provient que de leur conjugaison ; tels que sont les verbes *défectifs*, *irréguliers*, etc.

SECTION II.

Des modes des Verbes.

(67°.) Le vrai caractere des *modes* des verbes, *modes* qu'on a long-temps appellés *mœufs*, résulte de la forme que notre esprit donne à notre pensée au moment que nous voulons l'énoncer. Or, la première division qui s'offre, à ce sujet, est celle qui sépare les pensées assez développées pour nous fournir des propositions explicites, ou des jugements formels, et par conséquent des phrases entières, d'avec les pensées conçues dans notre esprit, mais non entièrement décomposées, et où l'on ne voit que des jugements implicites, et présentés d'une manière vague ; jugements qui alors ne peuvent être exprimés que par des phrases partielles, ou plutôt par quelques portions d'autres phrases, dans lesquelles elles servent de parties intégrantes ou complémentaires.

C'est ainsi que nous sommes parvenus à avoir, 1°. les *modes personnels*, et 2°. les *modes impersonnels* : car si la pensée est vraiment décomposée, elle nous présente dès-lors ses deux

termes,

termes, et le rapport qui les lie l'un à l'autre ; d'où il suit qu'il faut exprimer ces trois parties, et les mettre en concordance entr'elles, sans quoi on n'auroit que des expressions imcompletes, obscures et infideles. Or, pour établir cette concordance si nécessaire, il a fallu, non-seulement rendre les verbes susceptibles des accidents propres à désigner les personnes, les nombres, et les temps, mais encore y ajouter des formes particulières qui indiquassent les modes *personnels*, afin de faire connoître l'ordre et le rang que la proposition a réellement dans l'esprit de celui qui pense, par rapport aux autres propositions avec lesquelles on l'a combinée dans la totalité et la suite du discours. Pour se convaincre que les langues ont le plus grand besoin de ces *modes personnels*, et que tout autre moyen de remplir les mêmes fonctions seroit insuffisant et mal-adroit, il ne faut que se rappeller les imperfections de la langue franque.

On découvre dans les langues, deux sortes de *modes personnels* ; les uns *directs*, et les autres *obliques* : les *modes directs* sont, à ce que nous disent les grammairiens, 1°. l'*indicatif*, par lequel le verbe annonce naturellement un jugement absolu ou principal, et exprime son rapport central avec une affirmation précise, positive, ou même indépendante : 2°. l'*impératif*, par lequel le verbe nous offre, d'une manière aussi positive, la volonté formelle de celui qui est censé parler : 3°. et le mode *conditionnel*, ou *suppositif*, ou *hypothétique*, par lequel nous sommes avertis que le jugement énoncé par le verbe, quoique direct et principal, n'a cependant de valeur qu'autant que certaine condition, exprimée ou sous-entendue, a lieu. Quelques auteurs ont rangé ce *mode* parmi les modes *indirects* ou *obliques* : mais on répond qu'il est certainement nécessaire qu'il y ait une proposition principale dans toute période ou phrase complexe ; et que l'on ne peut considérer comme telle, que celle qui a le *mode conditionnel* , puisque la correspondante, (celle qui exprime la condition), ne peut se présenter que sous l'appui et la loi d'une conjonction ; ce qui la rend évidemment subordonnée et secondaire.

Les modes *obliques* sont le *subjonctif*, (que l'on nomme quelquefois *conjonctif*), et l'*optatif* : celui-là annonce que la proposition dont il est l'ame et le lien , est soumise au régime d'une autre proposition ; et celui-ci nous dit que la pensée qui en est l'objet, ne nous est présentée que comme formant le vœu de celui ou de ceux que l'on met en scène.

Beauzée donne à l'*indicatif*, le nom de *mode pur*, parce que ce mode n'ajoute, selon lui , aucune idée accessoire à la signification spécifique du verbe : mais on a vu qu'il y ajoute l'idée d'une affirmation absolue et positive, idée qui n'est qu'accessoire , puisqu'on ne la retrouve dans aucun des autres modes.

Comme les modes directs sont les plus essentiels, puisqu'ils sont l'objet immédiat et principal de la pensée , on ne doit pas être surpris de les retrouver dans toutes les langues qui ont des conjugaisons ; excepté toutefois le *suppositif*, qui n'existe ni chez les Grecs , ni chez les Latins : les *modes obliques* , au contraire , manquent à un grand nombre de langues, où on les remplace par l'un de ceux qui y sont admis , en y adjoignant quelqu'autre mot, ou quelque forme de construction , propre à écarter les équivoques : les peuples modernes, par exemple, n'ont point l'*optatif*, non plus que les Hébreux et les Latins :

les Hébreux même n'ont point le *subjonctif*, etc.

D'un autre côté, il semble qu'on auroit pu former quelques modes nouveaux, sur-tout de ceux qui sont mixtes ; comme un *mode interrogatif*, par exemple, un *mode admiratif*, un *mode concessif*, etc.

En rapportant ainsi la doctrine de nos grammairiens philosophes sur les différents modes personnels des verbes, je crois ne devoir pas dissimuler qu'elle ne me paroît pas vraie dans tous les points. Je suis persuadé qu'il n'y a que le *subjonctif* qui soit oblique, ou indirect, ou subordonné : je ne puis pas concevoir comment et pourquoi l'optatif seroit ainsi qualifié plutôt que l'impératif : celui-là exprime aussi directement notre vœu, que celui-ci la détermination de notre volonté. Je dirois donc que tous ces modes sont mixtes, parce qu'ils joignent à la valeur du verbe, l'un l'affirmation, l'autre l'idée d'une supposition, le troisième une détermination de la volonté, le quatrième un souhait, et le cinquième une dépendance grammaticale ; à quoi j'ajouterois que ce dernier est le seul qu'on puisse taxer de mode oblique.

(68°.) Mais lorsque la pensée n'a point subi dans notre esprit, le dégré de développement analytique qui la décompose, autant qu'il le faut pour former une proposition ; il arrive alors, ou que tous les termes de cette pensée ne paroissent pas ensemble dans le discours ; ou qu'ils y paroissent sans être revêtus de toutes les formes destinées à nous annoncer leur identification, concordance, ou accord mutuel. Si l'on omet un ou deux de ces termes, l'autre ou les deux autres ne s'offrent que dans une forme vague et indéfinie : cependant les termes non-énoncés ne peuvent être légitimement sous-entendus, qu'autant que les circonstances et le reste du discours, suffisent pour les faire entrevoir à ceux à qui l'on parle, comme celui qui parle les entrevoit lui-même; ou bien, que parce qu'il importe peu qu'on les entrevoye d'une manière déterminée; et que dès-lors on peut sans inconvénient, les abandonner au choix et à la fantaisie des auditeurs ou lecteurs. Pour peu que l'on réfléchisse sur ces sortes de pensées tronquées ou imparfaites, on se convaincra facilement, de la multiplicité des cas particuliers qui peuvent en résulter. C'est ainsi que la pensée n'est quelquefois indiquée que par un seul adjectif, ou par quelque nom ou autre mot pris adjectivement, comme lorsqu'on dit...«Alexandre » *le Grand*; Alexandre, *fils* de Philippe; Ale-» xandre, *roi* de Macédoine; Verrès, *l'opprobre* » de sa famille, et *le fléau* de la Sicile, etc. »; ici on n'exprime que l'attribut de la pensée que l'on a : quelquefois on ne supprime que le sujet qui est assez désigné d'ailleurs, ou qui intéresse peu; comme lorsqu'on dit... «*Nuire aux autres,* » c'est se desservir soi-même. N'est-ce pas *être in-* » *fidele,* que de *trahir les secrets d'autrui?* » etc. Quelquefois encore on n'omet que les moyens de concordance entre les termes, que d'ailleurs on rapporte exactement; comme.... « Lui, me » croire coupable! etc. »

Dans ces manières d'énoncer des jugements non-développés, et des propositions tronquées, ou même quelquefois si resserrées par la rapidité de l'expression, qu'on paroît vouloir les déguiser, les voiler, les dérober plutôt que les indiquer; il seroit contradictoire de présenter le verbe dans un *mode personnel,* lorsqu'il s'y trouve employé, puisque l'on y fait abstraction du sujet, ou que l'on ne veut point le lier formellement à son verbe. Il faut donc donner à ce dernier, un *mode* ou des *modes*, dans lesquels on ne retrouve aucune des relations qu'on veut supprimer. Telle est l'origine de ce que l'on appelle *modes impersonnels* ou *infinitifs* dans les verbes. Celui qui parle et ceux qui écoutent, gagnent également au bon usage qu'on peut en faire : l'expression formelle du sujet avec tous ses moyens de concordance, détourneroit souvent l'attention, et jeteroit des idées inutiles dans le discours ; ce qui ne serviroit qu'à rallentir et embarrasser la marche de l'esprit.

Ce n'est pas toutefois que les verbes à l'*infinitif* n'aient réellement point de *sujet :* au contraire, il en existe toujours un, par la nature même des choses : et peut-on peindre un état qui ne soit vraiment l'état de rien ? Peut-on se retracer une action faite ou soufferte, sans auteur ou patient? Peut-on en un mot concevoir un rapport central, sans un premier et un second terme exprimé, ou suffisamment connu ? Le sujet et l'attribut sont donc toujours supposés dans ces sortes d'expressions, lors même qu'on ne les exprime pas ; et c'est une grande erreur des grammairiens, que d'avoir dit que le verbe à l'*infinitif* est un verbe sans sujet, au lieu de dire simplement que c'est un verbe employé sans les accidents qui le lient à son sujet : quand on dit... « Il va *venir*, je dois » vous *avertir*, etc. »; qui peut ne pas voir quel est celui qui *viendra*, quel est celui qui *avertira?* Quand on dit, « *mentir* est une lâcheté »; qui peut ne pas rapporter l'action de *mentir* à un homme, quel qu'il soit?

Il faut donc admettre comme principe invariable et toujours vrai, que le verbe, même employé dans les modes *infinitifs* ou *impersonnels,* a toujours, et doit toujours avoir un sujet non exprimé, ou exprimé sans concordance, mais en tout cas suffisamment indiqué par les circonstances et les usages de la langue. Chez nous, ce sujet est en général, celui du verbe principal, que l'on retrouve toujours à un mode personnel dans la même phrase : quelquefois cependant il n'est que le régime de ce premier verbe : dans, « je suis allé le *voir*; vous osez *m'interrompre*; » il ne daigna pas *m'écouter*; je vous ferai bien » *convenir*, etc. ». C'est *moi* qui *ai vu*; c'est *vous* qui *m'interrompez*; c'est *lui* qui ne *m'écoute pas*; et c'est *vous* qui *conviendrez*, etc.

Nous comprenons ici sous le titre de *modes impersonnels*, 1°. l'*infinitif* proprement dit; 2°. les *gérondifs*; 3°. le *supin*; et 4°. les *participes* : quatre objets qui offrent bien des difficultés et des discussions au grammairien philosophe, et que nous allons reprendre, en tâchant de recueillir aussi brièvement que nous le pourrons, les vérités utiles dont ce champ peut nous offrir la récolte.

(69°.) Beauzée a bien prouvé que l'infinitif est un *nom-verbe*, c'est-à-dire, un mot qui présente la valeur spécifique du verbe, comme étant la nature d'une chose. En effet, l'*infinitif* est verbe ; puisqu'il en a toute la signification objective et formelle ; que de plus il a des temps, prérogative qui n'est accordée à aucune autre espece de mots ; que même il a toujours les régimes du verbe auquel il appartient; et qu'enfin il est pour l'ordinaire une des racines d'où l'on dérive les personnes, les temps, et les autres modes. L'infinitif est nom, puisqu'il en fait toutes les fonctions, quoiqu'en général il ne se décline pas, et qu'il n'ait dans aucune langue, les inflexions numériques, non plus que les inflexions personnelles.

On doit conclure de ce qui précéde, que c'est une vraie méprise aux rudimentaires, que de nous donner pour regle, que le sujet du verbe à l'infinitif se met à l'accusatif, puisque c'est supposer l'existence de ce qui n'est pas, c'est-à-dire, l'expression de ce sujet considéré et modifié comme tel, lequel ne pourroit se présenter à ce titre, qu'au nominatif, et qu'en remettant le verbe à un mode personnel.

(70°.) Les gérondifs n'existent gueres que dans la langue latine, sauf toutefois la langue françoise qui en a un, mais que souvent l'on confond avec le *participe présent*. Par-tout ailleurs, on remplace les *gérondifs* par le présent de l'infinitif. Les Grecs à la vérité joignent alors à leurs *infinitifs*, un article qu'ils déclinent ; mais ces infinitifs eux-mêmes sont indéclinables. Les Latins sont donc, à une foible exception près, les seuls qui aient cette sorte de *vice-gérant* de l'*infinitif*, ainsi que l'expliquent ceux qui dérivent le mot *gérondif* des mots *vicem-gerere*.

Le gérondif en effet n'est qu'un modicatif de l'*infinitif* : dans cette phrase, « rien n'empêche » de dire la vérité *en riant*, » le gérondif *en riant* se rapporte au même sujet indéterminé que l'infinitif *dire* : l'un est employé substantivement comme l'autre : on ne voit dans *en riant* que la signification de *rire*, si ce n'est que le premier présente cette signification comme accompagnement ou circonstance de ce qui est exprimé par le reste de la phrase. Il faut donc se borner sur ce mot à dire, que les Latins regardant leur *infinitif* comme un *nom-verbe*, et comme un substantif abstractif, ont voulu le décliner, et en ont fait un nom de la seconde déclinaison et du genre neutre ; et qu'en conséquence ils lui ont donné trois cas, l'un en *i* pour le génitif, le second en *o* pour le datif et l'ablatif, et le troisième en *um* pour le nominatif et l'accusatif ; le tout sans pluriel, parce que l'*infinitif* est toujours vague et indéterminé.

Quelques savants ont prétendu que les gérondifs latins, tels que *scribendi*, *scribendo*, *scribendum*, ne sont que le *participe* futur passif, employé au neutre ; et il est vrai qu'ils ne nous présentent que les mêmes lettres, et par conséquent le même mot quant au matériel. Mais cette identité de syllabes ne prouve point l'identité de valeur : les verbes neutres qui en latin n'ont point le participe futur passif, ont néanmoins le *gérondif* : d'ailleurs la construction de l'un n'est point celle de l'autre ; et enfin les *gérondifs* sont toujours actifs.

D'autres auteurs soutiennent que le gérondif françois n'est que notre *participe* présent actif : mais le *participe* se rapporte toujours d'une manière non équivoque à un nom exprimé ou sous-entendu ; au lieu que le mot annoncé comme *gérondif* françois, marque bien moins ce rapport, et n'en admet point la concordance ; outre que de plus la liberté de lui adjoindre une préposition, suffit pour prouver qu'on doit le considérer comme véritable substantif.

(71°.) Le mot *supin* est formé de l'adjectif latin *supinus*, qui signifie *couché sur le dos* : les anciens regarderent cette attitude, comme propre à devenir le symbole naturel de l'inaction, et s'en servirent en conséquence pour désigner la forme particulière que l'on donne au verbe, lorsqu'on ne le présente plus comme actif, et qu'on ne le présente point encore comme passif. Wossius nous dit que les verbes neutres, qui ne renferment aucune idée d'action, ont été autrefois nommés *verba supina , quòd velut otiosa resupinaque dormiant.* Pour mieux saisir la véritable valeur du mot *supin ,* tel qu'on l'emploie aujourd'hui, il faut observer qu'il y a trois choses à distinguer dans les verbes actifs ; l'*action ,* ou l'opération de la puissance agissante ; l'*acte* ou l'effet qui résulte immédiatement de cette action ; et la *passion ,* ou l'impression éprouvée par le patient. On voit que dans cette analyse , l'*acte* tient le milieu entre l'*action* et la *passion* : il fait abstraction de la puissance active et de l'être passif ; il suit celle-là , et précéde celui-ci : telle est la différence qu'il y a , par exemple , entre *audire , auditum ,* et *audiri ,* ou les temps semblables de tout autre verbe actionnel. On conclut de ces notions , ...

1°. Que le *supin* employé dans un verbe actif , marque nécessairement un prétérit ; et que si on l'emploie dans le passif , en le transformant en *participe ,* il doit naturellement y marquer un présent. ...

2°. Que cette manière d'employer le verbe qui donne le *supin ,* appartient plutôt à l'actif qu'au passif, ainsi que paroissent l'avoir senti tous les rudimentaires. ...

3°. Que ce mot est verbe , puisqu'il en a la signification spécifique et les régimes ; que de plus il sert à marquer les temps ; et qu'il est racine dans les conjugaisons. ...

4°. Que ce mot est aussi un nom , de même que l'*infinitif* et les *gérondifs ,* puisque comme eux , il fait toutes les fonctions du substantif. Au reste , il est toujours neutre en latin , où il n'a que le nominatif , l'accusatif , et l'ablatif , qui est constamment terminé en *u ,* sans doute parce qu'on a cherché à le distinguer de l'ablatif du *participe* passif , qui se termine en *o.*

La langue françoise a également un *supin*, in-
déclinable comme tous nos substantifs, toujours
singulier comme nos infinitifs , et semblable ,
quant au matériel, à nos *participes passifs*, mais
essentiellement différent de ces derniers par sa
valeur spécifique, ainsi qu'on le voit par l'emploi qu'on en fait : nous disons que la langue
françoise a un *supin* : le citoyen Domergue soutient l'opinion contraire : mais les raisons qu'il
allegue, ne nous ont pas paru suffissantes, pour
détruire celles qui nous ont déterminés.

(72°.) Les *participes* sont une classe de mots,
auxquels on a donné ce nom , parce qu'ils *participent* de la nature du verbe, et de celle de
l'adjectif. On auroit pu donner cette même dénomination à l'*infinitif*, proprement dit, aux
gérondifs, et au *supin*, qui *participent* également de la nature du verbe et de celle du substantif.

Le *participe* est verbe , par les mêmes raisons
qui nous ont servi à prouver que les autres accidents dont nous venons de parler, le sont tous :
le *participe* est adjectif, comme on le voit par
les variations de formes dont il est susceptible ;
et parce qu'il consiste à nous présenter la valeur
objective et spécifique du verbe , comme qualité
d'une chose : aussi doit-il toujours avoir , ainsi
que les adjectifs ordinaires, un nom exprimé ou
sous-entendu, auquel il se rapporte....

Il seroit trop long de rechercher combien les
diverses langues qui conjuguent, ont de *participes*. Nous dirons seulement que les verbes déponents des Latins , qui sont ceux qui nous en
offrent le plus, en comptent quatre ; le *participe
présent* tel qu'on le voit, par exemple, dans *pre-
cans* ; le *participe passé*, tel que *precatus* ; le
participe futur, *actif* ainsi que les deux précé-

dents, tel que *precaturus*; et le *participe futur passif*, tel que *precandus*; tous les quatre appartenant au verbe déponent *precari*. Nous ajouterons que la langue françoise n'en a que deux, qui sont présents l'un et l'autre; l'un actif, comme *priant*, et l'autre passif, comme *prié*.

Nous avons des auteurs qui, ainsi que nous l'avons déjà observé ci-dessus, ont regardé notre *participe passif* et notre *supin* comme ne formant qu'un seul et même mot; et il est vrai que de part et d'autre, le matériel est le même : mais la forme des idées y est différente; et cette différence de forme exige que l'on établisse entre ces homonymes, la distinction que nous indiquons.

On a aussi prétendu que les *participes* ne dévoient être considérés que comme de simples adjectifs, qui ne conservent du verbe d'où ils viennent, que la dérivation et la valeur ou signification objective. Pour mieux appuyer cette opinion, on observe que souvent les *participes* régissent à la manière des adjectifs ordinaires, au lieu de régir comme leurs propres verbes; et l'on cite pour exemples, les expressions latines, *patiens inediæ*, *virtutis amans*, etc.; lesquelles passent pour être au moins aussi élégantes que *patiens inediam*, et *virtutem amans*, etc. Nous répondrons 1º. que nous avons des adjectifs verbaux, auxquels l'usage a fait perdre, soit en général et pour toujours, soit en quelques cas particuliers seulement, la propriété qui les constituoit *participes* : tels sont en françois les mots *plaisant*, *poli*; et en latin, *sapiens*, *doctus*, et tant d'autres encore dans ces deux langues; 2º. que c'est sans doute en vertu de cette dégénération ou déviation, que les bons écrivains ont dit tantôt *patiens inediæ*, *amans virtutis*, etc.,

tantôt *patiens inediam*, *amans virtutem*, etc. ;
3°. qu'à ce sujet, Perizonius fait une remarque
importante, lorsqu'il observe que *patiens inediæ*
indique celui qui souffre ou est capable de souffrir
la dissette avec courage et habituellement ; au
lieu que *patiens inediam* s'entend plutôt de
celui qui la souffre accidentellement et bon gré
malgré lui : or n'est-ce pas nous dire que le premier est un adjectif ordinaire, qui exprime une
qualité comme naturelle et permanente ; et que
le second est un *participe* qui, conformément à
la nature du verbe, ne marque qu'une chose
actuelle et souvent passagere ?

Tout en prouvant que le *participe* est véritablement verbe, Beauzée s'irrite contre ceux qui
regardent ce mot comme faisant partie du mode
infinitif : ainsi il en fait un mode impersonnel
particulier et distinct, se fondant sur ce que le
participe présente la valeur spécifique du verbe
comme une qualité, tandis que l'*infinitif* proprement dit, la présente comme nature d'une
chose. Beauzée ne peut pas se dissimuler que,
si on s'attache à la définition du mot *infinitif*,
on doit autant comprendre dans ce mode, ce que
nous appellons *participes*, que ce que lui-même
appelle *infinitif*, *supin*, et *gérondifs* : car on
retrouve également de part et d'autre, la valeur
spécifique du verbe présentée sous une forme im-
personnelle et indéfinie : si même on y distingue
des temps, ceux-ci sont encore tous indéfinis,
l'époque à laquelle on les rapporte n'y étant nullement déterminée. Si donc on veut suivre ici
la doctrine de Beauzée, dispute trop peu importante pour nous y arrêter davantage, il sera très-
convenable de désigner par d'autres termes les
deux *modes impersonnels* qu'il distingue ; puisque les dénominations anciennes appartiennent

autant à l'un qu'à l'autre ; tous deux étant également, et à des titres équivalents, *infinitifs* et *participes*.

On retrouve donc dans les langues six ou sept *modes* en général ; savoir, 1º. cinq *modes personnels*, l'*indicatif*, l'*impératif*, le *suppositif*, l'*optatif* et le *subjonctif* : 2º. un ou deux *impersonnels*, l'*infinitif*, et selon Beauzée, le *participe*.

Section III.

Des temps des Verbes.

(73º.) Nous ne pouvons ici que donner les principes les plus essentiels sur la nature et la théorie des temps des verbes en général : ce serait nous jeter dans des détails infinis, que de chercher à faire connoître ceux qui sont d'usage dans les langues cultivées.

On conçoit qu'un point de grammaire aussi important que celui-ci, a dû occuper les savants, plus spécialement que beaucoup d'autres articles : cependant leurs efforts n'ont pu les amener à un système complet, philosophique, et admissible, jusqu'à ce que Beauzée nous ait donné le sien. Les recherches de ceux qui l'ont précédé dans cette carrière, n'ont pas même abouti à nous débarrasser de la nomenclature fausse et peu intelligible, qui embrouilloit bien plus qu'elle ne développoit cette partie de la science grammaticale. C'est donc la doctrine de Beauzée que nous allons principalement consulter.

Le *temps*, dit Gamache, est la succession attachée à l'existence des êtres : au moins est-il vrai, que cette succession est la seule mesure du temps, qui soit à notre portée.

Le *temps*, essentiellement mobile, n'existe qu'en nous échappant : mais nous en fixons la mobilité, et nous la rendons commensurable, en établissant dans la suite de la durée, des especes de repos, imaginés ou supposés, que l'on peut comparer à des postes élevés, d'où l'on contemple, d'où l'on calcule, mesure, et évalue, ce qui est présent, ce qui a précédé, et ce qui doit suivre. Ces repos, que l'intelligence humaine parvient à se créer dans l'entraînement rapide et continu du temps, sont, ou des points remarquables que l'on appelle *époques*, (mot grec qui signifie *arrêt*), ou des portions de temps, des intervalles, que l'on nomme *périodes*, (autre mot ancien qui signifie *circuit*). Les *périodes* sont toujours déterminées par une époque à leur commencement, et par une autre époque qui en est le terme ou la fin. Il est naturel que les époques ou périodes généralement admises parmi les hommes, soient toujours celles où quelque grand événement, bien connu, a eu lieu : sans celà, comment et par où les époques ou périodes pourroient-elles être rendues reconnoissables ? C'est donc par des faits publics, que dans l'histoire nous signalons et caractérisons les époques ou périodes que nous établissons ; comme c'est ensuite par ces mêmes époques ou périodes, que nous parvenons à désigner, et à faire connoître l'ordre et la suite de tous les autres faits, dont nous avons à parler.

Mais hors de là, dans les détails de la vie commune, dans la conversation familière, dans le cours de nos affaires, en mille circonstances diverses ; en un mot, dans le langage considéré grammaticalement, nous ne pouvons pas recourir à ces époques ou périodes fameuses, qui quoique généralement connues et avouées, n'ont et ne peuvent avoir aucun rapport convenable avec ce que nous avons à dire : il faut donc alors nous en faire de particulières, selon les choses dont nous avons à parler ; ou plutôt il faut alors nous borner à n'en employer que de vagues et de générales, que nous déterminions par d'autres moyens, autant qu'il en est besoin. En effet, s'il falloit en créer de particulières, qui fussent bien précises par elles-mêmes, nous serions obligés de les varier à chaque instant, ce qui seroit souvent impraticable, et nous rendroit bientôt in-intelligibles ; au lieu qu'en n'en prenant que de vagues et de générales, que l'on détermine ensuite plus ou moins à volonté, on y gagne le précieux et triple avantage d'en avoir très-peu à employer, de les retrouver toujours à sa disposition, et d'être facilement aussi clair et aussi précis qu'on le veut. Aussi ce dernier plan ou système est-il celui que l'on a suivi dans toutes les langues qui conjuguent. Par-tout on n'a eu recours, au moins dans les phrases ordinaires, qu'à trois époques ou périodes, celle qui coïncide avec l'instant où l'on parle, celle qui précede cet instant, et celle qui le doit suivre. L'instant où l'on parle, ou bien l'instant où l'on écrit, est donc ici le premier et principal terme de comparaison, pour toutes les époques ou périodes usitées dans l'emploi des langues. Ce terme est le seul qui puisse écarter du discours les équivoques, l'obscurité, et les erreurs.

C'est en conformité de ces principes, que l'on doit regarder les temps des verbes, comme autant de formes qui indiquent les rapports de nos jugements, avec les époques ou périodes que nous avons en vue dans notre discours, et qui ne sont fixées en général, que par le rapport qu'elles ont elles-mêmes avec l'instant où l'on est censé parler ou écrire. Mais nous avons ici plusieurs remarques importantes à faire.....

La première est que les langues ont adopté peu de temps qui se rapportassent à des périodes : il y a même plusieurs langues qui n'en ont point ; ou plutôt, on ne compte gueres que le françois, l'italien, et l'espagnol, qui en aient : le françois qui en a plus que les autres, n'en a encore qu'un fort petit nombre. Telle est la raison pour laquelle on ne parle que des relations aux époques, sans faire mention des relations aux périodes ; d'autant plus que ce que l'on dit des unes, peut ou doit presque toujours s'entendre également des autres. C'est pour simplifier le langage, que l'on en use ainsi ; et d'après cette remarque, se sera sans inconvénient, que nous pourrons quelquefois nous permettre la même négligence.

La seconde remarque est que l'on a généralement nommé *temps présents*, toutes les formes des verbes qui présentent le jugement qu'on exprime, comme coïncidant avec l'époque ou période qui sert de terme de comparaison ; *temps prétérits* ou *passés*, les formes qui présentent ce jugement comme ayant précédé cette époque ou période ; et *temps futurs*, celles qui le présentent comme devant ne venir qu'ensuite : ainsi voilà tout le système des temps, composé de trois branches seulement, la branche des *présents*, celle des *prétérits*, et celle des *futurs*.

Mais il se présente ici, et c'est notre troisième remarque, une difficulté assez grande, sur ce que l'on doit regarder comme époque première et principale : car on a vu qu'il y en a toujours deux, l'une fondamentale et primitive, qui sert de point d'appui à toutes les autres, et qui est l'instant où l'on est censé parler ; et l'autre, époque ou période, choisie selon les circons-

tances,

tances, et fixée par le rapport qu'elle a avec la
primitive, qu'elle précede, ou qu'elle suit, ou
avec laquelle elle coïncide. Or, la question est
de savoir laquelle doit être le terme pris en considération, lorsqu'on donne aux temps des verbes,
les noms de *présents*, *prétérits* ou *futurs*. Doit-
on donner ces noms aux temps qui expriment
des choses comme actuelles, ou antérieures, ou
postérieures, par rapport à l'époque primitive,
commune, et fondamentale ; ou bien à ceux qui
expriment des choses comme actuelles, antérieures, ou postérieures, par rapport aux époques
choisies et secondaires ? Il paroît que jusqu'à ces
dernières années, tous les grammairiens avoient
suivi le premier système. Car tous les temps des
verbes qu'ils ont constamment et uniformément
nommés *présents*, *prétérits*, et *futurs*, le sont
par rapport à l'instant où l'on parle ; et ne le
sont pas, ou ne le sont qu'accidentellement,
par rapport à l'époque secondaire. Beauzée, au
contraire, a regardé cette dernière époque comme
plus rapprochée de la chose qu'on exprime, et
par conséquent comme première dans l'ordre de
la pensée ; et il a déterminé les noms des temps
d'après cette considération. Ce n'est pas qu'il
n'ait eu aussi un juste égard à l'époque primitive : car il a sous-divisé les premières dénominations, et les a distinguées par de nouvelles
épithetes, selon le rapport que les temps ont
sous ce point de vue. C'est ainsi que *je voulois*,
par exemple, a toujours été jusqu'à lui, rangé
parmi les temps passés ; et que selon lui, c'est un
présent antérieur; *présent*, parce qu'il coïncide
avec l'époque que l'on a en vue ; et *antérieur*, parce
que cette époque précede l'instant de la parole.
Le citoyen Domergue, mon collegue, a cherché
à concilier l'ancienne nomenclature avec le tra-

vail de Beauzée : il appelle, comme nos prédé-cesseurs, *présents*, *prétérits*, ou *futurs*, les temps qui marquent le chose, comme accompagnant, précédant ou suivant l'époque primitive ; et il sous-divise ces temps en *actuels*, *antérieurs*, ou *postérieurs*, selon que l'époque secondaire que l'on a en vue, coïncide avec l'époque fondamentale, ou la précede, ou la suit. Domergue conserve l'ancien langage de la Grammaire en cette partie ; en quoi l'on trouve un très-grand avantage à le suivre : Beauzée nous en offre un autre, celui de mettre dans sa nomenclature des temps, une analogie et un accord frappant et précieux, comme on le verra bientôt.

La quatrième remarque concerne les sous-divisions des *présents*, des *prétérits*, et des *futurs*. Nous n'avons pas deux manières de concevoir plusieurs choses comme simultanées : mais chaque époque ou période secondaire peut être envisagée comme déterminée et spécialement telle, ou comme prise en général et dans un sens vague : le premier de ces deux points de vue nous donnera des *présents*, des *prétérits* et des *futurs* déterminés et *définis* ; le second nous en donnera d'*indéfinis*, ou d'*indéterminés*. De plus, il ne peut y avoir encore, à ce qu'il semble, qu'une manière de considérer une époque comme indéfinie ; ce qui paroît ne nous promettre qu'une sorte de temps *indéfinis* : cependant on appelle de ce nom, les temps qui n'ont rapport qu'à une époque vague, ou qui peuvent se rapporter tout à-la-fois à toutes les époques déterminées, et ceux que l'on rapporte, selon les circonstances, tantôt à une époque, et tantôt à une autre. Ainsi l'on voit un *présent indéfini* selon la première acception, dans *deux et deux font quatre* ; et un *présent indéfini* selon la seconde acception, ou si l'on veut, un *présent* libre et applicable à diverses époques, dans les phrases qui suivent : .... «'Vous l'avez » secouru ; je vous LOUE de cette bonne action, » (présent actuel) : Je lui demande où il VA ; je » vois qu'il S'EMBARRASSE... (présents antérieurs) : » Je PARS demain ; (présent postérieur), etc. » Outre cette première distinction, il faut observer qu'une chose peut être énoncée comme antérieure ou postérieure de plus près ou de plus loin ; ce qui peut fournir des *prétérits* et des *futurs prochains* ou *éloignés*. Peu de langues se sont procuré cet avantage : encore même aucune ne s'est-elle formé de *temps éloignés ;* et l'on ne cite gueres que la langue françoise et la langue italienne qui en aient de *prochains*. Disons encore que l'on peut concevoir dans la chose dont on parle, non-seulement une relation marquée avec l'époque que l'on a choisie, mais de plus une autre relation avec un autre fait, mis en comparaison avec la chose principale ou première ; de sorte que celle-ci sera déterminée 1°. par son rapport avec l'époque ; et 2°. par son rapport avec l'autre fait qu'on en aura rapproché : on aura donc de cette sorte des temps à double rapport ; des temps que l'abbé de Dangeau a nommés *surcomposés*, et que Beauzée nomme *comparatifs*. La langue françoise est presque la seule qui en ait ; et encore n'en a-t-elle adopté que de *prétérits*, tels que *j'ai eu parlé* dans la phrase suivante.... « Dès que *j'ai eu parlé*, il s'est » soumis ».

Une langue qui auroit usé de tous les moyens que nous venons d'indiquer, auroit beaucoup plus de *temps* que ne nous en offrent les langues les plus riches. Au reste, tous les modes ne peuvent pas également admettre toutes ces classes de *temps ;* c'est pourquoi nous allons examiner.

avant de finir cet article, quels sont les *temps* que chaque mode peut prendre, ou prend ordinairement dans la langue françoise, celle qui nous paroît être la plus riche à cet égard.

L'indicatif, le mode le plus nécessaire, est aussi celui qui nous offre le plus de temps dans toutes les langues qui conjuguent. La langue françoise a, selon le système de Beauzée. . . .

Le présent *défini actuel*, qui est aussi le présent *indéfini*, et le présent *libre* dans son application aux diverses époques ; comme *j'écoute.*

Le présent défini *antérieur ordinaire*, *j'écoutois*. . . .

Le présent antérieur *périodique*, *j'écoutai*...

Le présent postérieur, *j'écouterai*. . . .

Les prétérits *positifs*, savoir, le défini *actuel*, qui devient également indéfini et applicable aux diverses époques, *j'ai écouté*. . . .

Le défini antérieur ordinaire, *j'avois écouté*...

Le défini antérieur périodique, *j'eus écouté*...

Le défini postérieur, *j'aurai écouté*. . . .

Les prétérits composés, savoir, le *prochain défini actuel*, et *indéfini*, ou applicable aux diverses époques, *je viens d'écouter*. . . .

Le prochain défini antérieur ordinaire, *je venois d'écouter*. . . .

Le prochain défini postérieur, *je viendrai d'écouter*. . . .

Et les composés *comparatifs*, savoir, le défini actuel, et indéfini, applicable à toutes les époques, *j'ai eu écouté*. . . .

Le prétérit comparatif défini antérieur ordinaire, *j'avois eu écouté*. . . .

Le prétérit comparatif antérieur périodique, *j'eus eu écouté*. . . .

Le comparatif postérieur, *j'aurai eu écouté*...

Les *futurs* positifs, savoir, le futur *défini*

actuel, et indéfini, applicable aux trois époques secondaires, *je dois écouter.* …

Le défini antérieur ordinaire, *je devois écouter.*

Le défini antérieur périodique, *je dus écouter*…

Le défini postérieur, *je devrai écouter.* …

Les futurs *prochains*, savoir, le défini actuel, et indéfini, applicable aux trois époques, *je vais écouter.* …

Le prochain défini antérieur ordinaire, *j'allois écouter.* …

On peut contester peut-être sur quelques-uns des temps compris dans cette liste : on peut soutenir qu'il y en a d'autres encore à y ajouter ; mais ces discussions ne concernent que la Grammaire de la langue françoise.

Les temps de l'impératif sont toujours en très-petit nombre. Le commandement, le desir, la permission, le conseil ne peuvent se manifester comme réels et vrais, que sous la forme d'un *présent postérieur*. Ainsi sous ce point de vue l'impératif n'a qu'un temps. Mais le simple acquiescement, que l'on rapporte aussi à ce mode, peut avoir lieu pour des choses présentes, passées, et futures ; d'où il suit qu'à cet égard, l'impératif peut avoir plusieurs *temps*. Cependant c'est un point sur lequel les langues semblent avoir méconnu leurs droits. *Lege, legito* en latin, par exemple, ne sont pas deux *temps* : ils n'ont entr'eux aucune autre différence, sinon que le second exprime la volonté de celui qui parle, avec plus de force, d'énergie, et d'autorité que le premier. Quant au françois, on compte deux *temps* à l'impératif, le présent postérieur *lis*, et le prétérit postérieur *ayes lu*. Mais ne pourroit-on pas y en compter encore quelques autres, comme un prétérit comparatif, *ayes eu lu ?* etc.

On a beaucoup disputé pour savoir si le *temps*

simple de l'impératif doit être rangé parmi les *présents* ou parmi les *futurs*; cette contestation eût été bien vîte décidée, si l'on avoit suffisamment distingué les deux idées que ce *temps* renferme, l'acte de la volonté de celui qui parle, et la chose qui est l'objet de cette volonté. Celui qui commande ou qui desire, ne manifeste que la volonté qu'il est supposé avoir à l'instant qu'il parle. Le *temps* du verbe est donc sous ce rapport, un *présent*, et même un présent actuel. Mais l'objet de cette volonté, lorsque celle-ci n'est pas un simple acquiescement, ne peut être qu'une chose à faire, et par conséquent ne peut s'offrir à nous, que comme une chose *future* ou *postérieure*, par rapport au moment où on déclare l'ordonner ou la desirer. Dans ce sens, ce même *temps* du verbe sera donc considéré comme *futur*; et c'est pour toutes ces raisons réunies, que Beauzée l'a nommé *présent postérieur*, et qu'il a observé que l'on peut nommer les *temps* de l'impératif, *définis*, ou *indéfinis*, selon le point de vue particulier, sous lequel on les envisage.

On peut dire des *temps* du mode conditionnel ce que nous venons de dire de ceux de l'impératif; qu'ils sont *indéfinis* en un sens qui leur est propre, en ce qu'ils ne se rapportent qu'à des époques dont la position dépend de la phrase qui exprime la condition. Quoiqu'il en soit, Beauzée compte en françois pour *temps* de ce mode, le présent, *j'écouterois*; le prétérit positif, *j'aurois écouté*; le prétérit prochain, *je viendrois d'écouter*; le prétérit comparatif, *j'aurois eu écouté*; et le futur *je devrois écouter*. Les Grecs et les Latins suppléent à tous ces temps, par des tours elliptiques, et par les *temps* du subjonctif.

Tous les temps de ce dernier mode, (du subjonctif,) ont trois relations à nous offrir; 1°. celle de la chose exprimée par le verbe, à l'époque que l'on a en vue; 2°. celle de cette époque au *temps* du verbe de la phrase principale; et 3°. celle de ce dernier temps à l'acte de la parole. La première et la troisième de ces relations sont déjà connues par ce qui précéde : la seconde est d'autant plus sensible, que le subjonctif est toujours et nécessairement, sous la dépendance et le régime d'une phrase principale, dont le verbe est le plus naturellement à l'indicatif. Au surplus, c'est en faisant abstraction de la troisième relation, que Beauzée a présenté les temps du subjonctif, les uns comme indéfinis, et les autres comme applicables aux diverses époques. On peut à la rigueur remplacer ce mode par les modes directs, ainsi qu'on le voit dans la langue des Hébreux, et dans celle des Anglois, le subjonctif n'existant ni chez les uns, ni chez les autres.

Les temps de ce mode en françois sont, le présent actuel et libre, *que j'écoute.* Le présent défini antérieur, *que j'écoutâsse.* Le prétérit positif et libre, *que j'aye écouté.* Le prétérit défini antérieur, *que j'eüsse écouté.* Le prétérit comparatif libre, *que j'aye eu écouté.* Le prétérit comparatif antérieur, *que j'eüsse eu écouté.* Le prétérit prochain libre, *que je vienne d'écouter.* Le prétérit prochain antérieur, *que je vinsse d'écouter.* Le futur libre, *que je doive écouter.* Le futur défini antérieur, *que je düsse écouter.* Le futur comparatif antérieur libre, *que j'aye dü écouter.* Le futur comparatif antérieur défini, *que j'eüsse dü écouter.* Le futur prochain libre, *que j'aille écouter.* Le futur prochain défini antérieur, *que j'allâsse écouter.*

T 4

On doit remarquer que l'on retrouve ici les mêmes classes de temps qu'à l'indicatif ; mais que dans chaque classe, le subjonctif n'a que deux temps, l'un variable, et l'autre défini antérieur. On n'y voit point de temps postérieurs, parce que l'idée de postériorité, lorsqu'elle peut avoir lieu, est suffisamment indiquée par la nature même de ce mode.

Nous avons déjà vu que les temps de l'infinitif sont tous indéfinis, en ce sens que semblables à ceux du subjonctif, ils n'ont d'époque déterminée que par le verbe principal de la phrase à laquelle ils appartiennent. Nous avons ici deux tableaux à offrir, l'un des temps de l'infinitif proprement dit, et l'autre des temps des participes, soit qu'on regarde les uns et les autres comme ne formant qu'un seul mode, soit qu'on les divise en deux modes distincts.

Les temps de l'infinitif proprement dit sont en françois, le présent *écouter* ; le prétérit, *avoir écouté;* le prétérit comparatif, *avoir eu écouté;* le prétérit prochain, *venir d'écouter;* le futur variable et libre, *devoir écouter;* le futur antérieur, *avoir dû écouter*, et le futur prochain, *aller écouter.*

Les temps du participe actif sont le présent, *écoutant;* le prétérit, *ayant écouté ;* le prétérit comparatif, *ayant eu écouté;* le prétérit prochain, *venant d'écouter ;* le futur, *devant écouter;* le futur antérieur, *ayant dû écouter;* et le futur prochain, *allant écouter.*

On pourroit sans doute joindre d'autres temps à ceux que nous venons d'indiquer ; tels qu'un futur antérieur comparatif, *ayant eu dû écouter,* etc. ; mais, comme ils sont peu usités, on néglige de les recueillir. Les autres observations qui peuvent se présenter ici, trouveront leur place dans la section suivante.

S e c t i o n IV.

Des Conjugaisons.

(74°.) *Conjuguer* un verbe, c'est présenter de suite et par ordre, toutes les variations, terminaisons, et formes de ce verbe, selon les voix, les modes, les temps, les nombres, et les personnes. Les grammairiens de tous les âges ont eu à observer que dans les langues, objets de leurs études, il y avoit des verbes qui indiquoient les mêmes voix, modes, temps, nombres, et personnes, par des formes toutes semblables ; et que d'autres verbes avoient d'autres formes pour les mêmes indications : cette observation a dû les engager à diviser les verbes en autant de classes qu'ils ont apperçu de ces sortes de variétés ; et c'est le nombre de ces classes, qui a décidé du nombre des conjugaisons dans chaque langue. On appelle donc *verbes d'une même conjugaison*, tous ceux qui dans leurs changements de formes, suivent tellement la même marche, qu'un seul d'entr'eux peut servir de paradigme, ou de modele à tous les autres.

Mais pour établir dans le système des conjugaisons, une méthode régulière et facile, il auroit fallu 1°. découvrir combien il y a réellement dans chaque langue, de ces classes, dans chacune desquelles tous les verbes qui y doivent être compris, peuvent également servir de modèle ; de manière que savoir en conjuguer un, ce soit savoir conjuguer tous ceux de la même classe ; 2°. établir les caracteres qui décident à quelle classe ou cathégorie, appartiennent les

verbes dont on veut connoître la conjugaison ;
3°. donner la liste exacte des verbes qui s'écartent plus ou moins des autres verbes des mêmes
classes ; et 4°. faire connoître les procédés que
les langues suivent dans la formation et la dérivation des modes, temps, nombres, et personnes
en général. Donnons un coup-d'œil à chacun de
ces quatre articles.

ART. 1er. Du nombre des tables de conjugaison.
Les grammairiens latins ayant décidé qu'il y avoit
quatre conjugaisons dans leur langue, la plupart des européens modernes n'ont pas imaginé
qu'il en pût être autrement chez eux ; de sorte
que tous se sont fixés à ce même nombre, sans
trop examiner s'ils avoient raison ou non. Mais
cette marche routinière n'a pu servir, qu'à répandre la confusion et l'erreur dans cette partie
de la Grammaire : car les langues dérivées, telles
que les nôtres, ne peuvent jamais former leurs
mots d'une manière uniforme : trop de causes
connues ou inconnues, mais toujours très-puis-
santes, influent sur tous leurs choix ; trop de
principes d'analogie s'y croisent à chaque pas,
et déterminent nécessairement d'innombrables
sacrifices. Ainsi, en supposant même que la division en quatre conjugaisons, fût exacte et raisonnable chez les Latins, il étoit impossible qu'elle
conservât la même exactitude chez nous. En revenant à la juste notion qu'on doit se faire de
ce qu'on appelle *tables de conjugaison*, on voit
qu'il y a, par rapport aux accidents, deux parties
à distinguer dans les mots, les lettres radicales
ou immuables, et les lettres variables ou accessoires ; et que ce sont celles-ci qui nous donnent
toutes les formes diverses qu'un même mot peut
admettre. Mais si l'on suit ce principe, dans la
recherche des tables de conjugaison de la langue

françoise, par exemple, combien ne sera-t-on pas forcé de compter de tables semblables? combien de verbes où tout est variable? combien d'autres verbes où presque tout a ce caractère de variabilité? quelles sont les lettres radicales ou fixes des verbes *être, avoir, aller?* en a-t-on beaucoup à compter dans *acquérir, bouillir, mourir, mouvoir, ouvrir, paître, peindre, plaire, pleuvoir, pouvoir, prendre, promettre, résoudre, savoir, sentir, valoir, vivre, vouloir*, et tant d'autres? Si l'on veut ici s'entendre et être bien exact, on aura bientôt plus de trente tables de conjugaison dans la langue françoise.

Art. II. Comment reconnoître de quelle conjugaison est un verbe?... C'est au présent de l'infinitif sur-tout, que les Latins jugeoient si leurs verbes appartenoient à l'une ou à l'autre de leurs tables; et il est vrai que leurs verbes se partageoient en général assez sensiblement en quatre terminaisons bien distinctes. Delà il est encore résulté que chez nous, on n'a point cherché d'autre caractère qui pût nous diriger en ce point. Nous avons absolument voulu trouver le nombre précis de quatre terminaisons diverses dans les infinitifs de nos verbes, et fonder nos quatre tables de conjugaison sur ces quatre prétendues terminaisons. On a fait peu d'attention à une autre circonstance, qui néanmoins est très-importante; savoir, que les verbes ont plusieurs autres temps *primitifs* que le présent de l'infinitif; et que chacun de ces autres primitifs méritoit également d'être consulté dans la formation des autres temps de leurs verbes. Les Latins étoient dans le même cas; puisque chez eux, le présent de l'indicatif au singulier, et la seconde personne aussi bien que la première, le prétérit du même mode, et le supin, étoient des temps primitifs, de même que le présent de l'infinitif. La langue françoise compte aussi cinq temps de cette classe; savoir, le présent de l'infinitif, le gérondif, le supin, le présent actuel de l'indicatif, et le présent antérieur périodique du même mode. Ainsi pour décider à quelle conjugaison un verbe se rapporte, ou pour savoir comment il doit former tous ses temps, il faut en connoître tous les temps primitifs, que l'on peut d'ailleurs d'autant moins deviner, que souvent ils sont formés, d'après des regles ou une analogie qui nous est aujourd'hui totalement inconnue.

Leibnitz avoit imaginé que l'on pourroit prendre l'impératif, pour racine primitive de chaque verbe. S'il avoit deviné juste, on n'auroit eu qu'à prendre le verbe à l'impératif, pour pouvoir en former tous les modes et tous les temps, en y ajoutant les lettres prescrites par l'usage. Mais cette idée n'a pas été aussi heureuse qu'elle le parut d'abord à Leibnitz, et qu'elle le paroîtra au premier coup-d'œil, à ceux qui considéreront que le mode impératif en général, est celui où le verbe est le moins chargé de lettres et de syllabes : ceux qui ont essayé de former les conjugaisons d'après ce mode, n'ont pas moins rencontré de difficultés, et n'ont pas eu moins d'exceptions à recueillir, qu'en suivant l'ancienne méthode. Si les essais dont nous parlons, avoient mieux réussi, il auroit fallu ensuite dans les dictionnaires des langues, indiquer principalement les verbes par leur impératif; comme aujourd'hui nos lexicographes devroient ne jamais manquer, à l'article de chaque verbe, de placer les quatre autres temps primitifs, à côté de l'infinitif.

Art. III. La liste des verbes qui peuvent faire

exception aux tables de conjugaison, ne peut appartenir qu'aux Grammaires particulières. Nous dirons seulement ici, que ces sortes d'exceptions embrassent non-seulement les *irréguliers* proprement dit, c'est-à-dire, ceux qui, quoique complets, s'écartent plus ou moins de leur modèle ; mais encore les *défectifs*, ou ceux qui n'ont pas tous les temps usités dans la langue où on les emploie ; et les *monopersonnels*, qu'on a si improprement nommés jusqu'ici *verbes impersonnels*, comme s'ils n'avoient aucune personne dans aucun temps ; tandis qu'au contraire ils ont par-tout dans les modes personnels, une personne, mais une seule, la troisième du singulier, et ayant un sujet vague, général, et indéterminé, qui en latin est sous-entendu, et qui en françois est indiqué par le pronom *il*, employé alors sans rapport à aucun substantif, ou mot pris substantivement.

Art. IV. Les procédés adoptés dans les langues pour la formation des temps et des personnes des verbes, ne nous offrent gueres que des détails étrangers à la Grammaire philosophique : c'est à ceux qui n'ont qu'une seule langue pour objet de leurs études, à s'en occuper.

Nous dirons seulement pour ce qui concerne la langue françoise, 1°. que les verbes passifs n'y ayant aucun temps monolexique, la conjugaison ne s'en fait qu'en ajoutant les temps du verbe *être* aux participes passifs ; 2°. que dans tous les verbes, les temps prochains et les futurs tels que Beauzée les désigne, suivent un système uniforme, ainsi que les prétérits positifs et comparatifs ; les uns et les autres prenant toujours un auxiliaire avec le présent de l'infinitif, ou avec le supin ou participe passif ; 3°. que de cette sorte, il ne reste plus dans les verbes non-passifs, que onze temps simples ou monolexiques, dont cinq sont primitifs, et dont les six autres peuvent être aussi réduits à cinq, puisque l'impératif est partout semblable ou au présent de l'indicatif, ou au présent du subjonctif; 4°. que la formation de ces cinq derniers temps simples se fait d'après des regles connues, que l'on retrouve dans nos Grammaires, aussi bien que la manière de former les diverses personnes du singulier et du pluriel dans chaque temps personnel; 5°. que d'après tous ces faits, il semble que le mieux seroit de ne dresser pour les verbes de la langue françoise, qu'une seule table de conjugaison de quelque verbe actif, et une seule de quelque verbe pronominal; après qu'on auroit donné la conjugaison des deux auxiliaires *être* et *avoir*, en joignant au premier un participe passif, pour indiquer la conjugaison des verbes passifs.

Nous n'aurions pas donné une connoissance suffisante de toutes les especes de mots que l'on découvre dans les langues, si nous ne parlions pas des *mots composés.* Il ne s'agit pas ici de ceux qui forment de la réunion de plus ou moins de racines, liées à quelque terminaison admise dans la langue : car en ce sens, la plupart des mots usités seroient des *mots composés.* Nous ne parlons que de mots que l'on forme d'autres mots déjà existants et reçus, ayant chacun séparément leur valeur et leur service; mais que l'on joint ensemble par n'en plus former que des mots uniques. Tels sont les mots *petites-maisons* pour dire *maisons des fous; garde-fou, gardes-françoises, abat-vent, para-sol, entre-sol; chef-d'œuvre,* etc. Souvent on comprend aussi sous cette même dénomination, des mots connus, auxquels on joint par un tiret, quelque syllabe enclitique, ou préposition inséparable, comme

un *in-douze*, des *in-seize*, un *à-parte*, etc. Ces
diverses sortes de mots ne prennent ordinairement que d'une manière peu régulière, les accidents qui peuvent leur convenir ; ainsi qu'on
le voit dans les Grammaires particulières des
langues.

Telles sont donc, non-seulement les classes de
mots que la philosophie a pu découvrir dans le
vaste magasin des langues ; mais encore les variations si multipliées dont l'esprit de l'homme
a su les rendre susceptibles ; collection immense
que la nature stimulée par nos besoins, et mesurant les secours et les ressources qu'elle nous
offre, sur les services que nous pouvons en recevoir, a su puiser dans le développement de nos
facultés et de nos organes, et dans l'exercice de
cette industrie toujours active et progressive dont
elle nous a doués ; trésor infiniment précieux,
mais qui seroit encore inutile, si la raison, recourant aux diverses méthodes que nous indiquent la logique et la syntaxe, ne parvenoit
pas à en diriger et déterminer l'emploi, selon
l'espece et la variété des pensées ou des affections
que nous avons mutuellement à nous communiquer.

Le flambeau de la métaphysique pouvoit seul
nous éclairer sur la valeur et les caracteres distinctifs et spécifiques de tant de milliers de mots,
que nous combinons de tant de millions de manières : la logique seule peut nous guider dans
la construction de l'édifice admirable que le génie,
assignant à tous ces matériaux l'usage qui pouvoit leur convenir, a su préparer, dessiner d'a-
vance, et élever dans le sein et pour le maintien
et le perfectionnement de la société.

Fin du premier volume.

TABLE DES MATIÈRES

Contenues dans le premier Volume.

TABLE